Don Elium ist Ehe-, Familien- und Kindertherapeut und unterrichtet das Fach Psychologie an der John F. Kennedy University.
Er berät Väter, Mütter und Söhne im Teenageralter in den Themenbereichen Kommunikation, Beziehung und wie sie der Herausforderung, vom Kind zum gesunden Mann zu werden, gerecht werden können.

Jeanne Elium leitet Elterngruppen sowie Ritualgruppen für Männer und Frauen. Sie ist seit 1987 in der Männerbewegung aktiv und beschäftigt sich vor allem mit der männlichen Perspektive in unserer Kultur sowie der Kommunikation zwischen Männern und Frauen.

Dieses Buch wurde auf chlor- und säurefreiem Papier gedruckt.

Deutsche Erstausgabe Februar 1994
© 1994 für die deutschsprachige Ausgabe
Droemersche Verlagsanstalt Th. Knaur Nachf., München
Das Werk einschließlich aller seiner Teile ist urheberrechtlich
geschützt. Jede Verwertung außerhalb der engen Grenzen des Urheberrechtsgesetzes ist ohne Zustimmung des Verlages unzulässig
und strafbar. Das gilt insbesondere für Vervielfältigungen, Übersetzungen, Mikroverfilmungen und die Einspeicherung und Verarbeitung in elektronischen Systemen.
Titel der Originalausgabe »Raising a Son«
© 1992 Don Elium und Jeanne Elium
Originalverlag Beyond Words Publ. Inc., Hillsboro, Oregon
Umschlaggestaltung: Graupner & Partner, München
Umschlagfoto: Mauritius/West Light
Satz: Hans Buchwieser Satz- und Druck-Service GmbH, München
Druck und Bindung: Elsnerdruck, Berlin
Printed in Germany   5  4  3  2  1
ISBN 3-426-84002-2

Don Elium/Jeanne Elium

# Söhne erziehen

Wie Väter und Mütter
Jungen zu selbstbewußten Männern
machen können

Aus dem Amerikanischen
von Angela Schumitz

*In Dankbarkeit unseren größten geistigen Lehrern,
unseren Kindern Heidi Ann Dunbar und Matthew Guy Elium,
gewidmet.*

# Inhalt

Danksagung .................................................................. 9

**Teil I  Jungen und Männer:**
**Das Rätsel, ein Mann zu sein**
Kapitel 1
Immer Ärger mit den Jungen................................... 13
Kapitel 2
Aus was sind kleine Jungs gemacht?...................... 21
Kapitel 3
Männer werden gemacht, nicht geboren ............... 59
Kapitel 4
Wie man erfolgreich einen Jungen großzieht:
Die kulturelle Kraft.................................................. 87

**Teil II  Das Elternteam**
Kapitel 5
Mama und Papa: Die Elternpartnerschaft ............. 111
Kapitel 6
Das innere Leitsystem: Fühlen und Denken........... 144
Kapitel 7
Zäune: Das Wachsen sicher machen ...................... 176
Kapitel 8
Die positive Absicht: Die Seele treffen................... 205

**Teil III  Von der Wiege bis ins Berufsleben**
Kapitel 9
Die Kolumbus-Jahre: Null bis sieben...................... 225
Kapitel 10
Die Tom-Sawyer-Jahre: Acht bis zwölf.................... 265

Kapitel 11
Die Mister-Cool-Jahre: Dreizehn bis siebzehn......... 300
Kapitel 12
Die Jahre als junger Erwachsener:
Achtzehn bis neunundzwanzig................................. 344

Anmerkungen ...................................................................... 353

# Danksagung

Das Jahr, in dem wir *Söhne erziehen* verfaßten, war ein Jahr voller Entdeckungen, Herausforderungen, Strapazen, aber auch eine Zeit der Freude, der guten Zusammenarbeit und liebevollen Unterstützung. Durch die Zweifel, ob wir denn wirklich ein Buch *gemeinsam* schreiben könnten, eröffneten sich uns in unserer ehelichen Beziehung neue Wege der Zusammenarbeit und der Kommunikation. All dies hätten wir jedoch nicht erreichen können ohne die Unterstützung liebevoller Freunde, Kollegen, Familienangehöriger und ohne gegenseitige Hilfe. Vor allem danken wir folgenden Menschen aus tiefstem Herzen: Marylin Hough, die das ganze Projekt ins Rollen brachte; unseren Verlegern, Cindy Black und Richard Cohn, deren Vertrauen uns von den frühesten Anfängen bis zur Verwirklichung unseres lebenslangen Traumes anspornte; der gesamten Belegschaft von *Beyond Words Publishing*, die am Telefon stets fröhlich war; Sara J. Steinberg, die wir nur vom Telefon her kennen, von der wir aber den Eindruck haben, daß sie eine verwandte Seele ist, und deren Erfahrung bei der Herausgabe von Büchern, deren Weisheit und Wortgewandtheit uns halfen, das auszudrücken, was wir wirklich ausdrücken wollten; Lloyd Auerbach, dessen Verlagserfahrung und fachmännischer Rat uns stets eine Hilfe waren, wenn wir etwas brauchten; Liz von der *Contra Costa Library* in Pleasant Hill, Kalifornien, die sich die größte Mühe gab, die Nadeln im Heuhaufen zu finden; Gail vom *Music for Little People Catalog Store* in Redway, Kalifornien, die sich gleichermaßen bemühte; Lew Powers, einem weisen alten Mann, der uns klarmachte, was Jungen wirklich brauchen; Bob Brownbridge, der die Rohfassung der ersten Kapitel unseres Buches mit weisem und kritischem Blick las und uns ermunterte, weiterzumachen; Sherry Glueck, die uns bei unserer Arbeit unterstützte und sich immer wieder danach erkundigte, wie es uns denn mit unserem Buch ginge; der Autorin und Therapeutin Ruthanne Olds, deren Ermunterung und bucherfahrener Rat uns dabei halfen, die gröbsten Probleme zu vermeiden; der gesamten Belegschaft der *Touchstone Counseling Services*, die uns stets bei unserer Arbeit unterstützte; Dons Klienten, deren Mut uns inspirierte, dieses Buch zu schreiben; unseren Freundinnen und Nachbarn Sue Gates und Carolyn MacKenzie, die uns von ihren Erfahrungen im Zusammenleben mit Söhnen berichteten; Shepherd Bliss, einem Mann, der mit dem Wesen der Männlichkeit in Verbindung steht und uns durch seine Verletzlichkeit, Weisheit, Stärke und Poesie lehrte; Michael Mayer, Lehrer, Tai-Chi-Meister, Freund und vertrauter Führer auf der mythischen Reise der Selbsterforschung; Bruce Silverman, Audrey Silverman Foote, Elana und Naomi, die uns liebevolle Freundschaft und Unterstützung bei Erziehungsfragen gewährten; Dr. Gary Jordan, von dem wir über das Leben in der Familie und unseren Platz in diesem Leben lernten; Bob Kliger, unserem uralten Freund und wichtigen Mitglied unserer geistigen Familie, dem wir vertrauen, daß er uns die Wahrheit gesagt hat; Laura Kennedy, die immer bereit war, über die merkwürdigsten Fragen nachzudenken und eine Antwort darauf anzubieten; Wally, Elizabeth, Michael und auch der kleinen Rosie danken wir, daß sie uns Freunde fürs Leben sind; schließlich unseren Eltern Polly und Preston Elium und Bill und Ruth Guy, die uns immer unterstützt haben.

# TEIL I

## Jungen und Männer: Das Rätsel, ein Mann zu sein

# 1

# Immer Ärger mit den Jungen

Meine Mutter hatte ziemlich viel Ärger mit mir, aber ich glaube, sie hat es genossen.[1]

*Mark Twain*

Der Titel dieses Buches, *Söhne erziehen*, hat Ihre Aufmerksamkeit vielleicht deshalb erregt, weil Sie einen Sohn erwarten oder weil Sie bereits einen großziehen und oft versucht sind, aus vollem Hals und vom höchsten Turm der Stadt um Hilfe zu rufen. Das Problem mit den Jungen liegt darin, daß heutzutage niemand weiß, wie sich Eltern ihnen gegenüber verhalten sollen. Sie sind auf sich allein gestellt, wenn sie herausfinden wollen, was es heißt, in unserer Kultur ein Mann zu sein.
»Jungen wollen drei Dinge wissen«, sagt der 70jährige Lew Powers, der 20 Jahre lang Erfahrungen als Leiter von Pfadfindergruppen sammeln konnte. »Zum einen, wer der Chef ist; zum zweiten, wie die Regeln lauten, und zum dritten, ob diese Regeln auch durchgesetzt werden. Wenn man mit einem Jungen eine starke Beziehung haben möchte, muß man der Chef sein, und zwar ein sehr gütiger Chef. Stellen Sie nur Regeln auf, die Sie auch durchsetzen können, und setzen Sie sie auch immer durch! Damit haben Sie die Grundlage für eine Beziehung geschaffen. Daraus entsteht Respekt und, wichtiger noch, Vertrauen. Dann können Sie gütig sein, und der Junge wird zuhören und wissen, daß Sie auf seiner Seite stehen.«

Der Pfadfindermeister Powers, ein großgewachsener Gentleman mit silbergrauem Haar und einem Blick, wie er weisen alten Männern zu eigen ist, hatte in der Pfadfinderorganisation alle möglichen Positionen inne. Jungen fühlen sich von ihm angezogen wie Bienen von Honig. »Als ich im Verwaltungsrat für die Pfadfindergruppen unserer Gegend saß, besuchte ich einmal eine Gruppe, in der es Probleme gab«, erinnert sich Powers. »Schnell erkannte ich, was los war. Der Leiter ließ die Jungen kämpfen und sich prügeln, bis es Zeit war, nach Hause zu gehen – das war ihr ganzes Programm. Ich fragte ihn, warum er den Jungen nichts beibrachte; er antwortete mir, daß ich ruhig loslegen sollte, wenn ich glaubte, daß ich es besser machen könnte. Und das tat ich dann auch. Ich kündigte den 25 Jungen an, daß ich die darauffolgende Woche wieder kommen und ihnen beibringen würde, wie man Knoten macht. Wer darauf keine Lust hätte, könne zu Hause bleiben. In der nächsten Woche kamen zwölf Jungen, und an diesem Abend lernten sie, wie man Knoten macht. Innerhalb von zwölf Monaten war unsere Gruppe auf 75 Jungen angewachsen.

Andere Mitglieder des Verwaltungsrates fragten die Jungen, warum sie denn so gerne in meiner Gruppe wären. Beinahe jeder Junge gab zur Antwort: ›Weil wir hier etwas tun und ich etwas lerne.‹ Mit anderen Worten, sie spürten Disziplin – nicht die harte, kalte Art, sondern klare, feste und gütige Disziplin.

Ich war auch immer ein guter Zuhörer. Wenn wir beim Zelten waren, hatte ich kurz vor dem Abendessen immer eine Sprechstunde. Dann verband ich alle Verletzungen und Kratzer, die die Jungen sich beim Spielen zugezogen hatten, und redete mit ihnen. Sie erzählten mir immer ihre Sorgen von zu Hause, aus der Schule und die, die sie mit den Mädels hatten. Ein Junge wartete einmal den ganzen Tag lang mit einem riesigen Splitter in der Hand auf meine Sprechstunde, nur um mit mir reden zu können. Er durfte sich in meinem Zelt hinlegen, um sich auszuruhen, und redete eine ganze Stunde lang mit mir. Ich hörte zu und versuchte, allen zu helfen, ihre Probleme zu lösen. Sie wußten, daß sie mir vertrauen konnten.«

Die Stimme dieses klugen Ratgebers dringt bis zum Kern des Ärgers vor, den man heutzutage mit Jungen hat: Ihnen fehlen konsequente, gütige und starke Anführer, die Regeln festlegen, die Sinn machen. Da wir so sehr mit unseren finanziellen Erfolgen und den Versuchen, uns selbst zu finden, beschäftigt sind, haben wir die Erziehung unserer Söhne an die Institutionen unserer Kultur delegiert, und dies macht uns allen zu schaffen. Wo wir auch hinsehen, überall begegnen wir dem Einfluß der in den Medien gezeigten Gewalt und sexueller »Reize«, der leichten Verfügbarkeit und den Versuchungen des Alkohols und anderer Drogen, dem Verlust von Autorität und Disziplin in den Schulen. Handwerkliche Fertigkeiten und der Stolz auf die eigene Arbeit, ja die Lust, überhaupt etwas zu arbeiten, kommen zunehmend abhanden, und es mangelt an Achtung vor dem Gesetz. Wir alle sehen bei unseren Söhnen nur allzu deutlich, was passiert, wenn man im technologischen Zeitalter zu schnell erwachsen wird. Aber anstatt die Jungen fest an der Hand zu nehmen und in das Erwachsenenalter zu führen, überlassen wir dies Kindergärtnerinnen, Lehrern in überfüllten Klassenzimmern, Fernsehautoren, Film- und Musikstars, Jugendbanden, den Nachbarn und manchmal auch den Gerichten, den Jugendgefängnissen und den Bewährungshelfern.

Eltern zu sein ist heute schwieriger als früher. Die Welt hat sich verändert; Familien sind nicht mehr so autoritär wie früher, als Eltern das Sagen hatten, Entscheidungen nicht diskutiert wurden und die Kinder die Regeln befolgten, ohne darüber nachzudenken, daß sie es nicht tun könnten. In ihrem bedeutsamen

Werk *Die Zweite Geburt* beschreibt die Kinderpsychologin, Autorin und Professorin Louise J. Kaplan die Familie von früher folgendermaßen: »Als die emotionale Struktur der Familie mehr Sicherheit bot, akzeptierten Kinder die elterliche Autorität aus dem Gefühl der Verpflichtung und Ergebenheit. Von ihren Eltern übernahmen sie die gefestigten und rigiden Ideale, die ihnen später erlaubten, den eigenen Kindern gegenüber mit Selbstvertrauen und innerer Autorität – wenn auch ohne Flexibilität – aufzutreten.«[2]

In der kindzentrierten Familie, wie wir sie heute haben, versuchen Eltern, die Kontrolle zu behalten, aber es ist ihnen nicht klar, wie sie dies am besten bewerkstelligen sollten. Unweigerlich werden die Regeln, wenn es denn welche gibt, verletzt, bis Chaos herrscht. Früher kam der Familie im Leben Amerikas eine zentrale Stellung zu; heute ist sie den Rechten des Individuums gewichen; aus Angst, diese Rechte zu beeinträchtigen, haben Eltern die Autorität bei ihren Söhnen aufgegeben. Diese Veränderungen in der sozialen Struktur führten zu Zweifeln und Verwirrungen sowohl bei den Eltern als auch bei den Kindern. Wir treiben unsere Kinder dazu an, viel zu früh Entscheidungen zu treffen, legen zu vage Grenzen fest und setzen die Konsequenzen nicht durch, die wir angekündigt hatten.

Der Pfadfindermeister Powers und Louise Kaplan scheinen beide der Meinung zu sein, daß unsere Söhne entschlossene, aber auch gütige Autoritätspersonen brauchen, die sie führen. Als Eltern wissen wir dies zwar im Grunde, aber unsere guten Vorsätze scheinen den Hindernissen nicht gewachsen zu sein, mit denen wir heute alle konfrontiert sind, wenn wir Jungen erziehen sollen. Alleinstehende Mütter suchen händeringend Männer, denen sie vertrauen können und die sich in das Leben ihrer Söhne einbringen wollen. Väter erleben die Enttäuschung, wenn sie aufgrund arbeitsmäßiger Verpflichtungen, finanziellem Druck und dem Mangel an Anleitung, wie man sich als Elternteil verhalten sollte, von ihrer Familie ausgeschlossen werden. Mütter wissen, daß es ihren Söhnen nicht guttut, wenn die Abwesenheit des Vaters überkompensiert wird. Aber wie soll eine Mutter ihren Jungen gehen lassen, wenn es niemanden gibt, dem sie ihn überlassen kann?

> Ich wünschte, ich könnte meinen Sohn in die Armee stecken. Das würde ihn in Form bringen! Der Junge hat keinen Respekt, weder vor mir noch vor seinen Sachen oder seiner Mutter. Er arbeitet nicht, wenn ich ihn nicht ständig dazu anhalte. Sein Zimmer ist chaotisch, und er kümmert sich einfach nicht um seine Verpflichtungen. In der Armee würde er sich bestimmt ändern müssen!
>
> *Bob, Vater des 15jährigen Mason*

Auch wenn es der hier zitierte Vater eher scherzhaft meinte, als er davon sprach, seinen Sohn in die Armee stecken zu wollen, sprach er doch ein ernstes Thema an – die männliche Energie seines 15jährigen Sohnes. Eltern von Söhnen lernen diese Energie recht gut kennen. Sie scheint aus Stärke, Willenskraft und Entschlossenheit zu bestehen. In unserer schnellebigen, mit Terminen vollgestopften Zeit sind uns die maskulinen Anlagen oft recht unbequem. Meist überkommt Söhne der männliche Trieb des Erforschens, Drängens und Auseinanderreißens zu Zeiten, die den Eltern überhaupt nicht passen. Unabhängig vom Alter ihrer Söhne kommen beunruhigte Eltern mit solchen Fragen in die Beratungsstellen wie: Ist mein Sohn normal? Was habe ich falsch gemacht? Wie kann ich ihn sensibler machen? Wie kann ich ihn dazu bringen, mit mir an einem Strang zu ziehen? Wie kann ich ihn bändigen? Warum tut er die Dinge, die er tut?

## Warum wir dieses Buch geschrieben haben

Immer wieder werden wir gefragt, warum wir ein Buch über die Besonderheit der Erziehung von Söhnen geschrieben haben. Wir haben beide unsere eigenen Antworten auf diese Frage.

**JEANNE:** Ich, Jeanne, habe die Männer nie verstanden. Mein Vater, der ein liebevoller, einsichtiger und fürsorglicher Mann war, ist nach wie vor ein Rätsel für mich. Mein Bruder ist charmant, witzig, intelligent, herzlich – und rätselhaft. Mein Mann ist mein Partner in vielen Bereichen unseres gemeinsamen Lebens, aber ein Teil von ihm bleibt mir unerschlossen – sehr fremd, etwas, das sich sehr von mir unterscheidet. Und jetzt habe ich einen Sohn und frage mich oft, wer er ist und wer ich sein muß als seine Mutter, um ihn auf den Weg zu einer gesunden Männlichkeit zu führen.

Meine Beziehungen zu Männern waren immer sowohl schrecklich als auch wundervoll, und manche waren eher nur schrecklich. Aus der Frauenbewegung zog ich die innere Freiheit, auf Männer wütend und über das Patriarchat erbost zu sein, weil ich in stereotypen Vorstellungen darüber, wie ich als Frau zu sein hatte, in Ängsten, die mich schwächten, und Rollen, die mich einschränkten, gefangen war. Später lernte ich mich mit der Unterstützung von anderen Frauen als Frau kennen, lernte es, auf meine weibliche Natur stolz zu sein und schließlich auch meine Wut auf die Männer aufzugeben. Meine Arbeit in der Umweltbewegung verhalf mir zu der Einsicht, daß ich nur eine Hälfte des Problems erkannte, wenn ich die Männer für den Zustand der Welt verantwortlich machte. Wir müssen alle zur Verantwortung gezogen werden für den Zustand der technologischen Welt, die unsere Kinder von uns übernehmen werden.

Eben dieses Gefühl, daß es für Männer *und* für Frauen an der Zeit ist, sich gegenseitig bei der Gesundung unseres Planeten zu unterstützen, brachte mich zu meiner gegenwärtigen Arbeit in Verbindung mit der Männerbewegung. Aus dem ganzen Land treffen sich Männer still in den Wäldern, in der Dunkelheit, um zu trommeln, wild zu tanzen, zu weinen, sich gegenseitig zu trösten und ihre Geschichten der Vaterlosigkeit zu erzählen. Männer beginnen, sich gegenseitig zu unterstützen, wie es die Frauen in den sechziger Jahren getan haben, um herauszufinden, was es in der heutigen Welt heißt, ein Mann zu sein. Ich durfte ihre mutigen Kämpfe miterleben und die Geschichten einiger dieser Männer hören. Sie haben mir geholfen zu verstehen, welchen besonderen Weg ein Mann zu seiner Männlichkeit gehen muß, und dafür bin ich sehr dankbar. Ich habe mich entschlossen, dieses Buch mit meinem Mann Don zu verfassen, so daß mein Sohn zu dem wunderbaren Mann werden kann, der er von Natur aus ist.

**DON:** Als ich, Don, auf dem Höhepunkt der Frauenbewegung erwachsen wurde, bekam ich das Bild des Mannes vermittelt, der ich werden sollte: kooperativ, mit meinen Gefühlen im Einklang, sensibel den Gefühlen anderer gegenüber. Also wies ich das Modell »John Wayne« von mir, aber ich bemerkte einen merkwürdigen Trend: Ich hatte zwar weibliche Bekannte, aber keine Freundinnen. Die meisten Frauen, die ich kannte, gingen mit Männern, die eher dem »Duke« ähnelten – sie waren härter, selbstsicherer und manchmal dickköpfiger und aggressiver als ich. Das, was ich unter einem »sensiblen« Mann verstand, war in Wirklichkeit ein passiv-aggressiver Mann, der nicht sagte, was er fühlte, keinen Standpunkt vertrat und ja sagte, wenn er eigentlich nein meinte. Meine Ehe und die Geburt meines Sohnes drängten mich sogar noch weiter in eine Ecke. Ich fing an, mich nach einem besseren Weg umzusehen. Ich wollte nicht, daß mein Sohn ohne eine starke Vaterfigur aufwuchs.

Früher hatte ich mir von Frauen meine Männlichkeit definieren lassen. Erst jetzt entdeckte ich die starke maskuline Kraft, die in mir und in allen Männern steckt. Wenn man sich nicht um diese Kraft kümmert, kann sie destruktiv wirken; wenn man sie pflegt, zur vollen Entfaltung kommen läßt, wirkt sie lebenspendend. Der Wendepunkt für mich war erreicht, als mein Therapeut, Dr. Gary Jordan, sagte: »Don, so ist es, wenn man ein Mann ist.« Ich war schockiert. Hier war ein Mann, der glaubte, daß Männer vor ganz besonderen Herausforderungen stehen – stark und sensibel zu sein und so zu handeln, wie sie es für richtig halten. Wir sind nicht so wie die Frauen, wir sind anders. Ich entdeckte, daß ich als Mann einen klar definierten Auftrag, eine Rolle in diesem Leben hatte, und daß es für mich an der Zeit war, sie anzunehmen, zu leben und für eine moderne Welt neu zu definieren. Eben diese Herausforderung bringt mich dazu, daß ich mich in partnerschaftlicher Zusammenarbeit mit meiner Frau Jeanne offen zu dem Thema »Erziehung von Söhnen« äußern kann. Einen Jungen zu erziehen ist eine besondere Aufgabe, die einen bestimmten Zweck hat: Die Formung eines gesunden Mannes.

# 2

# Aus was sind kleine Jungs gemacht?

> Zucker, Spezereien
> und feinste Sachen,
> daraus sind kleine Mädchen gemacht;
> Schnipsel, Schnecken und Kälberschwänzchen,
> daraus sind kleine Jungs gemacht.
> *Alter englischer Kinderreim*

Als unser Sohn noch klein war, verkörperte er den süßen Teil dieses klassischen Kinderreims. Aber etwa um seinen vierten Geburtstag herum änderte er sich drastisch. Die meiste Zeit war er zwar immer noch süß und sensibel, und man war gern mit ihm zusammen. Aber es bildete sich etwas Neues, Ungestümes in ihm heraus. Er begann zu spüren, daß er eine starke Person ist, der man auch Rechnung tragen sollte. In solchen Momenten, wenn wir unterschiedliche Vorstellungen hatten (zum Beispiel darüber, ob es jetzt an der Zeit wäre, das Spielzeug aufzuräumen), war man mit einem wütenden Sturm konfrontiert, der sich in der Gestalt eines kleinen Jungen versteckt hatte.

Inzwischen ist unser Sohn fünf Jahre alt und erstaunt und verwirrt uns nach wie vor durch seine Wildheit. Bestürzt und völlig konsterniert betrachten wir ihn und überlegen, was wir jetzt bloß tun sollen. Dann fragen wir uns, wer denn dieses Baby ist, daß so groß und so aggressiv geworden ist. Erst gestern war er doch noch glücklich, wenn man ihn kitzelte und knuddelte und herumtrug. Wer ist dieses Mann-Kind, das vor uns steht, trotzig und überraschend weise? Welche sonderbaren Kräfte haben ihn verändert?

Um zu verstehen, woraus Jungen »gemacht« sind, müssen wir bedenken, was sie formt: die starken biologischen Kräfte, die einzigartigen maskulinen psychologischen Aufgaben und der feuchte, dunkle, geheimnisvolle Ruf der männlichen Seele.

## Die biologische Kraft

Biologisch gesehen werden Jungen von einem drogenähnlichen Hormon beeinflußt, einem der stärksten Manipulatoren menschlichen Verhaltens, den es auf der Welt gibt. Eben diese Kraft spornt Jungen an, aggressiv zu sein und um jeden Preis gewinnen zu wollen. Sie treibt sie dazu, Möbel zu demolieren, Lampen umzuhauen, und wir Eltern können uns glücklich schätzen, wenn wir eine gute Hausrats-, Kranken- und Unfallversicherung haben. Ein winziger Tropfen dieser Substanz, nur über einen kurzen Zeitraum verabreicht, genügt, und das kleinste, schwächste Affenmännchen in einer Gruppe von Affen fordert das stärkste Männchen zu einem Zweikampf um seine Führungsposition heraus. Der frühere »schwächliche« Affe geht nicht nur als Sieger hervor, sondern dominiert und führt von nun an die ganze Gruppe Weibchen, Babys und die anderen Männchen.[1] Der gleiche Stimulus macht aus einem verspielten Neunjährigen einen 14jährigen »groben Klotz«. Diese Kraft ist dafür verantwortlich, daß Körper und Gehirn eines männlichen Menschen von der Zeugung bis zum Eintritt ins Erwachsenenalter maskuline Gestalt annehmen. Es handelt sich um das Hormon Testosteron.

## Der maskuline Plan

Auch wenn es uns schwerfällt zu glauben, daß unser süßer, verschmuster sechs Monate alter Sohn unter dem Einfluß einer so mächtigen Kraft steht, das Testosteron ist doch schon tätig und verursacht die komplizierte Entwicklung eines männlichen Säuglings zu einem Mann. Vergessen Sie nicht, daß jeder Junge zwar in seiner eigenen Geschwindigkeit wächst, sich aber doch nach einem klar definierten Plan entwickelt, der sein Geschlecht bestimmt, seinen Körper formt und sein Temperament beeinflußt. Biologisch wird er sich vor unseren Augen unabhängig davon, was wir als Eltern unternehmen, entfalten. Dieses Wunder entzieht sich unserer wie seiner Kontrolle. Er wird sich zu dem Mann entwickeln, zu dem ihn seine Hormone bestimmt haben.

Bitte haben Sie Geduld mit uns, wenn wir nun etwas in die Grundlagen der Biologie abschweifen, um klarzumachen, wie dieser Prozeß abläuft. Wie wir wahrscheinlich alle wissen, sind Hormone Sekrete, die die Wachstumsregulatoren im Drüsensystem unseres Körpers produzieren: die Schilddrüse, die Bauchspeicheldrüse, die Nebennieren, der Thymus, die Eierstöcke im weiblichen Organismus und die Hoden im männlichen. Sie stehen unter der Kontrolle einer biologischen Intelligenz, die den perfekten Plan für die Entwicklung jedes Jungen in sich birgt. Jungen wie Mädchen weisen zwar beide Testosteron und Östrogen, die wichtigsten Geschlechtshormone, auf, aber ein Junge produziert mehr Testosteron, bei Mädchen ist der Östrogenspiegel höher. Die Unterschiede im Mengenverhältnis und in der zeitlich festgelegten Freisetzung von Hormonen führen zu dem einzigartig weiblichen oder männlichen Entwicklungsplan.

Die für diesen Plan verantwortliche Intelligenz kommt durch

die genetische Kodierung zum Einsatz. Bei unseren Söhnen sind die Anweisungen auf einem Y-Chromosom gespeichert. Alle Embryos sind anfangs weiblich; in den ersten Wochen nach der Empfängnis kommt dem Y-Chromosom also eine wichtige Aufgabe zu: Es muß die Testosteronproduktion signalisieren, die die biologische Schablone verändert. Von diesem Moment an hat der Embryo ein männliches Geschlecht. Der erste Teil des Plans ist damit abgeschlossen. Zu oft vergessen wir, was es eigentlich für ein Wunder ist, daß eine kleine Menge undifferenzierter Zellen zu einem herrlichen, vitalen männlichen Wesen heranwachsen kann. Dies ist das Ziel des männlichen Plans.

Zur Zeit werden intensive Forschungen zu dieser männlichen Mission angestellt, um herauszufinden, wie verschieden Männer und Frauen tatsächlich sind. Camilla Benbow und Jullian Stanley, Forscher der John-Hopkins-Universität, die über 100 000 Kinder untersuchten, lösten eine starke Kontroverse aus mit ihrer Behauptung, daß geschlechtliche Unterschiede zweifellos eine biologische Basis hätten. Benbow berichtet: »Nachdem ich 15 Jahre lang ergebnislos nach einer umweltbedingten Erklärung gesucht habe, habe ich es aufgegeben... Wir haben die ersten Beweise, daß weibliche Personen, wenn es zwei gleichermaßen gültige Lösungswege zu einem Problem gibt, nämlich über Worte oder über Bilder, dazu neigen, den Weg über die Worte zu wählen; männliche Personen neigen zu dem bildhaften Weg.«[2]

Untersuchungen des menschlichen Gehirns, die der bahnbrechende Endokrinologe Dr. Roger Gorski anstellte, zeigen deutliche Unterschiede in der Gehirnstruktur von Jungen und Mädchen. Diese Unterschiede sind vielleicht verantwortlich für die Unterschiede bei höheren Gehirnfunktionen wie dem Gedächtnis, der Vorstellungskraft und der Kontrolle von körperlichen Bewegungsabläufen wie auch der Art, wie Männer und Frauen denken, fühlen, handeln und Dinge wahrnehmen.³ So neigt ein Mann zum Beispiel dazu, zuerst ein Problem zu lösen und dann erst seine Beziehung zu seiner Ehefrau oder Partnerin in Betracht zu ziehen, während die meisten Frauen die Beziehung bei der Lösung mit einbeziehen. Männer neigen dazu, sich auf jeweils ein Problem oder eine Aufgabe zu konzentrieren (wie dem Mittelpunkt einer Zielscheibe) und andere Begebenheiten in ihrem Leben als Ablenkung zu ignorieren. Wenn Frauen sich auf ein Ziel konzentrieren, haben sie ein breiter gefächertes Bild vor sich.

Manche Biologen, Psychologen und Soziologen stellen diese Ergebnisse aus gutem Grund in Frage. Forschungen, die im 19. Jahrhundert zu geschlechtlichen Unterschieden angestellt wurden, wurden auf sexistische Weise zu der Beweisführung benutzt, daß Frauen kein anderer Platz in der Welt zukäme als der der Hausfrau und Mutter. Die Autorin Susan Davis schreibt: »Anthropologen, Biologen und andere Forscher betrachteten alles von der Größe des Gehirns bis hin zum Appetit, um die viktorianische Vorstellung zu rechtfertigen, daß Männer klüger und aggressiver sind und (deshalb) mehr politische Rechte haben sollten als das schwächere Geschlecht.«⁴ Danach schlug das Pendel auf die andere Seite aus, die klar die Meinung vertrat, daß es grundsätzlich zwischen Männern und Frauen keine biologischen Unterschiede gäbe (abgesehen von der Fortpflanzung). Diese Gruppe argumentierte, daß die Entwicklung der Eigenschaften, die wir als männlich oder weiblich betrachten, gänzlich durch Familie und Sozialisation bestimmt wird. Diese seit längerem bestehende Meinungsverschiedenheit zur Bedeutung von Vererbung und Umwelt ist allgemein als der Streit »Natur versus Erziehung – *nature versus nurture*« bekannt.⁵

In Wahrheit beeinflussen viele Faktoren die männliche und

weibliche Entwicklung. Biologisch gesehen marschieren Männer und Frauen zu den Klängen unterschiedlicher Hormonspiegel, je nach ihren individuellen Anlagen, Körpern und Kommunikationsstilen. Das Wesen eines Jungen vibriert im Rhythmus von Testosteron.

Wie wir gesehen haben, stellen die ersten Testosteronausschüttungen sicher, daß ein Fötus anfängt, sich nach dem männlichen Plan zu entwickeln. Eine weitere starke Testosteronausschüttung im sechsten Lebensmonat des Fötus signalisiert die zweite Phase im Entwicklungsplan. Danach läßt die Testosteronabsonderung nach bis in die Pubertät, wenn dieses mächtige Hormon bei Jungen zehn- bis zwanzigmal so stark ausgeschüttet wird wie gewöhnlich bei Mädchen.[6] Auch hier gibt es Unterschiede in der Testosteronmenge und dem Alter, in dem die Pubertät einsetzt. Aber es sollte kaum überraschen, daß der pubertierende Jugendliche Schwierigkeiten dabei hat, zu laufen, ohne sich ständig anzustoßen, mehr Schlaf braucht, leicht reizbar und launisch ist und sich nicht auf seine Hausaufgaben konzentrieren kann. Der Junge steht vor erstaunlichen, oft verwirrenden, aber mächtigen Veränderungen: sein Haarwuchs verstärkt sich, seine Muskeln vergrößern sich, seine Geschlechtsorgane vergrößern sich um das Achtfache, seine Stimme wird tiefer, sein Phantasieleben erweitert sich, und er beginnt, sich für seine Sexualität zu interessieren.

Dieser Testosteronfluß bringt auch ein berauschendes Gefühl von Macht und Unbezwingbarkeit mit sich. Der Teenager hat das Gefühl, er könne Berge versetzen. Autoversicherungen führen ihn als großen Risikofall. Schulleiter wissen, daß er sich mit Regeln schwertut. Mütter wissen, daß es nicht einfach ist, ihn zu verstehen. Väter wissen, daß es ziemlich schwierig ist, mit ihm zu kommunizieren. Er steht unter dem Einfluß des männlichen biologischen Plans.

Etwa um das 20. Lebensjahr herum stabilisiert sich die dramatische Erhöhung des Testosteronspiegels, es sei denn, ein Mann leidet unter einer Krankheit oder einer körperlichen Schwächung. Vor kurzem fand man heraus, daß der Testosteronspiegel zeitweise steigt, wenn ein Mann einen Antrieb braucht, um Dinge zu bewegen: Wenn er selbst oder jemand, den er liebt, in Gefahr ist, wenn er sich ärgert, wenn er an Wettkämpfen teilnimmt.[7] Aber nach der Pubertät wird es niemals wieder zu einem derart bemerkenswerten Anstieg des Hormonspiegels kommen, um die Entstehung eines starken, widerstandsfähigen, ausgewachsenen männlichen Körpers zu fördern.

### Testosteron und männliches Verhalten: Drei Tendenzen

Wie wir gesehen haben, kommt es dem Y-Chromosom zu, einen erwachsenen männlichen Körper entstehen zu lassen. Es greift zum Testosteron, um seinen Entwicklungsplan zu verwirklichen: dem Fötus ein männliches Geschlecht zu verleihen, den Körper des jungen Knaben zu entwickeln, ihm sekundäre Geschlechtsmerkmale zu verleihen. Das Ergebnis: eine ausgereifte männliche Gestalt.

Testosteron beeinflußt aber auch ebenso stark das männliche Verhalten. Auch wenn sich nicht alle Jungen gleich entwickeln, drei Tendenzen sind allen gemeinsam: zum einen eine Neigung zu Aggression und Dominanz, zum zweiten ein starker Drang, sich impulsiv Risiken auszusetzen, und zum dritten der Wunsch, immer wieder kurze Zyklen der Spannung und Entspannung zu erleben.

## Aggression und Dominanz

> Er ist so anders als meine Tochter. Sie kämpft und schreit zwar auch, aber er agiert auf eine mir unverständliche Weise. Er steht immer unter Druck, immer müssen die Dinge so laufen, wie er es sich einbildet. Sein erster Impuls ist, zu schreien und zu schlagen. Er tut es nicht, weil er böse ist – es bricht einfach aus ihm heraus.
>
> *Yvonne, eine frustrierte Mutter*

Neueren Untersuchungen zufolge steht ein hoher Testosteronspiegel bei Männern mit Aggressivität und dem Drang, andere zu dominieren, in Verbindung. Dr. James Dabbs, der an der Georgia-State-Universität als Forscher tätig ist, stellt fest: »Es hat etwas mit der Dominanz in der menschlichen Herde zu tun...« Männer, deren Testosteronspiegel das gewöhnliche Maß überschreitet, so Dabbs, versuchen, andere Menschen zu beeinflussen und zu kontrollieren, im sozialen und häuslichen Umfeld zu dominieren und Meinungen und Gefühle frei auszudrücken.[8]

Diese Neigungen rufen positives oder negatives Verhalten hervor. Der Drang, sozial dominant zu sein, kann zu führenden Stellungen in der Schule, im Sport, in der Geschäftswelt oder der Politik führen. Andererseits kann übermäßige Aggression auch in Straffälligkeit, Drogenmißbrauch, Promiskuität und Gewaltverbrechen münden.[9]

Um die Position des Rudelführers wettzueifern, sich bei Wettkämpfen stark zu machen und Autoritäten herauszufordern – all dies ist Ausdruck der biologischen Kraft von Testosteron. Jungen drücken ihren männlichen Trieb auf unterschiedliche Arten aus, aber Schlagen, Treten und verbale Aggression finden sich oft bei männlichen Jugendlichen in verschiedenen

Kulturen auf der ganzen Welt.[10] Manche Jungen neigen extrem zu körperlicher Aggression, wie es die wachsende Zahl Jugendlicher, die wegen Gewalttätigkeiten und Körperverletzungen vor Gericht stehen, zeigt. Andere Jungen neigen eher dazu, Aggression verbal auszudrücken, so in endlosen Streitereien zu Hause oder – auf kreativere Weise – in Rhetorikkursen in der Schule.

> Mein Sohn ist still und sensibel. Er prügelt sich nie mit anderen Jungen herum. Aber mit seinem Computer ist er völlig verrückt.
>
> *Sam, Vater eines 10jährigen*

Bestimmte Verhaltensweisen erscheinen uns vielleicht nicht als aggressiv, so zum Beispiel, wenn man am Computer ein Problem zu lösen versucht. Aggression kann aber auch stellvertretend durch Medien wie Computer, Bauklötze, Autos und Skateboards ausgelebt werden. Die Forscherin Camilla Benbow stellt fest: »Sehen wir der Sache ins Auge – männliche Wesen manipulieren gerne, und zwar angefangen bei ihren Bauklötzchen bis hin zum Kosmos.«[11]

> Keine Ahnung, wohin ich fahre, aber ich fahre!
>
> *Stymie, »der Schlingel«, der in seinem Fahrzeug, über das er die Kontrolle verloren hat, einen steilen Hügel hinuntersaust*

Wenn wir uns die biologische Kraft von Testosteron als einen Pfeil vorstellen und dann männliches Verhalten beobachten, werden wir erkennen, daß viele Aktionen einen tiefer liegenden (oder auch extrem offensichtlichen) Vorwärtsdrang haben. Aus einer Gruppe von 50 Männern, die bei einer Konferenz zu Männerthemen an einer Diskussion teilnahmen, konnten sich die meisten

mit diesem Drang identifizieren. Ein Mann sagte: »Es hat nicht unbedingt eine bestimmte Richtung. Manchmal fühle ich mich wie eine Rakete. Ich zische einfach los. Bei Gesprächen vertrete ich vielleicht vehement einen Standpunkt, der mir eigentlich gar nicht so am Herzen liegt, aber ich stehe trotzdem voll dahinter. Wenn ich mich nicht etwas distanziere und darüber nachdenke, was ich sagen will, treibe ich immer weiter und ende schließlich an Punkten, wo ich eigentlich überhaupt nicht hinwollte.«
Linguistische Untersuchungen von Professor Deborah Tannen weisen darauf hin, daß die Art des Argumentierens und die Logik eines Mannes eher darauf abzielen, eine Situation zu beherrschen, als sich auf den eigentlichen Inhalt der Diskussion zu beziehen.[12] Wir Eltern haben wahrscheinlich alle schon beobachtet, daß ein Junge, ob es sich nun um die Zubettgehzeiten, die Sperrstunden, Aufgaben oder das Taschengeld handelt, erst mal feststellt, wer dafür zuständig ist und dann abschätzt, ob er die Situation dominieren kann. Er reagiert instinktiv auf die Kraft des Testosterons.

### Ein Junge setzt sich oft impulsiv Risiken aus

Ich fuhr mit fünf anderen Jungen im Auto. Es regnete, und wir befanden uns auf einer landschaftlich sehr interessanten Küstenstraße. Plötzlich tauchte aus dem Nichts eine Kurve auf. Ich riß das Lenkrad herum, das Auto legte sich auf die Seite und fuhr auf zwei Rädern Richtung Abgrund. Unter uns konnten wir das Meer und die steilen Felsen sehen. Wir schrien alle, und ich weiß nicht mehr, wie es eigentlich geschah, aber das Auto kam wieder ins Gleichgewicht und landete auf allen vier Rädern mitten auf der Straße. Ich trat heftig auf die Bremse und stoppte den Wagen. In dem darauffolgenden schockierten Schweigen war mein erster Gedanke: Das machen wir noch mal!

*Ted, 16*

Solche Geschichten treiben Eltern in den Wahnsinn. Es ist schon schwierig genug, seinen Sohn vor anderen zu schützen, aber doppelt so schwer ist es, ihn vor sich selbst zu schützen. Die biologische Kraft bringt nicht nur den Körper des Jungen dazu, sich physisch zu entwickeln, sie drängt den Jungen auch, Grenzen zu testen, vor allem solche, die jeder andere für gegeben hält. Verbandzeughersteller machen ihr Geschäft mit dem Wissen, daß kleine Jungen die Schwerkraft testen wollen. Läden geben viel Geld für Zweiwegspiegel und Videokameras aus, um diejenigen zu fassen, die versuchen, herauszufinden, ob die Hand nicht doch schneller ist als das Auge. Die Hersteller von Gleitdrachen, Motorrädern, Bergsteigerausrüstungen, Skateboards, schnellen Autos usw. machen ein prima Geschäft, weil sie wissen, daß Männer unweigerlich das Schicksal herausfordern werden. Später einmal, wenn der Sohn seiner Familie gesteht, was er alles angestellt hat, als er jünger war, ist man meist froh, daß man das nicht vorher wußte.

Professor Frank Farley, Psychologe an der Universität von Wisconsin, stellte Untersuchungen an, in denen ein hoher Testosteronspiegel mit Risikoverhalten in Verbindung gebracht wurde. Männer mit eher hohem Testosteronspiegel nannte er »Große T-Typen«, solche, deren Testosteronspiegel eher normal war, waren die »kleinen t's«. Die Versuchspersonen der »Großen T« -Gruppe waren entweder sehr kreativ oder neigten dazu, straffällig zu werden. Manchmal wiesen sie auch beide Tendenzen auf. Außerdem zeigten die »Großen T's« ein höheres Maß an selbstzerstörerischen Verhaltensweisen, unabhängig davon, ob sie nun kreativ oder kriminell waren. Dies äußerte sich in einem höheren Maß an Drogen-, Alkohol- und Nikotinkonsum sowie in doppelt so vielen Unfällen wie bei den Männern aus der »kleinen t«-Gruppe.[13] Dr. Farley nimmt an, daß es für die als »Große T's« charakterisierten Jungen und Männer typisch ist, neue Wege zu beschreiten, Autoritäten herauszufordern und selbst die Regeln aufzustellen. Sie übernehmen Verantwortung und schaffen Neues, bis sie sich dann einem anderen, für sie interessanteren, weil neuen Projekt zuwenden. Die »kleinen t's« sind zwar auch aggressiv, ziehen es aber vor, die Regeln zu befolgen; sie bringen Ordnung und Stabilität in die Sache und managen Projekte eher, als daß sie sie ins Leben rufen. Alle Organisationen brauchen das Genie und die Stärke beider Gruppen: die Power-Hitters und die Sacrifice-Hitters beim Baseball, den kreativen Chef eines Unternehmens und den zuverlässigen Manager, den Direktor eines Theaters und das Ensemble im Hintergrund.

Risikoreiche Verhaltensweisen gibt es in vielen Varianten, von den milderen Formen, Grenzen zu testen, bis hin zu lebensgefährlichen Kunststücken. Ein Teenager zum Beispiel schaltete sich in den Hauptcomputer seiner High-School ein, um die eigenen Noten automatisch zu verbessern, wann immer eine Note schlechter als Drei eingegeben wurde. Dann weitete er seine »Dienste« auf die anderen Schüler aus und machte damit recht gute Geschäfte, bis eine Sekretärin seine Programmierungsaufzeichnungen fand, die er aus Versehen im Computerzimmer liegengelassen hatte. Eine gewitzte High-Tech-Computerfirma fand tatsächlich einen Weg, aus dem Hang der jugendlichen Hacker zu Verbotenem ihren Nutzen zu ziehen: Man stellte einen 13jährigen als Programmtester ein. Seine Aufgabe war es, in Computerprogramme einzudringen, um in ihrem Sicherheitssystem Lücken zu finden. Wenn Sie bei Ihrem Sohn keine dieser beiden zum Risiko neigenden Extreme entdecken, denken Sie einmal zurück: Hat er als Vorschulkind nicht auch einmal einen hohen Turm aus Bauklötzen auf seinem Tisch gebaut, von dem er, nachdem er sich ein Handtuch um die Schultern drapiert hatte, heruntersprang, um herauszufinden, ob er wie Superman fliegen könnte?

Testosteron macht männliche Wesen dafür empfänglich, sich risikoreichen Unterfangen hinzugeben. Sie verwenden eine ganze Menge Energie darauf, dem System ein Schnippchen zu schlagen, ihre Fähigkeiten unter Beweis zu stellen und die Grenzen des Möglichen auszuloten.

## Spannung und Entspannung

Der Moment, in dem der Jäger den tödlichen Schuß abgibt, der Nervenkitzel eines langen Touch-Down-Passes, der Abschluß eines großen Geschäftes sind Augenblicke, von denen Männer von der Steinzeit an bis heute träumen. Das wichtigste an diesen Augenblicken ist ein kraftvoller Energiekreislauf, der für das Wesen eines Mannes von großer Bedeutung ist: ein kurzer Spannungsaufbau, gefolgt von einer schnellen, befriedigenden Entspannung. Dieser kurzfristige, sofortige Befriedigung versprechende Zyklus bereitet den Körper eines Mannes darauf vor, aktiv zu werden (s. Abb. 1).

Wenn der Körper eines Mannes sich bedroht fühlt oder sich in einer extremen Streßsituation befindet, ist er besonders handlungsbereit; ob es sich nun um einen Kampf auf Leben und Tod, um den Schutz seiner Familie oder die Lösung eines Problems handelt, er ist bereit, durch eine rasche und entschiedene Aktion die Situation, mit der er konfrontiert ist, zu entspannen und zu lösen.

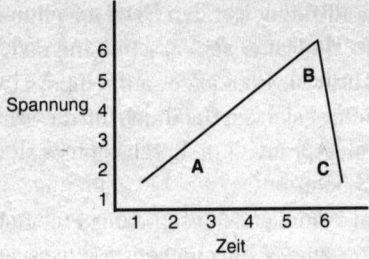

**Abbildung 1: Männlicher Spannungs-Entspannungs-Zyklus**

*Ein kleiner Junge spielte ruhig mit seinen Legos, den kleinen Plastikbausteinen, die sich leicht zusammenfügen lassen. Er hatte eine komplizierte Skulptur hergestellt, als es plötzlich aus ihm herausbrach: »Du dummes Ding!« und er das Teil auf den Boden warf. Danach nahm er ruhig seine Arbeit wieder auf, als ob nichts passiert wäre.*

*Alec arbeitete wie ein Wilder an seinem Computer. Seine Augen waren auf den Bildschirm gerichtet, seine Schultern angespannt, seine Finger flogen über die Tastatur. Er ließ sich durch nichts ablenken, bis er das Problem gelöst hatte. Dann reckte er die Arme in die Höhe, sprang auf und jubelte: »Ich hab's geschafft!«*

*Die Männer drängelten sich mit angespannten Gesichtern um den Fernseher. Ihre Körper ahmten die Bewegungen des Quarterbacks nach, wie er sich aus der Reichweite der Verteidiger wand und drehte. Die Gruppe stöhnte auf, als der Ball mit einem langen, langsamen Bogen das Feld hinunter gepaßt wurde. Das Stöhnen wurde zu einem Triumphgeschrei in dem Moment, in dem der Ball gefangen wurde, und alle Männer sprangen auf die Füße. Dann ließen sie sich wieder auf die Stühle zurücksinken. »Ah, Zeit für ein Bier!«*

Dieser Zyklus von Spannung und Entspannung läßt sich auch sehr deutlich beim männlichen Sexualverhalten beobachten, das von diesem machtvollen Energieablauf gesteuert wird. Die sexuelle Rolle eines Mannes im Lebenskreislauf ist viel begrenzter und einfacher als die der Frau. Der Mann hat die biologische Aufgabe, »den Samen zu pflanzen«. Wenn diese Aufgabe erfüllt ist, sagt ihm sein Körper, daß er sich nun anderen Herausforderungen stellen kann – Spannung und Entspannung.

Dieser biologische Zwang, Spannung und eine darauffolgende rasche Befriedigung zu erleben, ist zwar kulturell geprägt, ist aber fest eingebettet in das Wesen des Mannes, wo er auch seinen Ursprung hat. Er zeigt sich schon bei kleinen Jungen, wenn sie Fangen spielen, aber erst im Teenageralter zeigt der Zyklus seine wahre Macht. Häufiges Masturbieren, die lebensgefährlichen Aktionen, um das Mädchen seiner Träume zu beeindrucken, und das Bedürfnis, den Nervenkitzel von Wettkampf und Sieg zu kosten, sind Beispiele für die Wirkung dieser biologischen Kraft. Wettkampfsportarten sind positive Kanäle für das Bedürfnis nach Spannung und Entspannung. Es kann aber auch nicht die Muskelkraft, sondern der Verstand eingesetzt werden:

**DON:** Tom, ein 17jähriger Klient, war depressiv und sah sich selbst als Schwächling. Seine Eltern und Lehrer hielten ihn für faul. Er kam in die Gesprächstherapie, weil er die Schule abbrechen und keinem den Grund dafür sagen wollte. Ich sagte ihm, daß ich wüßte, daß seine Faulheit nur eine Tarnung wäre, und daß ich fände, daß dies großartig funktionierte. Dann fragte ich ihn, mit welchem Projekt er sich denn so intensiv beschäftigte. (Das war ein Schuß ins Blaue, aber ich nahm an, daß Testosteron in seinem Verstand besonders extrem tätig wäre, weil sein Körper und seine Haltung so träge wirkten.) Tom blickte mich überrascht an und meinte dann hastig: »Eine Agenten-Geschichte. Ich liebe Krimis!« Er gab zu, daß er Angst gehabt hatte, jemandem von seinem Buch zu erzählen, weil er fürchtete, deshalb ausgelacht zu werden. Schließlich brachte Tom genug Mut auf, in seiner Englisch-Stunde einen Teil vorzulesen. Er berichtete: »Ich war so nervös, daß ich beinahe gekniffen hätte, aber dann stand ich doch vorne und las es vor. Als alle klatschten, fühlte ich mich wie der stärkste Mann der Welt. Es macht mir zwar angst, wenn ich daran denke, aber ich will es noch einmal machen!«

Die Nervosität der Vorbereitung, die wachsende Spannung vor dem Auftritt und die schließlich folgende, Erleichterung bringende Entspannung müssen nicht gewaltsamer oder ungesetzlicher Art sein, aber was wir auf den Straßen sehen oder in den Zeitungen lesen, scheint uns eines Besseren zu belehren. Spannungsgeladene Drogengeschäfte, Ladendiebstähle, clevere Computerkriminalität und organisierte Betrügereien sind weitverbreitete Situationen, in denen Männer sich in unserer modernen Welt ausdrücken.

> Es ist dieses Prickeln, das mich überkommt in dem Moment, in dem ich den Schokoriegel einstecke. Ein schreckliches Gefühl – bin ich gut genug, es zu schaffen? Und der Moment, in dem ich weiß, ich hab's geschafft – da geht nichts drüber!
>
> *Nate, 12, Risikoliebhaber*

## Die psychologische Kraft

Ich beschwere mich bei einem Freund, daß meine Mutter mich nicht gehen ließe, selbst nachdem ich sechs Jahre lang in Therapie gewesen war. Er antwortete: »Es liegt auch nicht an ihr, dich ziehen zu lassen. Dein Vater ist derjenige, der kommen und dich holen sollte«.

*Richard, 35*

Wir haben kurz die biologische Kraft untersucht, die einen Sohn rein körperlich dazu drängt, einem Entwicklungspfad zu folgen, über den er keine bewußte Kontrolle hat. Das Hauptgebiet der psychologischen Kraft liegt im Beziehungsbereich. Ihre Antriebskraft stammt aus der unsichtbaren Welt der Entwicklungsphasen. Heutzutage sind wir Eltern zwar mit einer ganzen Reihe von Büchern über die kindliche Entwicklung versorgt, aber einem wichtigen Schritt kommt kaum Beachtung zu: der Reise über die Brücke, die jeder Sohn antreten muß – die Brücke zwischen Mutter und Vater. Männer reden nicht sehr oft über Beziehungen, aber wenn sie es doch einmal tun, kommt häufig ein bestimmtes Thema zur Sprache: Sie fühlen sich an die Mutter gekettet, vom Vater entfremdet und unsicher bezüglich ihrer Rolle und Identität als Mann in dieser Welt. Die meisten Männer sitzen heutzutage auf der mütterlichen Seite der Brücke fest.

## Die mütterliche Seite der Brücke

Wenn ein Junge zur Welt kommt, ist ganz klar, daß er der Sohn seiner Mutter ist. Er sucht bei ihr nach der lebenserhaltenden Milch; ihr nahe zu sein ist der Himmel, getrennt von ihr die reine Agonie. Er und sie bilden eine Einheit. Die diese Beziehung festigende Lebenskraft ist außergewöhnlich, was ihre Macht, ihre Liebe und ihren Einfluß anbelangt. Zarte Frauen, kaum dazu in der Lage, ihr eigenes Gewicht zu heben, sollen schon Autos von ihren in Not geratenen Kindern gewuchtet haben. Eine Mutter erkennt das Weinen ihres Babys aus einer Gruppe von unzähligen Kindern heraus, und ein Kind weiß in der Sekunde, in der seine Mutter zum Telefonhörer greift, daß es nun nicht mehr ihre ungeteilte Aufmerksamkeit hat. Dies ist die erste Beziehung eines Jungen. Ob positiv oder negativ, hier baut sich sein emotionales Gerüst auf. Am Anfang steht die Mutter.

Wo ist der Vater während dieser Liebesaffäre zwischen Mutter und Sohn? Der Vater kommt definitiv an zweiter Stelle (trotz neuerer Erfindungen, wie zum Beispiel künstliche Brüste, die er sich umbinden kann, um seinen Sohn zu stillen). Der Vater hat die Aufgabe, die wichtige Mutter-Sohn-Verbindung zu schützen und zu fördern. Wir wollen damit jedoch nicht sagen, daß ein Vater sich nicht in die Pflege einbringen oder keine enge Bindung zu seinem kleinen Sohn eingehen sollte. Viele Väter erleben ein großes Verlustgefühl und eine immense Einsamkeit nach der Geburt, auf die sie sich zusammen mit den Müttern lange Zeit vorbereitet hatten. Der Vater stellt vielleicht plötzlich fest, daß er und die Mutter sich nicht mehr so nahe sind wie vor der Geburt ihres Sohnes. Es scheint weder genug Zeit noch genug Energie vorhanden zu sein. Jeder Augenblick wird auf die Pflege und Ernährung des winzigen Eindringlings verwendet – zwar gewollt und geliebt, aber nichtsdestotrotz ein Eindringling.

> Es war wie ein Wunder, als er herauskam. Egal, wie schwierig es manchmal ist, ich denke immer an diesen Moment, und schon fühle ich mich wieder meinem Sohn zugetan.
>
> *John, ein Vater, der bei der Geburt seines Sohnes mithalf*

Ein Vater muß sich sehr bemühen, um eine enge Beziehung mit der Mutter aufrechtzuerhalten und zusammen mit ihr das Bindungsverhalten mit ihrem neugeborenen Sohn einzugehen. Ein Vater, der schon in den ersten Lebensjahren seines Sohnes aktiv ist, tätigt eine große Investition für die Zukunft. Im Lauf der Jahre und wenn Brücken überschritten werden müssen, wird sich diese Investition um ein Vielfaches bezahlt machen. Die Unterstützung des Vaters während der Geburt, die langen Nächte, in denen er seinen Sohn wiegte und mit ihm in den Armen auf und ab marschierte, und seine anhaltenden Bemühungen, seine Familie finanziell zu unterstützen, sind keineswegs zweitrangig. In dieser Phase seines Lebens muß ein Junge sich jedoch zuerst mit seiner Mutter identifizieren.

### Der Übergang

Zwischen dem sechsten und neunten Lebensjahr treibt die psychologische Kraft den Sohn in eine Phase des Übergangs. Das Schwergewicht der Identifikation verlagert sich nun von der Mutter auf den Vater. Dabei handelt es sich nicht um eine bewußte Entscheidung des Sohnes. Das innere Drängen des männlichen Entwicklungsplans schubst ihn aus dem mütterlichen Nest über eine gefährlich wirkende Brücke in die Welt des Vaters. Mit neun Jahren stellt der Sohn ernsthaft die Autorität der Mutter in Frage. Er trödelt beim Anziehen und bei jeder noch so kleinen Aufgabe. Er gerät leicht in Wut und hält seine Mutter oft für dumm. Warum kann sie nicht verstehen, daß er alleine die Straße überqueren und mit seinen Kameraden ins Kino gehen kann? Alle seine Freunde tun es doch auch!

**DON:** Bei einem meiner Klienten nahm der Übergang eine dramatische Wendung. Nathan, zehn Jahre alt, lebte zusammen mit einem jüngeren Bruder bei seiner Mutter. Der Vater lebte am anderen Ende der Stadt und kam nur gelegentlich zu Besuch. Eines Abends stritt Nathan sich mit seiner Mutter über den Platz, den er bei Tisch einnehmen sollte. Plötzlich drohte er ihr, sie zu schlagen. Als sie ihn gewaltsam zum Sitzen bringen wollte, rang er mit ihr, bis sie zu Boden ging. Sowohl Mutter wie auch

Sohn waren völlig perplex, als wäre dies nicht ihnen, sondern zwei anderen Menschen passiert. Später sagte mir die Mutter: »Ich bin Pazifistin. Ich kann kaum glauben, daß ich ihn so fest angefaßt haben soll!«
Ich versicherte ihr, daß zwei wichtige Veränderungen vonstatten gehen müßten. Als erstes müsse sie darüber nachdenken, welche Grenzen sie ihrem inzwischen stärker gewordenen Sohn setzen solle und wie sie mit ihrer eigenen Wut umgehen könne. Zum zweiten müsse Nathan unbedingt viel Zeit mit seinem Vater und anderen männlichen Erwachsenen verbringen. Später erzählte mir die Mutter, daß Nathans Vater sich geweigert hätte, sich stärker einzubringen. Sie sorgte dafür, daß Nathan oft einen Onkel, den er sehr gerne mochte, und Freunde in der Nachbarschaft, deren Väter viel Zeit mit ihnen verbrachten, besuchen konnte. Sie sagte: »Ich war so erleichtert, als ich erfuhr, daß seine Widerstände gegen mich für sein Alter völlig normal waren. Aber noch wichtiger: Ich fand heraus, daß Nathan desto weniger aggressiv mir gegenüber ist, je mehr Zeit er mit älteren Männern verbringt, die für ihn Zeit und Interesse aufbringen und ihm seine ›Kindereien‹ nicht durchgehen lassen. Ich wundere mich über die Veränderungen, die in ihm vorgehen.«

Solche Begegnungen zwischen Müttern und Söhnen sind normale Anzeichen dafür, daß Papa sich einen zentralen Platz im Familienbild verschaffen muß. Ob verheiratet oder geschieden, seine Rolle ist klar, und seine Anwesenheit und die Zeit, die er in seinen Sohn investiert, sind die Grundsteine für die Entstehung eines starken und gesunden Jungen. Wenn Papa bislang nicht aktiv war, ist jetzt der Zeitpunkt gekommen, wo er damit anfangen muß. Zur Unterstützung sollte er auch andere Väter und Fachleute im psychosozialen Bereich kontaktieren.
Väter können sich erstaunlich intensiv mit ihren Söhnen befas-

sen, wenn sie erst einmal richtig informiert und angeleitet wurden. Viele neun-, zehn- und elfjährige Jungen aus geschiedenen Familien verbringen einen Großteil der Zeit bei ihren Vätern. Dies erfordert große Opfer auf seiten der Mütter, die ihre Söhne loslassen müssen, und viel Zeit, Geld und Verlust persönlichen Vergnügens auf seiten der Väter.

> Ich kann es kaum glauben, aber ich habe meine Arbeitswoche um die Hälfte gekürzt. Mein Sohn ist fünf Tage die Woche bei mir. Ich koche für ihn, helfe ihm bei seinen Hausaufgaben, bringe ihn abends ins Bett. Ich dachte ursprünglich, ich würde es sehr genießen, wenn er bei seiner Mutter ist. Richtig ist, daß ich froh über die kleine Pause bin, aber ich vermisse ihn auch und kann es kaum erwarten, bis er wieder bei mir ist. Gott sei Dank habe ich erfahren, wie wichtig meine Rolle als Vater in dieser Zeit seines Lebens für ihn ist. Aus diesem Grund habe ich diese Chance erhalten. Aber niemals im Leben hätte ich mir träumen lassen, daß ich mich so stark engagieren würde.
>
> *Jack, 44, geschiedener Vater*

Wenn ein Junge anfängt, sich nach der Aufmerksamkeit eines männlichen Erwachsenen zu sehnen, ist es Zeit, daß er die Brücke zwischen der Welt seiner Mutter und der seines Vaters überquert. Mit jedem Mann, der in seine Nähe gerät, wird er um des Kontakts willen herumalbern, boxen und ringen. Er wird damit anfangen, mehr Zeit mit seinem Vater verbringen zu wollen – Rasen mähen, Auto waschen, Modelle bauen, im Garten arbeiten, Campen, Sport treiben oder Sportveranstaltungen besuchen und Hunderte anderer Dinge, die Väter und Söhne in unserer modernen Welt verbinden.

Der zehn- bis elfjährige Junge wird versuchen, seinem Vater um alles in der Welt zu gefallen. Selbst wenn er ihn an der Oberfläche zu hassen scheint, wird er sich in seinem tiefen Inneren nach seiner Zustimmung verzehren. Ein Kompliment, ein »So ist's recht, mein Junge!« vom Vater wirkt Wunder, um das Selbstwertgefühl des Sohnes, seine Selbstakzeptanz zu stärken und ihn zur Mitarbeit zu bewegen. In diesem zarten Alter geht jede negative Bemerkung, jede Abwertung bis ins Mark. Wenn wir die Zeichen erkennen, die darauf hinweisen, daß der Sohn bereit ist, die Welt der Mutter zu verlassen und seinen Vater in der Männerwelt zu treffen, können wir aufhören, als Eltern tendenziell schuldig, frustriert oder erbost über das schwierige Verhalten unseres Sohnes zu sein. Er ist einfach nur bereit, »die Brücke zu überqueren«.

Dies wird er jedoch nicht von allein tun. Er wird am Rand stehenbleiben und warten. Warum sollte ein Junge aus freiem Willen die Welt der Mutter verlassen? Diese Welt war seit seiner Geburt sein Universum. Hier wurde er gefüttert, gebadet, es wurde ihm vorgesungen, er wurde gekitzelt, beschützt, gestillt und gehalten. Mutter tröstete ihn, wenn er gestürzt war, lachte über seine Scherze, bewunderte seine Erfolge. Kein Junge würde diese Annehmlichkeiten ohne weiteres hinter sich lassen wollen. Und vielleicht macht die moderne Welt an eben dieser Kreuzung bei der Entwicklung eines kleinen Jungen einen Fehler. In allen Modellen einer gesunden Entwicklung wird festgestellt, daß ein Junge sich von seiner Mutter trennen muß, aber wir haben Trennung als Entlassung interpretiert. Aufgrund der starken Bindung zwischen den meisten Müttern und Söhnen ist der Junge Teil der Mutter geworden und die Mutter Teil ihres Sohnes. Aus der Perspektive des Jungen ist eine komplette Trennung von dieser wichtigsten Person in seinem Leben eine Art Amputation, ein Abtrennen eines Teiles seines Selbst. Kein Wunder, daß heute so viele Männer selbst bis in ihr fünftes

Lebensjahrzehnt hinein sich immer noch an ihre Mütter gefesselt fühlen.

Dr. Jean Shinoda Bolen schreibt in ihrem Buch *Götter in jedem Mann*, daß »das Klischee, wie ein Mann sein sollte, der Psyche der Männer Gewalt antut. Daraufhin wird ein Mann von Teilen seines Selbst, die nicht in das Klischee passen, abgetrennt... Man erwartet von Männern, daß sie ihre Mütter verlassen und jegliche Ähnlichkeit mit ihnen leugnen. Väter sind weit weg und halten sich zurück... Das Ergebnis ist eine psychologische Amputation...«[14]

Damit unsere Söhne diesen Übergang ohne eine solche Verletzung überstehen, müssen wir Eltern ihnen zugestehen, sich von der Mutter in einer sanfteren, natürlicheren Weise zu lösen. Wenn ein Sohn die Brücke zwischen Mutter bzw. Frau, zu Vater bzw. Mann, überquert, steht er vor der Aufgabe, die Beziehung zu seiner Mutter zu *internalisieren*. Aus der Bindung zu seiner Mutter entwickelt ein Junge die Grundlagen für sein emotionales Leben, seine Sicht von der Welt und seine Art, mit den Mitmenschen umzugehen. Diese Samen werden von seiner Mutter in sein Herz gepflanzt, und er trägt sie mit sich, wenn er in die Welt seines Vaters überwechselt. Die Mutter spielt von da an in seinen Bindungen eine weniger wichtige Rolle, aber die Samen werden sprießen und schließlich in der Fähigkeit des Jungen aufgehen, befriedigende Beziehungen zu seinen Mitmenschen einzugehen, sich selbst und andere zu nähren und seine Gefühle zu erleben und auszudrücken.

### Die väterliche Seite der Brücke

In der Übergangszeit wird ein Junge von seiner biologischen Kraft gedrängt und von der psychologischen Kraft geführt, aber sein Vater muß kommen und ihn über die Brücke zur anderen Seite tragen. Nun spielt der Vater die Hauptrolle in der Psyche des Jungen. Seine Abwesenheit oder Anwesenheit beeinflussen das Verhalten seines Sohnes maßgeblich. Ob ihre Beziehung passiv oder aktiv ist, der Sohn übernimmt von seinem Vater, was es heißt, ein Mann zu sein. Arbeitet der Vater die meiste Zeit, und verhält er sich, selbst wenn er zu Hause ist, distanziert, indem er die Pflege der Kinder der Mutter überläßt, dann wird sich wahrscheinlich der Sohn eines Tages seiner Familie gegenüber ähnlich verhalten. Wenn der Vater gewalttätig oder ein Alkoholiker ist oder seine Familie verlassen hat, zeigen statistische Untersuchungen, daß der Sohn dem Vorbild des Vaters folgen wird.[15] Folgende Situationen sind zwischen Vätern und Söhnen recht verbreitet:

> Ich hatte mir geschworen, nie so zu werden wie mein Vater. Er versuchte immer, mir seine Ideen aufzuzwingen, und ich stellte mich bei jeder Gelegenheit gegen ihn. Mit achtzehn ging ich weg und bildete mir meine eigenen Vorstellungen. Der Witz bei dem Ganzen ist nur, daß ich jetzt versuche, meine Ideen meinem Sohn aufzudrängen. Die Inhalte sind zwar anders, aber das Verhalten ist das gleiche geblieben.
>
> *Robert, ein junger Vater*

Meine Teenagerzeit über habe ich mit meinem Vater über seine Meinungen, Vorurteile und politischen Vorstellungen gestritten. Von meinem progressiv-linken Standpunkt aus kamen mir seine Ideen ziemlich altmodisch und konservativ vor. Heute bin ich in der Hauptstadt dieses Landes als Rechtsreferendar angestellt und stelle fest, daß ich selbst zur gemäßigten, konservativen

Seite neige. Ich erinnere mich noch, wann unsere Beziehung sich zu ändern begann. Ich bekam in meiner College-Zeit meinen ersten Computer, und zum ersten Mal zeigte ich Interesse an etwas, das Papa auch faszinierte. Er kam zu mir ins Studentenheim, um mir beim Aufbau des Computers zu helfen. Wir saßen Stunden vor dem Bildschirm, und seitdem haben wir nicht mehr aufgehört, miteinander zu reden. Ich hatte mich vorher immer auf die Seite meiner Mutter gegen ihn gestellt, aber jetzt verstehe ich diesen Mann besser, der mir immer so rätselhaft vorgekommen war.

*Carl, 27*

Die Lebensinhalte eines Sohnes sind zwar oft anders als die seines Vaters, aber die Verhaltensmuster sind sich oft sehr ähnlich. Meist wird einem Mann zwischen 30 und 40 klar, daß er in die Fußstapfen seines Vaters getreten ist (oder eine nur dem Anschein nach gegensätzliche Richtung eingeschlagen hat). Er betrachtet sich im Spiegel (oder vielleicht hört er zum ersten Mal wirklich zu, was seine Frau ihm die ganze Zeit schon zu sagen versuchte) und stellt fest, daß er auf die eine oder die andere Weise wie sein Vater wird, gleichgültig, wie sehr er sich bemüht hat, dies zu vermeiden. Hier können Väter etwas lernen: Sich mit seinem eigenen Vater zu versöhnen und die Wahrheit über sich selbst zu akzeptieren, dient als Vorbereitung, seinen Sohn zur Überquerung der Brücke zu ermutigen. Wenn Ihr Sohn spürt, daß Sie dies akzeptiert haben, wird er leichter seine männliche Abstammung akzeptieren, und Sie können sich über die ernsthaften Bemühungen Ihres Sohnes, so zu sein wie Sie selbst, freuen.

Jungen müssen mit Mitleid, Festigkeit und väterlicher Liebe zu den Verantwortlichkeiten der männlichen Erwachsenenwelt gebracht werden. Für einen Jungen sind die Ansichten und

Handlungen des Vaters attraktiv und gleichzeitig furchteinflößend, tröstend und gleichzeitig eine Herausforderung. Diese Seite der Brücke birgt ein sonderbares Paradox: Der Körper des Jungen ist männlich – wie der des Vaters –, aber er kam aus dem Körper der Mutter, der ganz anders ist. Vom Vater erfährt der Sohn nicht nur Dinge über seinen männlichen Körper, sondern auch über die männliche Funktionsweise seines Verstandes, seiner Seele oder seines Geistes. Er lernt, wie man aktiv werden und in der Welt etwas verändern kann. Selbst stiller Kontakt mit dem Vater stellt ein Herz, das darauf gewartet hat, zufrieden.

> Ich hatte mir ein Bein gebrochen, und nachdem es geheilt war, entschloß ich mich, eine große Wanderung zu unternehmen, um mir zu beweisen, daß ich es noch konnte. Erst kurz vor dem Aufbruch kam mir der Gedanke, meinen zwölfjährigen Sohn mitzunehmen. Ich erinnere mich nicht daran, während der ganzen Wanderung etwas gesagt zu haben. Für mich war es kein Unternehmen, das aus irgendeinem Grund etwas Besonderes gewesen wäre. Mein Sohn ist heute 27, und er spricht noch immer von dieser Wanderung als einem Höhepunkt in seinem Leben.
>
> *Edmund, Arzt, 50*

Alleinstehende Mütter und deren Söhne sind in der Übergangsphase in einer schwierigen Lage. Eine Mutter kann ihrem Sohn von den Unterschieden, seinen Rollen und den wachsenden Kräften in ihm erzählen, aber weil sie kein Mann ist, kann sie ihm nicht das angeborene Bewußtsein, was es heißt, männlichen Geschlechts zu sein, vermitteln. Schon rein körperlich ist das Verhältnis einer Mutter zu ihrem Sohn einfach anders als das eines Vaters zu seinem Sohn. Wenn der

Vater, aus welchem Grund auch immer, nicht verfügbar ist, muß die Mutter nach Gelegenheiten suchen, bei denen ihr Sohn mit älteren Männern zusammensein kann, die ihm Beachtung schenken und ihm zeigen, wie er mit den mächtigen Kräften umgehen soll, die ihn zur Männlichkeit drängen.

### Die Brücke zur Welt

Schließlich muß der Sohn auch die Welt seines Vaters internalisieren. In unserer Kultur beginnt dieser Prozeß mit etwa 16 Jahren und dauert bis 28 oder länger. Der Sohn läßt den Samen des Selbstwertgefühls und des Verständnisses seines Selbst aufgehen, der in der Zeit, die sein Vater mit ihm verbracht hat, gesät worden ist. Aber *ein* Mann ist nicht genug, um die stürmische Seele eines Jungen zu befriedigen Der Junge muß mit Hilfe seines Vaters in die weite Welt überwechseln. Dort trifft er viele ältere Männer, die ihm helfen, die Möglichkeiten seiner Bestimmung als Mann weiter zu entdecken.

**DON:** Ich verbrachte nur einen einzigen Tag mit so einem Mann. Er hieß Carlye Marney; er war 70 Jahre alt, und dennoch an der Spitze des Berufsstandes, den ich mir auserkoren hatte. Ich fragte ihn: »Wie haben Sie es geschafft, so lange an der Spitze zu stehen und so ehrlich und geradeheraus zu sein, wie Sie es sind?« Er sah mich an, blies Rauch aus seiner Pfeife und brummte: »Begeben Sie sich nie in eine Position, in der die anderen etwas haben, was Sie unbedingt haben müssen.« Das habe ich nie vergessen.

Mein Onkel Bruno hat mich gerettet. Mein Vater und ich vertrugen uns eigentlich ganz gut. Ich arbeitete in seinem

Laden, war aber kein guter Geschäftsmann. Ich redete gern über Dinge, die man nicht sieht, etwa darüber, wie sich etwas anfühlt, oder über die merkwürdigsten Sachen, die ich mir vorstellen konnte. Onkel Bruno hörte mir stundenlang zu. Manchmal sagte er etwas zu meinen Überlegungen, aber die meiste Zeit hörte er mir nur zu und nickte gelegentlich mit dem Kopf. Mein Vater hatte überhaupt kein Verständnis für Dinge, die man nicht in ein Regal legen konnte. Onkel Bruno machte es mir leichter, im Laden zu arbeiten. Ich wußte immer, daß wir ein paar Schritte gehen und uns unterhalten könnten, wenn ich es nötig hatte. Aus dieser Seite in mir wurde der Psychologe.

*Thomas, 45, klinischer Psychologe*

Die Stärke der Bindungen, die ein Junge zu einem männlichen Ratgeber hat, spielt eine große Rolle, wenn er ins Mannesalter kommt. Für seine Reife ist es von immenser Bedeutung, andere erwachsene Männer um sich zu haben. Die Geschichten, die er zu hören bekommt, und die Leben, die er beobachtet, nimmt er tief in sich auf; aus ihnen werden unbewußte Modelle für das, was er zu werden versuchen wird. Viele Jungen treffen ältere Männer, wenn sie in Schwierigkeiten geraten sind – Bewährungshelfer, Therapeuten, Richter. Bei problematischen Beziehungen zwischen Vätern und Söhnen kann ein männlicher Therapeut als »Extramann« dienen. Andere Beziehungen entwickeln sich lockerer, zum Beispiel mit dem Chef, einem älteren Mann im gleichen Viertel, einem Lehrer, Trainer, Onkel oder Großvater. Wie auch immer diese Beziehungen zustande kommen, die Mutter wie auch der Vater verlieren an Bedeutung, und die Welt rückt in den Vordergrund in dem Maße, in dem der Junge seinen Weg und seinen Sinn in der Welt findet.

## Die Seelenkraft

Geh deinen Weg, sonst wird man dich schleppen.
*Frei nach Carl Gustav Jung*

Oft wundern wir uns, wie ein Junge, dem im Leben nur Schlimmes widerfahren ist – Armut, Gewalt, Not –, als Erwachsener für andere sein Leben lassen kann. Auf der anderen Seite erstaunt es uns, wie ein Junge, der immer nur das Beste bekam, sich umdreht und jemandem das Leben nehmen kann. Liegt der Grund dafür in seinen Anlagen, seiner Psyche, seinem Elternhaus oder seiner schulischen Erziehung? Meist vermuten wir ein Mittelding: Alle diese Einflüsse spielen eine Rolle. Aber es gibt noch eine weitere Kraft, die im Leben des Jungen entscheidend mitwirkt. Letztendlich werden die Anlagen, die psychische Entwicklung und der Einfluß der Kultur (den wir im 3. Kapitel näher betrachten werden) von der tiefen, geheimnisvollen Kraft der männlichen Seele überschattet.

So, wie wir heute Jungen erziehen, konzentriert sich vieles darauf, Verhalten zu formen. Sicher müssen wir aus unseren Söhnen zivilisierte Wesen machen. Nachdem wir gesehen haben, welche starken biologischen und psychologischen Kräfte bei unseren Söhnen am Werk sind, können wir verstehen, warum sie starke Grenzen und viel Liebe brauchen, damit sie in der heutigen Welt ihr volles Potential als Lebensspender und Lebenserhalter entwickeln können. Aber ein wichtiger Teil des Jungen ist im modernen Alltagsbetrieb verlorengegangen – seine Seele. Wenn die seelische Kraft anerkannt, genährt und geachtet wird, dient sie den anderen drei Kräften als Wegweiser. Ohne diese Führung ist ein Mann wie eine »unkontrollierte Kanone« – unter dem Einfluß einer machthungrigen Armee ohne General an ihrer Spitze.

Die meisten von uns haben eine Ahnung von ihrem Selbst, das scheinbar nichts mit Erziehung und Umwelteinflüssen zu tun hat. Alle Religionen und philosophischen Richtungen sprechen von diesem Kern, dem innersten Selbst, dem Zentrum. Am ehesten haben die Generationen von Philosophen und Dichtern die Sprache der Seele festgehalten, die über diese nicht greifbare menschliche Essenz geschrieben haben. Im 15. Jahrhundert schrieb der meisterliche Dichter Kabir: »Wenn du nicht herausfindest, wo sich deine Seele versteckt hat, wird die Welt für dich niemals real sein.«[16] James Hillman, ein zeitgenössischer Psychoanalytiker und Schriftsteller, ist der Ansicht, daß die modernen Menschen keine Seele mehr haben. Er behauptet: »Die Welt und die Götter sind tot oder lebendig, je nachdem, in welchem Zustand sich unsere Seele befindet.«[17]

Die Seele manifestiert sich in unseren Träumen, Hoffnungen und Verzweiflungen. Sie drängt uns, unseren Lebensweg zu verfolgen, aber sie fällt nie eine Entscheidung für uns. Aus einem bestimmten Grund müssen wir unsere Entscheidungen immer selbst treffen. Wir können den Ruf der Seele zwar zeitweise überhören, aber ihre Anwesenheit wird uns in unseren Träumen und Phantasien verfolgen. Oft spüren wir ihren Ruf am stärksten, wenn wir vor einer schwerwiegenden Entscheidung stehen. In stillen Momenten beten wir zu Gott, den Göttern oder der Göttin, und folgen dann unseren aus dem Bauch kommenden Gefühlen. Jahre später blicken wir zurück und erkennen, daß alles seinen Sinn gehabt hat. Wie ein Radar, der die Objekte, auf die er gerichtet ist, nach Hause leitet, ist die Kraft der Seele in uns und führt uns, ohne uns zu drängen, zu den Entscheidungen, die wir treffen müssen.

Wer von uns das Filmepos *Star Wars – Der Krieg der Sterne* gesehen hat, wird sich immer an die spannungsgeladenen Augenblicke erinnern, wenn Obi-wan Kenobi Luke Skywalker ermahnte: »Denk an die Kraft, Luke. Folge der Kraft.« Luke entspannt sich, hört auf, verbissen zu versuchen, sein Raumschiff durch das gefährliche Labyrinth zu lenken, und läßt sein inneres Wesen, seine »Seelenkraft«, ans Steuer. Wir haben alle schon erlebt, daß wir schließlich den Kampf, ein Problem zu lösen, aufgaben: Eine innere Kraft übernimmt die Kontrolle, und die Lösung fällt uns so gut wie in den Schoß.

Unsere Söhne haben diese Kraft. Wie die winzige Prise Salz, die eine Speise würzt, ist die männliche Seele ein mächtiger, nicht sichtbarer Katalysator, der dem Leben eines Jungen »Würze verleiht«, um seine Einzigartigkeit zum Ausdruck kommen zu lassen.

Solange unsere Söhne noch klein sind, müssen wir Eltern uns um ihre Seelen kümmern. Wir können dazu beitragen, ihnen Vertrauen in das in ihnen wohnende, sie leitende System von Gefühlen und Intuitionen und in die Stimme, die manchmal »Seele« genannt wird, zu vermitteln, um ihnen auf einen Lebensweg zu helfen, der lebensspendend und lebensbejahend, nicht lebensverneinend ist. Um ihnen dabei zu helfen, sich selbst gegenüber treu zu bleiben, kommt uns eine schwierige Aufgabe zu. Wir müssen unsere Söhne dabei unterstützen, herauszufinden, wie sie sich durch ihre Gefühle zu Lösungen führen lassen können, anstatt sie als Emotionen zu betrachten, die unterdrückt und ignoriert werden sollten. Es ist keine einfache Aufgabe, seiner Seele treu zu bleiben, das werden Eltern recht gut wissen. Das Drängen der Seele ist nicht immer deutlich, und unseren Kindern, die von vielen flüchtigen Gefühlen überschwemmt werden, fällt es oft schwer, die Signale richtig zu deuten. Botschaften aus der Seele tauchen oft wie beim Versteckspiel in den merkwürdigsten Augenblicken auf.

Ich wollte mich an dem Idioten dafür rächen, daß er mich vor meiner Freundin lächerlich gemacht hatte. Die Gelegenheit dazu hatte ich, als ich beobachtete, wie er bei der Abschlußprüfung schummelte. Ich wollte ihn verpfeifen, ihm wirklich eins auswischen, aber mir wurde schlecht bei dem Gedanken, ihn zu verraten. Ich hab's nicht getan. Ich will nicht genauso blöd sein wie er.

*Philip, 16, der sich gerade seiner Moralvorstellungen klar wird*

Im Teenageralter flackert die Suche nach der Seele auf, wenn die Jugendlichen herausfinden wollen, wer sie eigentlich sind, und erforschen wollen, welche einzigartige Richtung ihr Schicksal nehmen wird. Wenn Jungen in ihr drittes Lebensjahrzehnt eintreten, entwickeln sie entweder eine klare Vorstellung über die Richtung ihrer Seele, oder sie werden in ihren Vierzigern von einer tiefen Depression überwältigt. Die Jahre in der Lebensmitte bieten abermals eine Gelegenheit, sich auf die Rufe der Seele einzulassen und ihrem Drängen zu folgen. Als Eltern können wir herausfinden, auf welche besondere Weise unser Sohn mit dem Leben umgeht. Je mehr wir ihm dabei helfen, sich selbst zu akzeptieren, desto größer sind seine Chancen, die Risiken zu meistern, auf die er unweigerlich trifft, wenn er sein eigenes Leben aufbaut und der Welt um sich herum einen positiven Stempel aufdrücken will.

## Die Seele und ihre positive Absicht

Stellen Sie sich kurz eine bekannte Situation vor: Ein Therapeut wird gebeten, Faktoren herauszufinden, die das Verhalten eines Klienten motivieren. Gemeinsam reisen Klient und Therapeut durch die verschiedenen Schichten der Innenwelt des

Klienten mit ihren biologischen, psychologischen und kulturellen Einflüssen. Erst wenn die seelische Ebene erreicht ist, kommen die tiefsten Wünsche und Sehnsüchte zum Vorschein. Nehmen Sie zum Beispiel eine Mutter, der es ein echtes Anliegen ist, sich um andere zu kümmern. Möglicherweise kommt sie an einen Punkt, an dem eine ganze Schar von Leuten von ihr abhängig ist. Sie erschöpfen sie mit ihren niemals enden wollenden Forderungen. Sie fangen vielleicht an, sich mehr auf sie zu verlassen als auf sich selbst. Wenn dies für die Mutter ein Problem ist, liegt die Lösung nicht darin, ihre Fürsorge einzuschränken. Dies würde das tiefste Drängen ihrer Seele verletzen. Sie würde sich zu Recht dagegen wehren. Die Lösung liegt darin, ihr zu helfen, wie sie lernen kann, sich so um andere zu kümmern, daß sie dadurch stärker werden. Dies ist auch für sie eine Erleichterung, denn nun kann sie sich mehr um sich selbst kümmern. Sich gegen die Wünsche der Seele zu stellen ist fruchtlos. Im Einklang damit zu arbeiten kann erstaunliche Ergebnisse hervorbringen, wie es auch die folgende therapeutische Geschichte zeigt:

**DON:** Terry, 18, kam in meine Sprechstunde, weil er sein letztes Highschooljahr nicht schaffte, obwohl er eigentlich nur am Unterricht teilzunehmen und seine täglichen Hausaufgaben zu bewältigen hatte. Seine Mutter schimpfte ihn einen Faulenzer und desinteressierten Schwächling. Sie war Alkoholikerin, ohne es zuzugeben, und weigerte sich, an Terrys Therapiegesprächen teilzunehmen. Ich fragte ihn: »Wie lange hältst du denn die Familie schon zusammen?« Seine Augen weiteten sich ungläubig unter den langen, ihm ins Gesicht fallenden Haaren. »Woher wissen Sie das?« Als das älteste von vier Kindern hatte er seinen jüngeren Geschwistern geholfen, mit dem Alkoholismus der Mutter zurechtzukommen. Er ließ in seinem letzten

Schuljahr in seinen Leistungen nach, um sich an der Mutter zu rächen. »Sagen Sie ihr nicht, was ich mit meinen Geschwistern tue. Ich hasse sie aus vollem Herzen. Ich wollte ihr eins auswischen.« Ich sagte: »Deine Art, ihr eins auszuwischen, indem du sitzenbleibst, schadet dir mehr als ihr. Wie willst du es schaffen, so weiterzumachen, ohne damit deine eigene Zukunft aufs Spiel zu setzen?« Er löste das Problem dadurch, daß er bis zum letzten Schultag wartete, um die gesamten Hausaufgaben abzuliefern. Danach ging er zu den Abschlußfeierlichkeiten, ohne seiner Mutter etwas davon zu erzählen. Er sagte: »Es war phantastisch, zu beobachten, wie ihr beinahe die Augen aus dem Kopf fielen, als ich über die Bühne ging. Ich werde doch wegen ihr nicht mein Leben vergeuden.«

Bei vielen Stämmen auf der ganzen Welt mußte der einzigartige Ruf der Seele eines Jungen von bestimmten Erwachsenen sorgfältig herausgefunden werden. Diese innere Dimension des Jungen wurde gelobt, geehrt und dauernd gefördert. Wenn er schüchtern war und sich viel mit seiner Innenwelt von Gedanken, Gefühlen und Träumen beschäftigte, bekam er vielleicht den Beinamen »Der, der nach innen blickt«. Vielleicht war er nicht der feurigste Kämpfer, aber wenn ein anderer Krieger deprimiert oder emotional verwirrt war, konnte er »Den, der nach innen blickt« aufsuchen, um sich bei ihm Rat und Hilfe zu holen. Der Beiname rückte die herausragenden Eigenschaften eines Jungen in das bedeutendste und beste Licht. Auf seinem Kampfschild war sein Beiname in einer symbolischen Form dargestellt – zum Beispiel als Baum, Adler, Fuchs oder Maus.
Die Weisheit, die in diesen Bräuchen steckt, kommt unseren Bedürfnissen als Eltern auch im technologischen Zeitalter noch immer entgegen. Wenn das Drängen der Seele anerkannt wird und Raum zum Wachsen erhält, sind Innen- und Außenleben

eines Jungen stimmig, und er kann mit sich und der Welt eher Frieden schließen.

**DON:** Als ich John das erste Mal traf, war er 13. Ich hatte die Befürchtung, daß sein »Beiname« wohl »Junge, der alle Erwachsenen um den Verstand bringt« lauten würde. Er hatte eine riesige Schar von Bewährungshelfern, Therapeuten, Lehrern und Sozialarbeitern im Schlepptau. Der Aufbau eines Vertrauensverhältnisses dauerte lange, aber dann sagte ich es ihm so deutlich wie möglich. Ich nannte ihn »mächtig« und erzählte ihm dann: »Wenn du willst, kannst du Berge versetzen. Das Problem ist nur, daß du dir deinen Weg mit Bergen verbaust, anstatt sie dir aus dem Weg zu räumen. Aus diesem Grund landest du immer wieder an Orten wie meiner Praxis mit Leuten wie mir, mit denen du eigentlich nichts zu tun haben willst. Bist du daran interessiert, daß wir aus deinem Leben verschwinden?« Dies wurde zum geflügelten Wort zwischen uns: »Mit welchen Bergen hast du dir diese Woche den Weg verbaut, welche Berge hast du fortgeräumt?« Mit der Zeit lernte John, vermeidbaren Ärger auch zu vermeiden und sein Leben eher nach seinen Wünschen zu gestalten. Er ist jedoch noch immer so gewitzt und gerissen wie früher. »Der Berge versetzt« bewirbt sich gerade um einen Studienplatz in Jura. Beten Sie zu Gott, daß Sie ihm nie bei einer Gerichtsverhandlung begegnen!

## Seine Seele treffen

Benennt man die Eigenschaften seiner Seele, so berührt das einen Jungen tief. Dies ist nicht nur eine Etikettierung, sondern ein Erkennen und ein Segnen, welches seine Seele zum Erblühen und Gedeihen bringt. Den Begriff *Psychologie* kann man definieren als *Psyche*, also Seele, und *ologie*, das heißt Bewegung. In dieser Bedeutung werden Sinn und Zweck der Psychologie deutlicher: die Seele zu bewegen. Denn gerade durch diese Bewegung fühlen wir uns lebendig, gehen Verbindungen mit anderen und mit uns selbst ein. Diese Bewegung des tieferliegenden Selbst gibt uns die Kraft, große Herausforderungen anzunehmen.

Oft, wenn Jungen für ihre Aggressivität, ihre mangelnde Aufmerksamkeit und ihren Ungehorsam gerügt werden, geht die Seele durch die ständige Auseinandersetzung mit dem biologischen Drängen verloren. Es ist erstaunlich, wie viel ruhiger ein Junge werden kann, wie er ein Gespür für seine eigene Realität bekommt, wenn man mit ihm Zeit verbringt, ihn kennenlernt, seine wesentlichen Eigenschaften benennt und seine Sorgen ernst nimmt. Auch wenn es ihm nicht immer recht ist, wenn man seine besten Eigenschaften benennt, in seinem Innersten möchte er sie am liebsten tausendmal wiederholt hören. Er wird wesentlich kooperativer handeln, wenn wir ihm sinnvolle Gelegenheiten bieten, seine innersten Bestrebungen und Fähigkeiten zu zeigen. Er spürt eine Befriedigung, die weit über sein biologisches Bedürfnis nach sofortiger Erfüllung hinausgeht.

Söhne sehnen sich nach Erwachsenen, die in ihnen sehen, was sie fühlen, aber nicht so recht zu benennen vermögen. Es erfordert Zeit und die Fähigkeit, wirklich sehen und zuhören zu können. Immer wieder muß man ausprobieren und korrigieren, will man die Eigenschaften der Seele eines Sohnes richtig benennen. Die Mühen und die Aufmerksamkeit, die dies erfordert, können selbst die hartnäckigsten und geduldigsten Eltern in die Knie zwingen, aber wenn wir sie beim richtigen Namen rufen, werden unsere Söhne aufblühen. Ein Strahlen, ein Nicken oder sonst ein Ausdruck der Freude wird uns zu erkennen geben, wie tief sie berührt worden sind. Wir können uns sicher alle an

Augenblicke erinnern, als uns das gleiche widerfuhr. Für einen Moment fühlten wir uns gesehen, gehört, erkannt. Es gibt kein besseres Gefühl. Wenn wir uns als Väter und Mütter auf die Seite der Seele unserer Söhne stellen und uns um ihr Verhalten kümmern, werden sie wissen, daß sie in der tiefsten Weise geliebt werden, in der man lieben kann – indem man die Seele berührt.

*Sohn:* Ich würde gerne Künstler werden.
*Vater:* Du kannst Künstler und auch noch mehr werden, wenn du es willst.
*Sohn:* Ich werde am Vormittag Künstler und am Nachmittag Fußballer.
*Vater:* Du willst wirklich nur das tun, was dich glücklich macht.
*Sohn:* Papa, tust du auch nur, was dich glücklich macht?

Wir können die mächtigen Kräfte der Biologie, der Psychologie, der Kultur und der Seele nicht ausschalten, und das wollen wir auch gar nicht. Denn sie bestimmen bei Jungen und Männern das Gefühl, wirklich lebendig und einzigartig zu sein. Diese maskulinen Kräfte geben den Geschichten älterer Männer die Kraft, wenn sie von den Zeiten erzählen, wo das Leben lebenswert war. Der Schriftsteller Carl Sherman schreibt in seinem Artikel »Raging Hormones«, daß die komplexen Seiten eines Mannes – seine Hormone, seine Erfahrung, seine Herkunft, seine Intelligenz und seine Möglichkeiten – dafür verantwortlich sind, ob er Gesetze machen oder sie brechen wird. »In einem Stadtviertel drückt sich die Kraft des Testosterons vielleicht in Drogenkriegen aus, auf der anderen Seite der Stadt in durchaus ehrbaren und kapitalintensiven Geschäften… Es kommt nur darauf an, was man daraus macht. Und was man daraus macht, liegt einzig und allein bei einem selbst…«[18]

JUNGEN UND MÄNNER

Bis auf unsere moderne Kultur war sich jede andere größere Kultur des Einflusses der vier Kräfte – der biologischen, der psychologischen, der spirituellen und der kulturellen (auf die wir im nächsten Kapitel eingehen) bewußt. Alte Völker bereiteten sich weise auf die ersten Machtausbrüche des Testosterons vor. Wenn die Jungen nicht mehr zu bändigen waren, aggressiv und schwierig wurden, wußten die Mitglieder der Gemeinschaft, daß die Zeit gekommen war, aus dem Jungen einen Mann zu machen.

# 3

# Männer werden gemacht, nicht geboren

Der Körper eines Mannes ist voller unbestimmter Energien... und alle diese Energien müssen von der Kultur gelenkt werden. Deshalb ist ein Mann, will er seine Rolle definieren, in hohem Maße von der gesellschaftlichen Struktur abhängig.[1]

*George Gilder, Men and Marriage*

Zu der Zeit, als Theseus in Athen lebte, gab es in Griechenland Übeltäter und Wegelagerer, die das Land unterdrückten, indem sie Reisende auf ihrem Weg nach Athen überfielen. Einer dieser Tyrannen war Prokrustes, »der Dehner«. Er hatte ein Eisenbett, auf das er alle Reisenden, die ihm in die Hände fielen, fesselte. Waren sie kürzer als das Bett, so streckte er ihre Glieder, damit sie in das Bett paßten; waren sie länger als das Bett, hackte er einen Teil ab.[2]

*Thomas Bulfinch, The Age of Fable*

Die bekannte Anthropologin Margaret Mead hat beobachtet, daß jede Gesellschaft vor dem Problem steht, was sie mit ihren Männern tun soll.[3] Bis auf unsere moderne Kultur schenkten alle bekannten Kulturen dem Übergang vom Jungen- zum Mannesalter besondere Beachtung. Die alten Völker wußten, daß

die mächtigen, lebenspendenden Kräfte des Mannes geformt und kanalisiert werden müssen, um die Sicherheit der Kultur und ihr zukünftiges Überleben zu gewährleisten. Sie wußten, daß Männer gemacht, nicht geboren werden.
Der Schriftsteller und Dichter Robert Bly sagt: »Der junge Knabe kann nicht zum Mann heranwachsen ohne Vorbilder, die ihm die immense Großzügigkeit, den Geist, die Opferbereitschaft demonstrieren, welche der Begriff Mann im positiven Sinn beinhaltet.«[4] Kulturgeschichtlich gesehen haben Männer immer immense Opfer zugunsten ihrer Gemeinschaften bringen müssen. Sie mußten sich dem Bett des Prokrustes anpassen, wie in der oben zitierten Geschichte. Sie mußten sich strecken, um den kulturellen Erfordernissen zu genügen, oder sie wurden auf die richtige Größe zurechtgestutzt. Dieser Prozeß war für die Männer nicht immer leicht. In ihrem Buch *Götter in jedem Mann* schreibt Jean Shinoda Bolen, daß die Anpassung an die Erfordernisse der Kultur ein qualvoller Prozeß für einen Mann sein kann, wenn seine Seele ihn auffordert, etwas anderes zu sein als das, was er sein sollte. Sie fährt fort: »Es mag zwar so aussehen, als paßte er hinein, aber in Wahrheit gelang es ihm nur unter großen Schwierigkeiten, indem er wichtige Teile seines Selbst abtrennte, sich den äußeren Anschein zu geben.«[5]
Die von Männern geforderten Opfer werden in alten Geschichten erzählt, die mit den ersten Menschen beginnen. Eltern waren damals schon von der Geburt ihrer Söhne an wichtige Akteure. In jedem Kapitel der Kulturgeschichte – bei den Jägern, den Ackerbauern, in der industriellen Revolution und im heutigen technologischen Zeitalter – lassen sich diese dramatischen Opfer in groben Phasen zurückverfolgen. Wir müssen uns auf unsere heutigen Rollen als Eltern in der ewigen Geschichte, die vom Verhältnis der Kulturen zu ihren Söhnen handelt, einstellen. Dabei soll uns ein historischer Überblick hel-

fen, die erschreckende, uralte Erbschaft, die Jungen tragen und Mütter und Väter erben, besser zu verstehen. Das Wissen um unsere Vergangenheit wird uns helfen, den zukünftigen Kurs einzuschlagen. Die männliche Kraft, die Kraft, die Eltern schon immer um ihren Verstand gebracht hat, wird durch die Kultur geformt.

## Die Jäger

Ein Junge wird geboren, und der Stamm freut sich. Der Säugling verbringt die ersten Monate seines Lebens eng an den Körper seiner Mutter gewickelt. Er hat kein Gefühl dafür, wo er aufhört und sie anfängt. Mutter ist sein Universum. Er sitzt auf ihrem Rücken, wenn sie arbeitet, er schläft an ihrer Seite, er lernt es, ihre täglichen Handgriffe im Haushalt nachzuahmen, er spielt zu ihren Füßen. Er wird so lange keinen Namen erhalten, bis der Stamm sein Wesen erkannt hat, aber seine Mutter nennt ihn Solee. Mit der Zeit erforscht Solee die Grenzen zwischen sich und seiner Mutter, und seine Welt erweitert sich auf einen Radius von etwa sechs Metern in ihrem Umkreis. Er geht Beziehungen zu anderen in seinem Stamm ein, vor allem mit einer Person, die »Vater« genannt wird. Vater war schon seit der Geburt seines Sohnes in der Nähe und nimmt aktiv Anteil an seiner Entwicklung. Er beschäftigt sich zwar viel mit Stammesangelegenheiten und ist oft unterwegs, um zu jagen, aber er verbringt doch so viel Zeit wie möglich mit seinem kleinen Sohn. Unter den Augen seiner Eltern wächst Solee zu einem starken Knaben heran, spielt mit seinen Freunden und wird immer gewitzter. Bald ist er größer als seine Mutter, und seine Streiche mit Freunden und Erwachsenen werden immer risikoreicher und gefährlicher. Er wird zu einem Problem.

Dann herrscht eines Tages eine besondere Stimmung bei den Frauen. Sie arbeiten den ganzen Tag an neuen Unterkünften, lang, hart und ungestört, weil die Männer auf der Jagd sind. Die Kinder haben sie aus ihrer Nähe verscheucht, die älteren Knaben müssen mithelfen. An diesem Abend sind alle erschöpft und gehen früh ins Bett. Mitten in der Nacht wachen die Schlafenden von merkwürdigen Rufen und lauten Gesängen auf. Sie sehen, wie Fackeln den Himmel erleuchten, die von wild aussehenden Männern gehalten werden, die sich auf dem Weg vom Berg herab auf das Dorf zu bewegen. Die Frauen und Kinder verteidigen sich mit Steinen und Speeren, aber sie haben keinen Erfolg. Die verrückten Männer, die Masken tragen, von denen Blut herabtropft, dringen in jede Hütte ein und nehmen alle Jungen zwischen neun und zwölf Jahren mit. »Verschont meinen Jungen!« schreien die Mütter, jedoch vergeblich. Die Jungen, unter ihnen auch Solee, sind fort.

Sie werden in die Berge in eine Höhle verschleppt, in der ein riesiges Feuer lodert. Die Geräusche von Trommeln erfüllen die Nacht und erschüttern den Boden. Die Jungen werden im Kreis um das Feuer gesetzt. Die wilden Männer mit ihren verrückten Masken tanzen zu den Trommeln; schließlich setzt sich jeder Tänzer vor einen der Jungen. Solee ist zu Tode erschrocken. Messer werden herausgezogen. Solee schreit panisch mit den anderen Jungen. Plötzlich werden die Masken von den Gesichtern entfernt, und die Jungen schreien erneut auf, diesmal jedoch vor Erstaunen: »Vater!«, als jeder das Gesicht seines Vaters hinter der unheimlichen Maske auftauchen sieht.

»Vater, warum hast du das getan? Mutter hat sich doch so schrecklich aufgeregt. Sie hätte dich töten können!« Der Vater antwortet: »Sohn, ich mußte dich von ihr fortstehlen. Sie ist nicht deine wahre Mutter.« »Was willst du damit sagen, nicht meine Mutter? Bist du etwa betrunken? Jetzt reicht es aber, gehen wir wieder

nach Hause!« sagt der ungläubige Solee. Der Vater antwortet: »Versteh mich nicht falsch. Sie ist eine sehr gute Frau, aber ich werde dich in einem Jahr deiner wirklichen Mutter vorstellen.«
Der Junge, dem ohnehin nichts anderes übrigbleibt, findet sich damit ab, ein Jahr lang mit seinem Vater und den Stammesältesten zu leben, die ihm über das Leben und was es heißt, ein Mann zu sein, kluge Dinge erzählen. Seine Schwächen und Stärken werden festgestellt, und er erhält einen neuen Namen, der seine Berufung im Leben widerspiegelt, Selu, der Windläufer. Er fertigt einen Schild an, der seine individuellen Fertigkeiten und seine Beiträge zum Stammesleben symbolisiert. Seine Haut wird mit einer Tätowierung versehen, die zeigt, daß er ein Mann geworden ist. Er wird in der Jagd, dem Fischen, dem Kämpfen und dem Lieben unterwiesen. Er lernt, den Geschichten seiner Vorfahren Weisungen zu entnehmen und die lebensstärkenden Kräfte, die ihn und seinen Stamm beschützen, zu ehren.
Eines Tages, etwa die Hälfte der vorgesehenen Zeit ist vergangen, stellen Selu und sein Vater gerade Pfeilspitzen her, als sein Vater sagt: »Oh, Sohn, noch etwas, was ich dir bisher noch nicht gesagt habe: Ich bin nicht dein wirklicher Vater.« »Was? Du bist nicht mein Vater? Wer bist du dann?« Der Vater erwidert: »Keine Angst, ich bin ein guter Mann, und in ein paar Monaten werde ich dir deinen wahren Vater und deine wahre Mutter vorstellen.« Wieder hat der Junge keine andere Wahl, als so weiterzumachen wie bisher. Sein Körper ist inzwischen voller geworden; seine Muskeln sind wohlgeformt; er ist viel geschickter. Er hat viele der Prüfungen bestanden, die erforderlich sind, um in der Welt seines Stammes als Mann zu gelten.
Eines Nachts sagt man den Jungen, daß sie am nächsten Tag ihre wahre Mutter und ihren wahren Vater kennenlernen werden. Sie schlafen aufgeregt und erwartungsvoll ein. Vor Sonnenaufgang helfen die Männer dem ältesten unter ihnen auf den Gip-

fel des Berges. Die Jungen werden geweckt; man befiehlt ihnen, den Männern zu folgen. In dieser alten Kultur wurden die Jungen beschützt, weil sie die Hoffnung für die Zukunft waren, und die Alten wurden geehrt, weil sie die Träger der Lebensweisheiten aus der Vergangenheit waren. Und so sagt nun ein Alter den Jungen beim Sonnenaufgang: »Es ist Zeit, daß ihr eure wahren Mütter und Väter kennenlernt. Fühlt die Erde unter euch. Seht den Himmel und die Sonne über euch. Dies sind eure wahren Eltern. Liebt sie und lernt das, was sie euch sagen wollen, dann werden sie euch immer unterstützen und leiten. Geht jetzt ins Dorf zurück und nehmt dort euren Platz als Krieger und Jäger ein. Vom heutigen Tag an sollt ihr nur noch auf eure wahren Eltern hören!«

Frohgemut wird das Lager aufgelöst, und dann ziehen die zu Männern gewordenen Jungen den Berg hinunter in ihr Dorf zurück. Selu sieht seine Mutter beim Fluß stehen. Sein erster Gedanke ist: »Oh nein, sie wird sich ärgern. Sie wollte doch nie, daß ich mich schmutzig mache – und wie sehe ich jetzt aus!« Er blickt auf den Farbstreifen, der ihn nun für immer als Mann markiert. Als Selus Mutter ihn erblickt, bricht sie in hysterisches Klagen aus: »Mein Sohn ist tot! Mein Sohn ist tot!« Jetzt denkt der Junge: »Selbst meine Mutter erkennt mich nicht mehr. Ich bin nicht mehr ihr Sohn. Ich bin jetzt ein Mann.« Er nimmt seinen Platz im Stamm ein und lernt weiterhin, während er für die Gemeinschaft jagt, sie beschützt und ihr Leben spendet. Schließlich nimmt er sich eine Frau und hat eigene Kinder. Wenn sein Sohn in das schwierige Alter kommt, holt Selu, der Vater, eine Maske heraus und macht sich auf den Weg in die Berge, um dort die Vorbereitungen zu treffen, aus seinem Sohn einen Mann zu machen.

*Nachempfundene Geschichte*
*einer männlichen Initiation bei früheren Völkern*

Das Elternsein in den frühesten bekannten Kulturen war geprägt von den Ritualen, die sich um die Jagd drehten – der Haupttätigkeit, die den Stamm am Leben hielt. Die Menschen lebten von einer Jagd zur nächsten und kämpften in den Zwischenzeiten oft um ihr Überleben. Die Welt war voller Gefahren, weshalb jede Person eine bestimmte Rolle übernehmen mußte, um sicherzustellen, daß es für den ganzen Stamm genug zu essen gab.

Die Rollen der Männer waren in dieser alten Gesellschaft sehr klar. Die Aggressivität eines Mannes, sein Drang, zu führen und zu dominieren, versetzte ihn auf ganz natürliche Weise in die Lage, zu jagen, Entscheidungen zu treffen und geistiger Führer zu sein. Sein Bewegungsdrang wurde durch das Aufstöbern der Herden, die seinem Stamm Nahrung gaben, befriedigt. Seine Seele wurde dadurch genährt, daß er im Einklang mit der Natur lebte und alles Leben in Ehren hielt. Vor allem ehrte er die Geister der Tiere, denn er glaubte, daß sie bereit wären, sich für das Überleben seines Stammes zu opfern. Seine starke biologische Kraft wurde geschätzt. Sie sicherte ihm einen festen und bedeutsamen Platz in seinem Stamm und garantierte den Fortbestand des Lebens.

In der gerade erzählten Geschichte freute sich der Stamm, als Solees Kraft und Aggressivität ihn allmählich dazu brachten, unfolgsam, widerspenstig und frech zu werden. Die Gemeinschaft hatte Geduld mit ihm, denn man wußte, daß er bald in seine Rolle als Mann eingeführt werden würde; dann würde er die Verantwortung auf sich nehmen, die gesamte Gemeinschaft zu beschützen und für sie zu sorgen. Die aggressiven Triebe, die Solee und seinem Stamm viel Ärger hätten einbringen können, wurden durch eine angemessene Lenkung zu seiner stärksten Seite. Der Übergang in das Erwachsenenleben fand abrupt statt. Solee wurde buchstäblich seiner Mutter gestohlen. Nur so wurde deutlich, daß er jetzt zu einer anderen Welt gehörte, der Welt der Männer. Als Zeichen dafür, daß er den Rest seines Lebens in dieser Welt leben würde, bekam er einen Erwachsenennamen und wurde körperlich gezeichnet, für immer verändert.[6]

Wenn wir einmal darüber nachdenken, gleicht das mühsame Leben mit einem Teenager den Erschütterungen, die die Initiationsriten anderer Kulturen mit sich brachten. Anders ist für uns heute nur, daß wir uns meist durch die Ausbrüche nerven und gängeln lassen und daß wir diesen Ausbrüchen nicht eine Reihe von natürlichen, altehrwürdigen Ereignissen folgen lassen, deren Zweck es ist, dem Jungen zu helfen, zu einem lebenspendenden, lebenbeschützenden Mann heranzuwachsen.

## Die Ackerbauer

Ein Junge wird geboren, und seine Eltern freuen sich. Eng an den Körper seiner Mutter geschmiegt wird er rund und zufrieden. Sie nennt ihn Phormion und hüllt ihn völlig in ihre warme, nährende Welt ein. Er schläft auf dem Rücken seiner Mutter, wenn sie auf den Feldern arbeitet. Seine runden Wangen werden von der warmen Sonne gebräunt. Hier auf den Feldern macht er seine ersten Schritte zwischen den Fruchtreihen. Vorsichtig steigt er über die zarten Sprößlinge des jungen Korns. Er spielt mit der Erde und ahmt die Tätigkeiten seiner Mutter nach.

Mit zunehmendem Alter wird Phormion oft von seiner Mutter zum neuen Palast mitgenommen. Dort sieht er stundenlang seinem Vater dabei zu, wie dieser mit leuchtenden Farben auf die grauen Wände Szenen aufträgt, die so lebendig wirken, daß er meint, er könnte geradewegs in eine dieser Szenen hineinspazieren. Am liebsten hat er die Bilder von Stiertänzern, deren helle, anmutige Gestalten im Kontrast zu der dunklen, mächtigen Wildheit des Stieres stehen. Als Freskenmaler genießt sein Vater großes Ansehen in der ganzen Stadt. Er bekommt viele Aufträge, aber er findet doch immer noch die Zeit, seinem Jungen beizubringen, wie man einen Pinsel führt und wie man die blaue Farbe mischt, damit sie dem Blau des Meeres nahekommt.

Allmählich verbringt Phormion immer mehr Zeit mit seinem Vater bei der Arbeit und immer weniger Zeit mit seiner Mutter auf den Feldern. Er zeigt eine natürliche Begabung für das Malen und gibt sein Bestes, um seinen Vater zu erfreuen. Man erwartet von ihm, daß er eines Tages auch Freskenmaler wird. Einige Jahre macht seine Ausbildung gute Fortschritte, und Phormion ist damit zufrieden, sich in der Malkunst zu üben, die die Aktivitäten seiner Stadt lebendig macht. Dann beginnt er, eine Rastlosigkeit zu verspüren, eine Sehnsucht nach etwas, das er nicht benennen kann, das ihn aber in seinen Träumen immer wieder heimsucht. Die Anwesenheit seines Vaters, wenn sie Stunden um Stunden nebeneinander arbeiten, ist zwar tröstlich, aber Phormion spürt auch bei seinem Vater eine Unzufriedenheit, die er früher aufgrund seiner Jugend nicht bemerkt hatte. Er sieht, daß sein Vater oft lange Zeit aufs Meer starrt oder vor einem unvollendeten Gemälde auf und ab marschiert und die Farben einfach nicht so mischen kann, daß sie ihm richtig erscheinen. Vater sitzt immer öfter in seiner Hütte mit anderen Männern zusammen.

Phormions eigene Seelenqual stammt aus seiner Begeisterung für die Stiertänzer, die jungen Männer und Frauen, die mit anmutigen, waghalsigen Sprüngen über den anstürmenden Bullen den Tod herausfordern. Er sehnt sich nach ihrem Leben voller Ruhm, Gefahren, Freundschaft, nach der Bewunderung der

Menge, einem Ehrenplatz in der Stadt. Er sieht zwar, daß der Vater seiner Malkunst wegen geschätzt wird, aber Phormion sehnt sich nach der Aufregung und dem Glanz des Akrobatenlebens. Er weiß auch, daß seine Mutter niemals solch einem Leben zustimmen würde. Er wird aufgerieben zwischen dem Pflichtgefühl seinen Eltern gegenüber und dem Weg, den zu gehen seine männliche Kraft ihn drängt.

Eines Tages verschwindet Phormion. Seine Mutter trauert still und geht betrübt weiter ihrer Feldarbeit nach. Sein Vater verbringt immer weniger Zeit mit dem Malen, geht immer öfter am Strand spazieren und starrt lange auf die sich ständig verändernde See. Ein Jahr geht vorüber, und Phormions Eltern nehmen an den Feierlichkeiten teil, die die Ankunft des Frühlings anzeigen. Die Geburt eines neuen Jahres bringt ihnen nicht mehr die gleiche Freude wie früher – bis sie Phormion unter den Stiertänzern erblicken. Beide springen mit der Menge auf. Sie feuern ihren Sohn an, halten den Atem an, als er vor dem ihn angreifenden Stier steht. In letzter Sekunde macht Phormion einen perfekten Sprung auf den Rücken des Riesen. Seine Eltern atmen erleichtert auf. Diesmal ist er in Sicherheit.

*Nachempfundene Geschichte aus der minoischen Kultur*
*der griechischen Insel Kreta*

Der kulturelle Wandel von der Jagd zum Ackerbau brachte einschneidende Veränderungen in der Definition der männlichen Rollen mit sich. In ihrem Buch *The Chalice and the Blade* schreibt Riane Eisler: »Die Ackerbau-Revolution war der wichtigste Durchbruch in der materiellen Technologie unserer Spezies.«[7] Sie machte es erforderlich, daß die Männer ihre natürlichen Jagdinstinkte opferten, um ihr Volk zu ernähren. Aggressivität, der Drang, zu herrschen, herumzustreunen und über Beute herzufallen, waren für das Überleben der Gesellschaft nicht mehr nützlich. Statt dessen waren für das Gedeihen der Kultur Geduld, Sorgfalt und der Respekt vor dem langsamen Wechsel der Jahreszeiten und den mächtigen Naturkräften gefragt. Die Kurzzeitenergien der Jagd mußten transformiert werden, um den Langzeiterfordernissen des Feldes gerecht zu werden.

Der Lebensrhythmus verlangsamte sich erheblich, als man größere Nahrungsvorräte anlegen konnte und es nicht mehr nötig war, den Herden zu folgen. Die Bevölkerung nahm zu; das Nomadenleben wich dem Leben in den Städten. Der Impuls des Mannes, herumzuschweifen, wurde vor den Pflug gespannt. Die Menschen lebten enger zusammen, was es notwendig machte, daß die Männer sich zueinander »zivilisierter« verhielten. Ein Mann konnte nicht mehr so viel Zeit allein in der Natur verbringen, um seine Seele zu erholen und sich mit einer scheuen Beute zu messen. Die Zeit, die er früher mit der Spurensuche, der Pirsch und dem Töten verbracht hatte, war nun ausgefüllt mit Arbeiten auf dem Hof, der Pflege gezähmter Tiere, dem Handel, handwerklichen Beschäftigungen, wie der Kunst des Korbflechtens, der Weberei, der Schmuckherstellung und der Holzverarbeitung. Dieser veränderte Lebensstil brachte der Welt eine neue Stabilität, aber er forderte von den Männern eine psychologische »Beschneidung«: Die mächtige männliche biologische Kraft war nicht länger eine geschätzte Eigenschaft, die dem Mann eine sichere und bedeutsame Rolle im Leben gewährleistete.

Es gab nicht einmal die Möglichkeit, einfach einen Anspruch auf neue maskuline Rollen zu erheben. Sowohl Männer als auch Frauen waren in der Lage, auf den Feldern zu arbeiten oder Fähigkeiten in Handwerk oder Handel zu perfektionieren. Margaret Mead behauptete, daß Männer eine neue Angst entwickelten, als ihre Rollen weniger klar definiert waren und sich weniger von den Rollen der Frauen unterschieden.[8] Aggression, die früher in die Jagd eingebracht werden konnte, brauchte jetzt ein sinnvolles neues Ventil. Nach David Pilbeam, einem Anthropologen aus Yale, fühlen sich Jungen und Männer am sichersten in ihren Lebensrollen, wenn diese eine verfeinerte und konstruktive Erweiterung der natürlichen, biologischen, maskulinen Kraft sind. Eine gesunde männliche sexuelle Identität muß eine bestärkende gesellschaftliche Rolle beinhalten, die eine positive Folge des biologischen Dranges eines Jungen darstellt.[9] Es gibt Anzeichen, daß die männlichen Kräfte sich neue konstruktive Kanäle suchten, etwa beim Bau von Viadukten, gepflasterten Straßen und großzügigen Palästen mit sanitären Anlagen in Phormions Kultur, der minoischen auf Kreta; sie zeigten sich aber auch in einem fortgeschrittenen Verständnis des Ingenieurwesens, der Mathematik und der Astronomie, man denke dabei nur an die Konstruktion von Stonehenge in England. Dies bedeutete zwar eine Verlagerung der natürlichen Tendenzen der Männer, aber offensichtlich wurden in dieser Entwicklungsphase der Kultur männliche Energien eher dazu eingesetzt, das Leben angenehmer zu gestalten, als zu dominieren und zu zerstören. Und dies wurde in Partnerschaft mit der Natur erreicht.[10]

Nicht allen Männern fiel es leicht, die Jagd mit all ihren Ritualen und Vorbereitungen aufzugeben. Ein afrikanischer Stamm, der früher von den damals großen Giraffenherden abhängig gewesen war, wechselte erfolgreich von der Jagd zum Ackerbau über. Die älteren Männer des Stammes jagten jedoch weiterhin die wenigen noch vorhandenen Giraffen, obwohl sie das Fleisch oft gar nicht gebrauchen konnten.[11] Die Männer mußten eine schreckliche Angst verspürt haben, nicht mehr so gebraucht – oder geschätzt – zu werden wie früher. Die Jungen wurden nicht mehr den spezifischen Jagd-Initiationsritualen unterzogen, bei denen sie ihre produktiven Rollen im Leben gelernt hätten und die ihnen ein Ventil für ihren biologischen Drang geliefert hätten. Deshalb entwickelten die Männer komplizierte, oft geheimgehaltene Gesellschaften und Bünde, in denen sie zusammen in die Wälder gingen und die männliche Hinterlassenschaft an ihre Söhne weitergaben. Die plötzlichen Ereignisse, die früher Generationen von Knaben in die Welt der Männer katapultiert hatten, wichen einem langsameren Übergang.

## Die industrielle Revolution

Ein Junge wird geboren, und seine Eltern, Großeltern, Tanten und Onkel sind stolz und glücklich. Sie nennen ihn Frankie, Jr. Er verbringt die ersten Monate glücklich in den beschützenden und tröstenden Armen seiner Mutter; er wird gestillt und gewiegt, wann immer er schreit. Dann wartet Mutter ein Weilchen, bevor sie auf seine Rufe reagiert. Er wird ermuntert, Sachen auszuprobieren, selbst nach dem Spielzeug zu greifen, aufzustehen und sich alleine sauber zu klopfen, wenn er hingefallen ist. Wenn er schüchtern ist, kann er sich hinter dem Rücken seiner Mutter verstecken, aber bald wird sie ihn von sich schubsen, damit er entdeckt, daß es nichts gibt, vor dem er sich fürchten müßte. Frankies Vater arbeitet als Vertreter für eine große Firma; er ist unter der Woche oft auf Reisen. Wenn er zurückkommt, bringt er Frankie immer etwas mit, einen Schläger, einen Ball, Autos, Lastwagen, aber nie Puppen oder anderes »Mädchenspielzeug«. Frankie lernt, hart zu sein, aber auch folgsam und höflich. Er ist der »kleine Mann« für seine Eltern.
Frankie betet seinen Vater an und bemüht sich, es ihm recht zu machen, indem er sehr sportlich wird. Vor allem Baseball ist seine Stärke, aber Vater kann nicht oft zu den Spielen der Jugendklasse kommen, weil er arbeiten muß. Zweimal im Jahr

sehen sie sich zusammen Spiele der Erwachsenenliga an, und gelegentlich macht sein Vater mit ihm am Samstagvormittag Fangübungen, aber das befriedigt Frankies Bedürfnis nach männlicher Gesellschaft nicht. Er fängt an, sich oft auf dem Baseballfeld herumzutreiben, auf dem die Teenager spielen. Ihre Kleidung, Haartracht, Sprache und Spielweise faszinieren ihn, und sie laden ihn oft ein, bei ihren Übungsspielen mitzumachen. Frankie ahmt seine neuen Freunde nach und läßt sich auch die Haare wachsen. Unermüdlich übt er seine Spielfertigkeiten, oft noch lange, nachdem die Großen schon nach Hause gegangen sind – eine einsame Gestalt, die mit dem Schlagholz den Ball in die Luft haut und gegen den hohen Holzzaun am Ende des Spielfeldes drischt.

Frankies Mutter beschwert sich, daß er nie zu Hause ist und keine Hausarbeiten mehr erledigt. Sein Vater kritisiert seine wilde Haartracht und seine schlampige Kleidung. Er verlangt von Frankie, daß er öfter bei seiner Mutter zu Hause bleiben soll, wenn er unterwegs ist, und daß er sich mehr um die häuslichen Arbeiten kümmern soll. Frankie zieht sich immer mehr von seinem Zuhause und seiner Familie zurück und ist so oft wie möglich mit seinen Freunden zusammen. Wenn er zu Hause ist, schließt er sich in sein Zimmer ein.

*Nachempfundene Kurzbiographie einer Jugend im städtischen Amerika nach der industriellen Revolution*

In den Gesellschaften der Jäger und der Ackerbauer sorgten sowohl Mütter als auch Väter dafür, daß die Söhne viel Zeit mit ihren Vätern und mit den älteren Männern der Gemeinschaft verbrachten. Bei der Mutter lernten die Söhne, wie es ist, geliebt, genährt und gehalten zu werden. Durch die Welt der Männer erfuhren sie dann Dinge über sich selbst, die Natur und das Leben.

Durch die Ankunft der Maschinen wurde diese Partnerschaft in der Erziehung heftig erschüttert. Die Väter waren tagsüber nicht mehr zu Hause, sondern arbeiteten in Fabriken, Büros oder Geschäften. Die Jungen konnten nicht mehr an der Seite ihrer Väter arbeiten, um ein Handwerk zu lernen oder Jagdfertigkeiten zu perfektionieren. Dramatische Initiationsriten, die früher einen ehrbaren Platz in der Gemeinschaft gewährleistet hatten, waren vollständig verschwunden. Nun bewährte sich ein Sohn, indem er eine gute berufliche Stellung erlangte, aber dies meist ohne die Führung, das Training oder die Prüfungen, die den Söhnen früher dazu gedient hatten, ihre Stärken zu entwickeln, ihre Instinkte zu schärfen und ihr Selbstwertgefühl aufzubauen.

»Sich aus eigener Kraft hocharbeiten« und »kruder Individualismus« – das wurden die Leitmotive dieser Zeit. Der Stamm hatte seine Bedeutung verloren, die Menschen entfremdeten sich zunehmend voneinander. Die Männer sprachen nicht mehr mit anderen Männern über den Sinn des Lebens und ihre Stellung in der Ordnung der Dinge; sie trafen sich nicht länger in den Wäldern, um die Weisheiten weiterzugeben, die lange Zeit das Überleben ihres Volkes gewährleistet hatten. Sie übertrugen die Verantwortung für das Gefühlsleben innerhalb der Familie zunehmend den Frauen, während sie die Bürde des Maschinenzeitalters auf sich nahmen. Sie ließen sich von ihren Maschinen in Bann schlagen. Im Alkohol und anderen Drogen fanden die Männer Trost für ihre Seelen. Die Hoffnung für die Zukunft, die früher die Söhne verkörperten, hatte nun an Bedeutung verloren; angesichts des schnellen Wandels in der Neuzeit wurde es nun wichtiger, die flüchtige Gegenwart im Griff zu haben. Veränderung wurde zur neuen Doktrin erhoben, die Jugend wurde verehrt, die Weisheit des Alters war nicht mehr gefragt, das Leben für den flüchtigen Augenblick wurde zur Norm.

Aggression, Dominanz und aus der Jagd stammende Verhaltensweisen waren natürlich sowohl zu Hause als auch am Arbeitsplatz ein Problem. Eintönige Arbeit, Beständigkeit, Eigeninitiative sowie Liebe und Verantwortung für eine Frau und die Kinder waren nun für das Überleben und die Zukunft der industriellen Kultur von größter Bedeutung. Die maskuline Kraft wurde eingesetzt, um »größere und bessere« Unternehmen aufzubauen; der starke Sexualtrieb des Mannes mußte in stabile Beziehungen und gleichbleibende Arbeitsabläufe kanalisiert werden. Die industrielle Gesellschaft brauchte Geschäftsmänner, Fabrikarbeiter, zuverlässige Ernährer und Verbraucher. Männer verliefen sich in den Gängen einer gigantischen Maschine, die ihnen nur selten gehörte. Die industrielle Revolution verlangte den Männern das Opfer ab, nicht mehr ihren Ansprüchen nach körperlicher, psychischer und spiritueller Gesundheit gerecht werden zu können. Die Lebenserwartung der Männer sank, Herzkrankheiten und Krebserkrankungen stiegen an, die Selbstmordrate vervielfachte sich, Alkoholismus nahm zu, und die Rate der Gewaltverbrechen stieg immens.[12]
Söhne folgten ihren Vätern nicht mehr selbstverständlich in die Welt der männlichen Erwachsenen. Sie entfremdeten sich einander. Der Generationskonflikt entstand zum Teil auch deshalb, weil die Söhne nicht mehr jederzeit mit ihren Vätern sprechen konnten und alleine nach dem Sinn und Zweck des Lebens suchen mußten. Daher entwickelten Jungen ganz eigene Stilrichtungen, Moden und Rituale, zu denen Jugendbanden, langes Haar, eigene Kleidung und der Rock 'n' Roll gehörten. Sie schufen sich eine eigene Subkultur. Eltern waren in dieser Teenagerwelt nicht willkommen; Jungen suchten die Initiation in ihrer jeweiligen Altersgruppe. Manchen Jungen aber gelang es einfach nicht, sich einen Platz zu erobern. Viele Jungen verirrten sich ohne den Einfluß der Kultur, die ihre männlichen Kräfte

hätte formen können, und ohne Väter, die sie über die Brücke zur Männlichkeit führen sollten. Sie fielen aus dem sozialen Netz und wurden zur Bedrohung für die Gesellschaft.

Die Frauenbewegung der späten 60er Jahre machte den Männern die Sache noch schwerer. Hart erkämpfte politische Verbesserungen waren für die Entwicklung der Frauen von großer Bedeutung, aber das Mißverständnis zwischen Gleichheit und Chancengleichheit rief bei vielen Frauen wie auch Männern Verletzungen, Verwirrungen und Wut hervor. Der Kampf der Frauenbewegung in diesen frühen Jahren erweiterte sicherlich das Chancenspektrum für Männer wie für Frauen, aber inzwischen hat sich ein dunkler Geist über die Gleichberechtigungsbewegung gesenkt. Von den 60er und 70er Jahren bis in die 90er Jahre hinein folgte uns die Vorstellung von »Gleichheit«, daß eigentlich zwischen Männern und Frauen kein Unterschied besteht. Das Geschlecht hat sich vereinheitlicht. Wir konzentrieren uns darauf, »Menschen« zu sein, nicht Männer oder Frauen. Wir sind einen weiten Weg gegangen, weg vom starren, einzwängenden Rollenverständnis, das bis in die 50er Jahre vorherrschte. Heute hält man Männer und Frauen für gleichermaßen befähigt, in allen Arbeitsbereichen Karriere zu machen – in Politik, Wirtschaft, Medizin, im Erziehungswesen und in der Wissenschaft –, und dafür sollen sie auch die gleiche Bezahlung und die gleichen Chancen für einen beruflichen Aufstieg erhalten. Wie wir jedoch gesehen haben, gibt es grundlegende biologische Unterschiede, die merkliche Geschlechtsunterschiede bedingen.

Der Zusammenbruch der Geschlechtsrollen hat bei den Männern eine größere Verwirrung hervorgerufen als je zuvor. Männer wurden auf einmal aufgefordert, ihre emotionale, umsorgende Seite wiederzuentdecken, die sie in der industriellen Revolution aufgeben mußten. Immer mehr Väter sind heute bei der Geburt ihrer Kinder dabei und beteiligen sich an der Erziehung. Oft entscheiden sie sich sogar, zu Hause zu arbeiten. Viele Männer haben sich die feministische Botschaft zu Herzen genommen, emotional verfügbarer zu sein, was sie jedoch manchmal ihren »Pep« kostet – das, was Robert Bly in seinem Bestseller *Eisenhans* den »Wilden Mann« nennt, geht: das Bedürfnis, einen sinnvollen beruflichen Lebensweg einzuschlagen und sich in der Gemeinschaft in lebenspendender und lebensbejahender Weise zu engagieren.

Als einer von Dons Klienten – nennen wir ihn einmal Jim – sich mit 33 Jahren in eine Therapie begab, war er sehr deprimiert. Seine Frau wollte ihn verlassen, und er war arbeitslos. »Sie sagte, ich solle sensibler sein, weniger aggressiv, nachdenklicher, nicht so energisch. Zwei Jahre lang habe ich jetzt versucht, der Mann zu sein, den sie haben wollte.« Nach Männerfreundschaften befragt, sagte er: »Nach und nach hörte ich auf, mich mit meinen Freunden zu treffen, bis ich schließlich nur noch meine Frau und meine Tochter hatte. Ich wurde auch in der Arbeit weicher, woraufhin man mich gefeuert hat. Als meine Frau mir sagte, ich sei bei der Jobsuche nicht aggressiv genug, bekam ich einen Wutanfall. Was zum Teufel will sie eigentlich? Sie hatte doch gesagt, ich solle *nicht* aggressiv sein, und jetzt, wo ich es nicht mehr bin, paßt es ihr auch nicht. Ich kann es ihr einfach nicht recht machen.«

Für Jim bedeutete Sensibilität, so zu werden wie seine Frau. Nachdem er zu seinen Freunden keine Verbindung mehr hatte, war er von seiner eigenen Männlichkeit getrennt. Seine Kumpel waren zwar nicht für tiefe Gespräche zu haben gewesen, aber sie bedeuteten für ihn doch eine Art Ankerplatz, wo er sich als Mann wohl fühlen konnte. Bald erkannte er, daß solche Freundschaften notwendig waren, gerade wenn er seine Ehe befriedigender gestalten wollte.

Eigentlich gefiel Jims Ehefrau sein ungestümes Temperament, nur nicht, wenn es sich gegen sie richtete. Als Jim seine starken Triebe mehr akzeptierte, konnte er sie auch eher auf Aktivitäten lenken, die der Familie zugute kamen, statt sie als Waffe gegen seine Frau einzusetzen. Er konnte auch wieder bei der Arbeit zupacken. Später sagte er: »Es ist idiotisch, aber ich versuchte, so sensibel und emotional wie eine Frau zu sein. Ich fühlte mich schuldig, weil ich stark und kräftig, gleichzeitig aber auch verletzlich war. Mein Vater war so ein trockener, rigider Mann. Nie zeigte er seine Gefühle. Jetzt spüre ich genau, daß ich niemals so sein will wie er.«

Wie Jim fehlt es den meisten Söhnen an einem Rollenmodell für einen ganzen Vater – emotional verfügbar und selbstbewußt, stark und zärtlich, aggressiv und lebensbejahend. Viele Jungen müssen ganz ohne Vater auskommen, wie es die rapide wachsenden Scheidungsraten und die vielen Einelternfamilien zeigen.[13] Im übrigen machen es die Sozialhilfegesetze wirtschaftlich leichter, Kinder auch ohne einen Vater im Haushalt großzuziehen.[14] Selbst wenn sie vorhanden sind, tauchen Väter meist nur am Rand auf. Und Männer kanalisieren ihre maskulinen Energien noch immer in Kriegen, Verbrechen und Umweltzerstörung. Wir befinden uns in finanzieller, ökologischer und sozialer Hinsicht an einem Abgrund.

### Das technologische Zeitalter

Ein Sohn wird geboren, und seine Eltern haben gemischte Gefühle. Einerseits freuen sie sich über die Geburt eines zweiten gesunden Kindes, eines Sohnes. Aber die Mutter macht sich Sorgen, daß die Schwangerschaft ihre Figur ruiniert haben könnte, und die finanzielle Belastung, die durch die Unterbrechung ihrer aussichtsreichen Karriere duch Babypause entsteht, trifft die ganze Familie empfindlich. Sie entschließt sich, das Baby nicht zu stillen, so daß sie nach drei Monaten wieder problemlos an ihren Arbeitsplatz zurückkehren kann.

Josh ist ein schreckliches Baby, das ständig herumgetragen werden will. Seine Mutter macht sich schon Sorgen darüber, daß er so viel mehr Aufmerksamkeit braucht als ihre Tochter Jill, die sehr ruhig und einfach gewesen war. Sie versucht zwar immer wieder, Josh zu trösten, wenn er weint, aber nichts scheint zu helfen. Frustriert sehnt sie sich nach dem Tag, an dem sie wieder an ihren Arbeitsplatz zurückkehren kann. Sie verbringt die drei Monate damit, eine geeignete Unterbringung für Jill (zwei Jahre und fünf Monate alt) und das neue Baby zu suchen. Ihre bisherige Tagesmutter möchte keine zwei Kleinkinder nehmen, und Joshs Mutter wäre es lieber, wenn jemand zu ihnen nach Hause käme. Das wäre einfacher, als die zwei Kleinen frühmorgens vor der Arbeit in einer Krippe abzuliefern; außerdem möchte sie dafür sorgen, daß ihre Kinder konstant liebevolle Aufmerksamkeit erhalten, während sie in der Arbeit ist.

Joshs Vater war bei seiner Geburt dabei und fühlt sich seinem Sohn stark verbunden. Er würde seiner Frau gerne mehr bei der Betreuung helfen, aber er kommt erst von der Arbeit zurück, wenn Josh schon schläft. Er ist hauptsächlich nachts mit Josh zusammen, wenn er ihm die Flasche gibt und ihn stundenlang herumträgt, um seiner Frau eine Pause zu gönnen. Jeden Morgen kommt er erschöpft von der Nacht und von seiner ständigen Sorge, wie er finanziell über die Runden kommen soll, in seinem Büro an.

Joshs Mutter gelingt es nicht, eine Tagesmutter zu finden, so daß Josh und seine Schwester jeden Morgen um sieben Uhr in einer Kinderkrippe in der Nähe ihrer Wohnung abgeliefert werden. Einer Erzieherin in der Krippe gelingt es, Josh zu beruhigen, aber sie ist nur kurz da. Er entwickelt sich zu einem unruhigen Kleinkind; in der Krippe ist er zurückhaltend und schüchtern, zu Hause fordernd und klammernd. Mit zunehmendem Alter wird er in der Krippe aggressiver; oft fällt es ihm schwer, fair mit den anderen Kindern zu spielen. Am glücklichsten ist er, wenn er alleine spielt, zum Beispiel mit Bauklötzchen. Dabei stellt er sich sehr geschickt an und errichtet oft hohe, komplizierte Bauwerke. Zu Hause fordert er weiterhin die ständige Aufmerksamkeit seiner Eltern und weigert sich, irgend etwas selbständig zu tun.

Als Josh sechs Jahre alt ist, lassen sich seine Eltern scheiden. Das Sorgerecht für die Kinder teilen sie. Josh und seine Schwester sind jeweils eine halbe Woche bei dem einen und dann bei dem anderen Elternteil. Beide Eltern stellen Kindermädchen ein, die sich um Josh und Jill kümmern, so daß sie ihren hektischen Berufsalltag durchziehen können und noch etwas Freizeit für sich selbst haben. Nach außen hin scheinten Josh diese Veränderungen nichts auszumachen. In der Schule ist er weiterhin aggressiv; er spielt den Witzbold und den Clown, um von Lehrern und Freunden beachtet zu werden. Die Struktur und die Disziplin, die die Schule ihm abverlangt, gefallen ihm nicht; er wartet auf die Samstage, an denen er und sein Vater zusammen Fußball spielen, schwimmen gehen oder etwas basteln. Obwohl er lieber bei seinem Vater zu sein scheint, ist Josh doch oft auch dort launisch und unkooperativ. Sein Vater weiß, daß er seinem Sohn engere Grenzen setzen müßte, aber da sie nur so wenig Zeit zusammen haben, ist er nicht gern streng mit Josh; er glaubt, daß dies nur zu noch mehr Problemen führen würde.

Bei seiner Mutter weigert sich Josh meistens, auf Bitten zu reagieren oder bei einer gemeinsamen Aktivität mitzumachen. Seine Mutter befürchtet, daß Josh ihr die Schuld an der Scheidung gibt und daß er sich durch Drogenkonsum oder sonstige Schwierigkeiten, in die er geraten könnte, an ihr rächen wolle. Josh experimentiert früh mit Alkohol und anderen Drogen und bringt sich als Teenager in zunehmend größere Schwierigkeiten. In der Schule interessiert er sich für kaum etwas außer für die Computer- und Zeichenkurse, in denen er sehr gut ist. Er entfremdet sich beiden Elternteilen und ist kaum noch bei ihnen zu Hause. Wenn er bei seiner Mutter ist, ist er aufsässig und beschimpft sie. Dann werden Josh und einige seiner Freunde verhaftet, weil sie mit Marihuana gehandelt haben. Der Richter ordnet an, daß Josh sich einer Therapie unterzieht.

*Nachempfundene Kurzbiographie einer zeitgenössischen amerikanischen Jugend*

... Das Bombardement von Bagdad war wie eine Art Videospiel, unpersönlich und zugleich phantastisch...[15]

*Aus einem Artikel über den Golfkrieg von 1990/91*

Jeffrey Zaun, ein amerikanischer Kriegsgefangener, der die Bomben von einem Jagdflugzeug abwarf und im Irak abgeschossen wurde, sagt, daß er nicht mehr töten will. Er erzählt, daß er Mütter und ihre Kinder sterben sah, als er auf irakischem Boden gelandet war; seine Freunde, die unversehrt zurückkehrten, sahen nur leuchtende Punkte auf einem Bildschirm oder den Blitz eines direkten Treffers.[16] Durch die moderne Technik wird unser Leben auf unterschiedliche Arten auf einen Bildschirm übertragen – ein Schritt weg von der menschlichen Seele und den lebensnahen Themen, die manchmal unseren technologischen Wundern zum Opfer fallen. Von der Kriegsführung bis zur computergesteuerten finanziellen Transaktion und der modernen Medizin läßt die moderne Technologie die Erfindungen der industriellen Revolution langweilig und anti-

quiert erscheinen. Wir haben eine furchteinflößende Ansammlung von Macht geschaffen – nicht allein bei Zerstörungswaffen, sondern auch bei Errungenschaften für den Haushalt, und dies ist erst der Anfang.
In der Geschichte forderte der technische Fortschritt immer auch seine Opfer. Bei den jagenden Kulturen mußten die Männer ihre Freiheit opfern und mit der Ankunft des Ackerbau-Zeitalters auch ihre Partnerschaft mit der Natur. Söhne verloren die Verbindung zu ihren Vätern, als die Erfindung der Maschinen die Väter an Arbeitsplätze außer Haus holte, und heute entfernt uns die Technik mehr als jemals zuvor von unseren Gefühlen und unseren menschlichen Erfahrungen.

**DON:** Vor der Geburt unseres Sohnes hatten wir eine Hausgeburt geplant. Nachdem die Wehen 30 Stunden gedauert hatten und das Baby immer noch nicht da war, gingen wir ins Krankenhaus. Zu Hause hatte ich mit Jeanne geatmet, mich um ihre Bedürfnisse gekümmert und jedes Stöhnen und Seufzen, jeden Schweißtropfen gezählt. Im Krankenhaus wurde ein Gerät zur Überwachung der Herztöne angelegt, um zu kontrollieren, ob es unserem Sohn gutging. Sein Herzschlag pulsierte regelmäßig auf einem Bildschirm neben dem Bett meiner Frau. Völlig gebannt starrte jeder Geburtshelfer auf den Bildschirm und beobachtete jedes Flackern des Geräts. Meine Frau, die noch immer starke Wehen hatte, ignorierte man völlig. Als ich merkte, was da passiert, wandte ich meine Aufmerksamkeit wieder meiner Frau zu, und doch wurde ich immer wieder vom Bildschirm abgelenkt. Es war eine Wundermaschine; ich wußte, daß sie unter Umständen das Leben meines Sohnes retten könnte. Aber ich fühlte mich von der menschlichen Erfahrung der Geburt abgelenkt – dem Schmerz, der Freude, der Bedeutung. Ich fühlte mich von meinem Leben abgelenkt.

Jeder, der in letzter Zeit ein Baseballspiel der obersten Liga besucht hat, wird ein weiteres Beispiel erlebt haben, wie die Technik uns von unseren menschlichen Erfahrungen ablenkt. Wir gehen oft zu den Spielen der Oakland-A's und sind immer wieder von dem riesigen Fernsehbildschirm über dem Mittelfeld beeindruckt. Die meisten Stadien benutzen diese Bildschirme das ganze Spiel über, um Szenen zu wiederholen, Anzeigen zu senden und den Spielstand sowie andere interessante und unterhaltsame Daten durchzugeben. Wir bemerkten, daß bei vielen Spielen die meisten Zuschauer auf den Bildschirm starrten und gar nicht mehr sahen, was auf dem Spielfeld vor sich ging. Auch wir fühlen uns weg vom Home-Plate hin zu dem großen Bildschirm über dem Mittelfeld gezogen. Nicht genug, daß wir damit sehen können, wie das Leben an uns vorüberzieht, nein, wir sehen auch gleich die Wiederholung!

Oft haben wir als Eltern ambivalente Gefühle, wenn wir unsere Kinder in diesem Zeitalter des technischen »Fortschritts« großziehen, weil wir der Technologie an vielem die Schuld geben. Wir machen uns zu Recht Sorgen, daß unsere Söhne immer früher dazu verführt werden, passiv das Geschehen im Fernseher, in Videospielsalons und bei Computerspielen zu beobachten. Aber unsere schrecklichen technischen Erfindungen sind nicht das eigentliche Problem. Es ist die Frage, ob wir gewillt sind oder nicht, uns in unserem und dem Leben von anderen zu engagieren. Vor allem Männer müssen ihr eigenes Leben leben, sonst versuchen sie, Leben von anderen zu nehmen. Um Lebensspender zu sein, müssen Männer ihren inneren Ursprung von Lebendigkeit erfahren können. Väter müssen im technologischen Zeitalter ihre Söhne ins richtige Leben zurückholen, das Leben, das sich darbietet, wenn man am Sonntagnachmittag zusammen Football spielt, einen Drachen bastelt und ihn steigen läßt oder sonst etwas zusammen unternimmt, was beiden Spaß macht.

Der bekannte Schriftsteller und Vortragsredner John Bradshaw beschreibt Sucht als etwas, das an die Stelle wirklicher Gefühle tritt.[17] Das technologische Zeitalter bringt zunehmend mehr Suchtverhalten hervor, da wir uns von unseren ureigensten Gefühlen – Freude, Schmerz, Leid, Ärger – entfernen und uns der schnellen Befriedigung durch Alkohol, andere Drogen, Essen, Wochenendaffären oder sonstige Aktivitäten zuwenden, die uns von unserem bewußten Leben ablenken. Die Anforderungen, die das Heranwachsen im technologischen Zeitalter mit sich bringt, haben viele unserer Söhne früh in die Sucht getrieben. Schon in der Grundschule wird mit Drogen und Alkohol experimentiert, um mit dem schulischen und dem psychischen Druck zurechtzukommen, den das Leben in unserer harten, hektischen Welt der Technologie mit sich bringt.

Prokrustes, dieser Schurke, treibt in unserer modernen Zeit wieder sein Unwesen. Im technologischen Zeitalter hat der Mensch sich entschlossen, die Beziehung zu seiner Seele aufzugeben, um immer höher entwickelte und kompliziertere Maschinen herzustellen. Dadurch hat er sich von der Natur und damit auch aus seinen physischen, emotionalen, geistigen und spirituellen Zusammenhängen mit der natürlichen Welt gelöst.

Wenn ein Mann gezwungen wird, sich in das Prokrustesbett der technologischen Kultur einzupassen, wird er oft kraftlos, wütend und deprimiert. Da er von seinen Gefühlen abgeschnitten ist, wird er eine Zeitlang vielleicht gar nicht bemerken, daß es ihm an *joie de vivre*, der Lust am Leben, mangelt. Und wie das Sprichwort sagt – wie der Vater, so der Sohn.

**DON:** Die folgende Patientengeschichte soll diese Feststellung veranschaulichen. Ich lernte John, einen Börsenmakler, sechs

Monate nach seiner Scheidung kennen. Er sagte, daß er deprimiert wäre und schnell über die Scheidung hinwegkommen wolle. John hatte hohe moralische Werte; er war sehr fair, und sein zielstrebiger, aufrichtiger Arbeitsstil hatte ihm in seinem Beruf eine Spitzenstellung eingebracht. Er war aber auch den Nöten seiner Angestellten gegenüber aufgeschlossen und hatte immer ein offenes Ohr für ihre persönlichen Probleme. Die Scheidung hatte John sehr verletzt, aber als er mit seinen normalen menschlichen Gefühlen von Trauer und Verlust konfrontiert war, ignorierte er sie und wurde nur noch deprimierter. Je mehr er sich bemühte, desto verzweifelter wurde er. Er konnte für sich nicht das gleiche Mitgefühl und Verständnis aufbringen wie für seine Angestellten. Da er ein Mensch war, der gern das Oberkommando hatte, versuchte er, seine Depression an mich, seinen Therapeuten, zu delegieren. Ich sagte ihm: »John, du kannst sicher in deinem Berufsleben eine ganze Menge an andere delegieren, aber mit deinem Verlustgefühl und deiner Trauer mußt du dich alleine auseinandersetzen.«

Das Interessante an Johns Situation war die Tatsache, daß er durch das Beispiel seines Vaters gelernt hatte, seine innersten Gefühle zu ignorieren. Johns Vater, Alfred, hatte eine große Karriere beim Militär gemacht und seine Familie mit barscher militärischer Disziplin geführt; immer mußte man die Regeln befolgen, den Kopf hochhalten und sich wie ein Mann benehmen. Für Alfred bedeutete letzteres, daß man unter keinen Umständen seine Gefühle zeigen durfte. Selbst als Johns Mutter starb, erwartete Alfred, daß das Leben seinen gewohnten Gang gehen würde. John war damals 17 Jahre, und der Verlust hatte ihn schwer getroffen; er wußte, daß sein Vater seine Mutter ebenfalls sehr vermißte. »Wenn wir nur zusammen hätten weinen können«, sagte er, »dann hätte ich meine wahren Gefühle erleben und sie verarbeiten können. Statt dessen tat Papa, als wäre nichts passiert. Ich wußte, daß er von mir das gleiche erwartete, weil es immer so gewesen war; so stürzte ich mich auf mein Basketballspiel und wurde zum großen Center-Helden. Ich nahm mir eine Freundin, heiratete und hatte selber Söhne. Das war alles sehr schön, aber ein Teil von mir war tot, so wie Mutter.«

Der im technologischen Zeitalter gefangene Mann folgt Befehlen und ist sehr ehrgeizig, wenn es darum geht, Ziele zu erreichen; doch er befragt dabei nicht sein inneres Leitsystem, seine Seele. Wie bei John liegt die Prokrusteswunde in seiner Seele. Er mußte seine Gefühle und Sorge um seine Mitmenschen opfern, um vorwärtszukommen, um des Fortschritts und des wirtschaftlichen Überlebens willen.

Eine moderne Prokrusteswunde ist schmerzhaft und belastend, aber gleichzeitig birgt sie auch eine Heilungschance. Sie stellt in der Tat einen Zugang zur männlichen Seele dar. Als John aufhörte, seine maskulinen Gefühle an seine Frau und seinen Therapeuten zu delegieren, begann er eine Reise nach innen auf der Suche nach seiner männlichen, gefühlsmäßigen Verbindung zur Welt, seiner Seele. Dort findet ein Mann nicht nur einen Ausweg aus seinen Depressionen, sondern einen neuen Zugang zu seinem Leben.

Viele von uns dachten, daß die Technologie unsere Arbeitsbelastung verringern und uns zu mehr Freizeit mit unseren Familien verhelfen würde. Wir haben uns geirrt. Wenn wir so weitermachen, werden die Familien die Opfer des technologischen Zeitalters sein. In der industriellen Revolution verloren die Söhne ihre Väter an die Fabriken; heute verlieren sie auch noch ihre Mütter. Karrieremöglichkeiten für Frauen, aber auch wirtschaftliche Zwänge reißen Mütter in alarmierender Zahl aus ihrer Familie. Drittklassige Kinderverwahranstalten – früher waren dafür Großeltern, Tanten und Onkel da – bekommen heute eine vorrangige Bedeutung bei der Betreuung unserer Söhne. Wir benutzten die Technologie, um uns das Leben leichter zu machen, aber welchen Preis müssen unsere Söhne dafür zahlen? Die Arbeitsstellen und Kinderkrippen werden zum Familienersatz.

Es gibt jedoch keinen Weg zurück. Wir hängen zu sehr an unseren Annehmlichkeiten, und die Technologie bietet unserem Leben in vieler Hinsicht Vorteile. Die Uhr kann nicht mehr in die Zeiten der Jäger und Sammler zurückgedreht werden. Selbst das industrielle Zeitalter liegt weit hinter uns. Ob wir es wollen oder nicht – wie die vielen Elterngenerationen vor uns sich mit den Problemen ihrer Zeit auseinandersetzen mußten, so müssen auch wir uns den heutigen Herausforderungen stellen: Wie können wir als moderne, seelenlose Kultur die Söhne dieses technologischen Zeitalters mit Leben erfüllen?

## 4

# Wie man erfolgreich einen Jungen großzieht: Die kulturelle Kraft

> Vater sagte: »Nimm dir Zeit, Sohn,
> lausche deinem Kind.
> Hilf ihm, seinen Weg zu finden.
> Öffne dein Herz geschwind
> Und halt es fest.
> Bevor du dich umsiehst,
> wird es dir jemand wegnehmen.«
>
> *Don Elium, aus seinem unveröffentlichten Gedichtband*
> Working Man, © 1992

**DON:** Ich war dabei, als unser Sohn auf die Welt kam. Nachdem die Hebamme ihn hochgehoben hatte, krabbelte er am Bauch meiner Frau hoch, um zu saugen. Ich werde nie vergessen, wie ich in die Augen des Lebens selbst blickte. Meine Frau und ich schenkten einem anderen Menschen das Leben! Augenblicklich hatte ich zwei der stärksten und gegensätzlichsten Gefühle, die ich jemals verspürt hatte: »Er lebt« und »Oh nein! Er könnte sterben«. Zum ersten Mal spürte ich, wie das Leben seelenbewegend, aber auch äußerst zerbrechlich war. Ich war für ein Leben verantwortlich, das nicht mein eigenes war. Jeder Augenblick einer Geburt bringt das Paradoxon mit sich, mit dem alle Eltern für immer leben müssen: die Freude über das Leben und die Furcht vor dem Tod. Vor kurzem gestand mir mein Vater, daß er noch immer um meine Sicherheit bangt – nicht nur, daß ich eventuell etwas Dummes anstellen könnte, sondern daß etwas, über das er keine Kontrolle hätte, eintreten und mir das Leben nehmen könnte. Wir wollen unseren Söhnen »Leben« schenken. Vieles in der Welt können wir als Eltern nicht kontrollieren, aber wir können mit Freude auf ihr Leben reagieren und unserer Angst vor dem Tod so begegnen, daß wir für unsere Kinder einen sicheren Platz schaffen, wo sie aufwachsen können.

<blockquote>
Der Wind sagte
weißt du, ich bin
das Ergebnis von
Kräften, die ich nicht kontrollieren kann[1]

*A. R. Ammons*
</blockquote>

Seit jeher hat die Menschheit die mächtigen biologischen, psychologischen und seelischen Einflüsse auf jede Generation von Söhnen dadurch geformt, daß sie mittels der kulturellen Kraft Kontrolle ausübte. Irgendwann in der fernen Vergangenheit hörten wir auf, bei der Festlegung dessen, was unsere Kinder brauchten, um zu starken und gesunden Menschen heranzuwachsen, unseren Instinkten und Erfahrungen zu folgen. In jüngster Zeit haben wir vor der modernen Medizin, der institutionalisierten Erziehung, der Massenunterhaltung und dem großen Geschäft kapituliert. Die »Experten« wissen besser als wir, was unsere Söhne brauchen. Wir fühlen uns von eben der Kraft – der Kultur – kontrolliert, die wir eigentlich einsetzen müßten, um unsere Söhne in eine gesunde Männlichkeit einzuführen.

Vielleicht ist unsere Behauptung, daß die alten Völker bewußt die Kultur einsetzten, um aus ihren Söhnen Männer zu formen, zu weit hergeholt. Wir wissen jedoch, daß sie strenge, genau festgelegte Rituale befolgten, die für das Überleben notwendige Qualitäten förderten; Rituale, die durch eine allen gemeinsame Weltsicht geformt waren. Allgemeingültige Glaubensregeln und Werte schufen klare Verhaltensvorschriften. Feste Grenzen verboten individuelle Verhaltensweisen, die die rigide Kontrolle der Kultur hätten gefährden können, und jedes Mitglied der Gemeinschaft hielt sich an diese anerkannten Lebensweisen. So brauchten Volksgruppen, die sich von der Jagd ernährten, zum Beispiel starke, wilde Männer, um ausreichende Nahrungsvorräte sicherzustellen; deshalb hatten sie furchterregende und beschwerliche Mannbarkeitsrituale. Diese Menschen wußten genau, was getan werden mußte, um aus einem Jungen einen Mann zu machen. Die alten Initiationsriten funktionierten, weil der Stamm ein geschlossenes System war; jeder lebte und starb zum Wohl des Ganzen.

Wir Menschen des technologischen Zeitalters blicken mit einer gewissen Abscheu auf diese alten Initiationsriten. Der Mangel an individuellen Freiheiten erfüllt uns mit Empörung und einer Selbstgerechtigkeit, die uns ein solches Leben ungerecht, restriktiv, tyrannisch, ja sogar verdammenswert nennen läßt. Wir legen großen Wert auf die eigenständige Wahl unserer Ehepartner, auf unsere Freizeitaktivitäten und unsere Karrieren sowie darauf, all diese Umstände verändern zu können, wann immer wir Lust darauf haben. Wir verabscheuen die Vorstellung, daß eine Gesellschaft so arrogant sein könnte, uns vorzuschreiben, was aus uns werden sollte, und wann und wie dies stattzufinden hätte. Und diese Gewalt! Junge Knaben, die mitten in der Nacht ihren Müttern entrissen werden, halb zu Tode geängstigt, gezwungen, gefährliche Rituale über sich ergehen zu lassen, ihre Körper mutwillig verstümmelt, für das Leben mit Narben gezeichnet. Für uns sind diese Praktiken gespenstisch, von Aberglauben geprägt und Teil der Vergangenheit.

Haben wir uns wirklich so geändert? Zugegeben, wir bestehen auf der Freiheit zu sprechen, zu handeln, zu arbeiten und zu spielen, unsere Nachbarn zu behandeln und unsere Kinder zu erziehen, wie immer wir dies auch wollen, natürlich unter der Voraussetzung, daß wir dabei die Gesetze unseres Landes und unseren persönlichen Verhaltenskodex beachten. Die scharfe Klinge des Prokrustes beschneidet die Psyche des modernen Menschen jedoch ganz ähnlich, wie die funkelnden Messer der alten Initiatoren die Körper der jungen Knaben beschnitten. Unsere Männer verhalten sich auch so, wie es von ihnen im Computerzeitalter verlangt wird. Und wie frei sind die Ungebildeten, die Armen, Kranken und Behinderten in unserer Kultur in ihrer Wahl, ihr Leben so zu leben, wie sie es wollen? Die kulturellen Folgen, als Schwarzer, als Frau, als Slumbewohner oder als Homosexueller aufzuwachsen, hinterlassen alle ihre Narben, ganz egal, was unsere Verfassung als »unveräußerliche Rechte« ausruft.

Wir glauben, daß wir vor langer Zeit den brutalen Lebensstil der alten Völker hinter uns gelassen haben, deren gewaltsame Initiationsriten uns heute unzivilisiert und gemein vorkommen. Aber die Gewalt, die in unserer modernen Kultur gegen Jungen gerichtet ist, scheint keineswegs weniger allumfassend und schädlich zu sein. Die noch immer weitverbreitete Praxis der Beschneidung gleich nach der Geburt vermittelt unseren Söhnen die Botschaft, ein Mann zu sein bedeute, verletzt zu werden. Unglaublicherweise wird dieser chirurgische Eingriff ohne Betäubung vollzogen, weil wir die Behauptung der modernen Medizin hinnehmen, daß sich im Penis des Säuglings keine Nervenenden befinden. Jeder Mann, mit dem Sie darüber sprechen, zuckt unbewußt zusammen. Jungen lernen aus dieser Erfahrung, daß Weinen oder das Kundtun ihrer Schmerzen nutzlos sind und daß man sich weder auf Mama noch auf Papa wirklich verlassen kann, weil sie zwar während der Operation liebevoll neben ihrem Sohn stehen, aber die Prozedur doch zulassen. Durch solche kulturellen Praktiken lehren wir den Jungen, daß das Leben gefährlich und unkontrollierbar ist und daß sie besser auf der Hut sein sollten, weil jemand ihnen Schmerzen zufügen will.

Die zweite sehr weit verbreitete Art der Gewalt, die unsere Kultur Jungen antut, ist der Brauch, ihnen beizubringen, daß es schwach und »weibisch« ist, Gefühle zu zeigen, wenn man verletzt, traurig, ängstlich usw. ist. Überrascht es da, daß Männer Schwierigkeiten haben, ihre Gefühle in den Beziehungen zu anderen zum Ausdruck zu bringen? Eine der charakteristischsten Klagen von Ehefrauen ist es, daß ihre Ehemänner ihre Gefühle nicht mit ihnen teilen. In unserer Gesellschaft verlangt es das Bett des Prokrustes, daß Jungen ihre Gefühle abschneiden, um dem Bild des starken Mannes zu entsprechen. Dieses Opfer verletzt die Seele der Männer. Die einzigen Gefühle, die wir Männern in unserer Kultur im allgemeinen zugestehen, sind ärgerlicher, sexueller und aggressiver Art; den Ausdruck dieser Gefühle sehen wir überall – zum Beispiel in der Gewalt gegen Ehefrauen und Kinder, den Gewaltverbrechen oder der Lust, in den Krieg zu ziehen.

Wenn sich Männer treffen, um in einer Gruppe an ihren Gefühlen zu arbeiten, ist Trauer die Emotion, die der ganzen Wut zugrunde liegt. Im technologischen Zeitalter trägt der Mann für alle Männer aller Zeiten eine tiefe Trauer in seiner Seele, Trauer über das Opfer seiner emotionalen Tiefen, Trauer über die abgeschnittene Verbindung zur Erde und zu den Naturkräften und über den Verlust von Nähe und Verbundenheit in seiner Familie.

> Kurz bevor er starb, erzählte mir mein Vater, daß mein Großvater ihn nie umarmt hatte. Mein Vater und ich waren uns auch nicht sehr nahe. Es gab Dinge, über die

ich immer gerne mit ihm gesprochen hätte – zum Beispiel, wie ich mich entscheiden sollte, mein Leben zu führen. Jetzt, nach meiner Scheidung, sehe ich meinen eigenen Sohn nicht so oft, wie ich es gerne hätte. Wird dies jemals ein Ende nehmen?

*Paul, ein junger Vater*

Auch die Praxis, sich genau entgegengesetzt zu verhalten, ist gewalttätig – einem Jungen zu erlauben, seine Gefühle auszudrücken wie auch immer, wo auch immer und wann auch immer er dazu Lust hat. Das Motto der humanistischen Psychologie aus den 70er Jahren – alles jederzeit auszuleben – machte nicht klar, wie sich das Ausleben von Gefühlen auf andere Menschen auswirken kann. Viele Mütter starren ihre Teenagersöhne fassungslos an, während diese sie mit einem Schwall von Schimpfwörtern bedenken, um ihrer Wut Ausdruck zu verleihen; oft ist der Junge davon ebenso überrascht wie die Mutter. Das innere Training, zu wissen, wie und wann man seine Gefühle ausdrücken kann, beginnt bei der Geburt und erfordert strikte Grenzen, was man sagen und tun kann und was nicht. Wir fügen unseren Söhnen und der Gemeinschaft eine schwere Verletzung zu, wenn die Grundsätze der Autorität nicht klar und deutlich bestimmt sind.

In den vergangenen zehn Jahren beobachtete ich eine erschreckende Veränderung in der Einstellung von Schülern gegenüber ihren Lehrern und anderen Autoritätspersonen. Als Vertretungslehrerin bin ich immer mit rebellischen Einstellungen und mit Störenfrieden konfrontiert. Ich habe gelernt, die Klasse während meiner kurzen Anwesenheit mit Humor, interessanten Aufgaben und strikten Grenzen bei der Stange zu halten. Vor

## WIE MAN ERFOLGREICH EINEN JUNGEN GROSSZIEHT ...

kurzem stand ein Teenager am ersten Tag meiner Vertretungstätigkeit auf, nachdem ich die Basisregeln erläutert hatte, und sagte: »Bei Vertretungen tun wir nichts. Wir sitzen nur da und unterhalten uns. Wenn das für Sie ein Problem ist, werden wir das Klassenzimmer verlassen und der Direktorin mitteilen, daß Sie uns aufgefordert haben zu gehen.« Ich kicherte und meinte: »Ich weiß, daß es schwierig ist, eine Vertretung zu haben, aber so ist es nun einmal, und wir werden heute etwas arbeiten.« Ich traute meinen Ohren nicht, als er aufstand und sagte: »Gehen wir!« Alle 30 16jährigen verließen das Klassenzimmer, kletterten in ihre Autos und fuhren davon. Etwa 30 Minuten lang war ich total schockiert. Zur Krönung des Ganzen wurde ich noch zur Direktorin zitiert. Sie hatte von einem Schüler erfahren, daß ich ihnen befohlen hätte, das Klassenzimmer zu verlassen und daß es mir gleichgültig gewesen sei, wohin sie gingen. Ich erklärte der Direktorin die Situation, aber sie hörte mir gar nicht zu. Ich erhielt für diesen Vorfall einen Eintrag in meine Papiere. Den Schülern passierte überhaupt nichts.

*Gloria, 25 Jahre lang Highschoollehrerin,*
*inzwischen in Rente, aber noch als Vertretung tätig*

Diese alarmierende Veränderung in Einstellung und Verhalten, die viele Experten an unseren Kindern beobachten, wurde durch einen viereckigen Kasten ermöglicht, der im Wohnzimmer der meisten amerikanischen Familien steht. Seine Macht, in unserem Leben Gewalt hervorzurufen, wirkt so heimtückisch, daß manche von uns ihr kaum Beachtung schenken, während viele, die seit Jahren ihre Besorgnis äußern, dadurch wenig bewirkt haben. Dennoch haben die Inhalte dieses Kastens eine unheilvolle Macht, unsere Kultur zu gestalten. Nichts hat einen größeren Einfluß auf den amerikanischen Lebensstil, die Eßgewohnheiten, die Musik, das Konsumverhalten und die Mode als das Fernsehen.

Das Fernsehen tut unseren Söhnen Gewalt an, indem es ihre Phantasie verkümmern läßt, die Spanne ihrer Aufmerksamkeit verringert und ihre Empathie für fremdes Leiden erstickt. Befürworter der Waldorf-Erziehung, die von dem Philosophen und Erzieher Rudolf Steiner begründet wurde, glauben, daß das imaginative Spiel ein Entwicklungsfeld für das emotionale und kreative Wachstum eines kleinen Jungen ist.[2] Durch Tagträume und Phantasien, in denen er schmerzhafte Interaktionen noch einmal durchspielt, paßt er sich an die Schwierigkeiten des Alltags an.

> Mein Sohn spielt gerne noch lange, nachdem er sauber geschrubbt worden ist, in der Badewanne. Eines Abends spielte er im Wasser mit seinen Dinosauriern, während ich seine kleine Schwester für die Nacht zurechtmachte. Ich belauschte ihn dabei, wie er eines seiner derzeitigen Probleme verarbeitete. Seine Dinos waren eine Familie mit einem Vater, einer Mutter und zwei Babys. Die Babys sprangen aufeinander herum und riefen: »Ich bin der Kleinste!« »Nein, ich bin der Kleinste!« »Immer darfst du der Kleinste sein. Jetzt bin ich mal dran«, sagte der Dinosaurierjunge. »Okay, jetzt kannst du rumgetragen und geknuddelt werden«, sagte das kleine Dinosauriermädchen.
>
> *Mutter von Jeff, 4, und Kris, 4 Monate*

Mit seiner Vorstellungskraft schafft sich ein Junge eine Welt, in der er der Boß ist; seine machtvollen Handlungen wirken auf Menschen und Ereignisse. Symbolisch dreht er das Machtverhältnis um, wodurch er seine Stellung im Alltag besser akzeptieren kann. So hilft die Vorstellungskraft einem kleinen Jungen, zu lernen, mit den Menschen, mit denen er zu tun hat, umzugehen. Margaret Meyerkort, eine Waldorf-Erzieherin, glaubt, daß es unsere Vorstellungskraft ist, die uns die visionäre Kraft zu lieben vermittelt.[3]

Durch das Fernsehen werden die eigenen Bilder und kreativen Gedanken der Phantasie eines Jungen verdrängt; an ihre Stelle treten Konzepte aus der Welt der Erwachsenen. Die Personen und Szenen, die er im Fernsehen sieht, werden zu den Darstellern in seinen Stücken und nicht mehr die seelenvollen Bilder und Gefühle, die in ihm selbst lebendig sind. So kommt es, daß er beginnt, sich auf das, was sich außerhalb seiner selbst befindet, als Quelle von Kreativität, Ideen, Unterhaltung und Genuß zu verlassen. Dies beraubt ihn nicht nur seiner Fähigkeit, seine Vorstellungskraft zu nutzen; die Behinderung seines Blicks nach innen führt auch dazu, daß er den Kontakt zu seinem Körper verliert. Wieder hat Prokrustes zugeschlagen, und der Junge ist von seiner Vorstellungskraft und den Freuden seiner Kreativität abgeschnitten; und was wahrscheinlich am schlimmsten ist: Er hat auch keinen Zugang mehr zu seiner persönlichen Vision zu lieben.

Die meisten von uns sehen öfter fern, als sie lesen. Das Fernsehen beeinträchtigt nicht nur unsere Lesegewohnheiten, sondern auch die Fähigkeit unserer Söhne, überhaupt lesen zu lernen. Der starre, auf den Bildschirm gerichtete Blick macht die komplizierten Augenbewegungen, die das Lesen erfordert, schwierig, ja sogar anstrengend für die Augen. Außerdem wird der Geist durch das Fernsehen dahingehend programmiert, daß er kurze, schnelle Szenenabfolgen erwartet. Die Geschwindigkeit des Handlungsablaufes läßt den Kindern wenig Zeit, die Handlung zu verstehen. Sie lassen sich leicht ablenken. Frances Moore Lappé, eine bekannte Schriftstellerin und Ernährungsberaterin, erwähnt in ihrem sehr hilfreichen Buch *What to Do After You Turn Off the TV*, daß Bibliotheksangestellte bei Kindern das besorgniserregende Schwinden der Fähigkeit beobachten, sich zu konzentrieren und sich kraft ihres Vorstellungsvermögens in ein gutes Kinderbuch hineinzuversetzen – eines der größten Vergnügen beim Lesen.[4]

> Vor zehn Jahren konnte ich Erstkläßlern ein wundervoll geschriebenes und illustriertes Buch mit japanischen Märchen vorlesen, und sie saßen bis zum Schluß der Geschichte gebannt da. Jetzt stehen sie höchstens noch ein Aufklappbuch mit etwa 20 bis 30 Wörtern pro Seite durch.
>
> *Jane, eine ältere Bibliothekarin*

Eine weitere beklagenswerte Veränderung, die Lappé an unseren Kindern entdeckte, als sie Nachforschungen für ihr Buch über die Auswirkungen des Fernsehens anstellte, ist, daß Kinder gegenüber Gewaltakten oder dem Schmerz anderer desensibilisiert werden.[5]

> Früher, wenn ein Kind auch nur einen kleinen Unfall hatte, war es ganz natürlich, daß alle Kinder zusammenliefen, um zu sehen, wie schlimm sich ihr Kamerad verletzt hatte, und um ihre Hilfe anzubieten. Wenn heute ein Kind hinfällt und sich das Knie aufschrammt, ist das gar nichts mehr. Nur selten unterbrechen die übrigen Kinder ihr Spiel, um zu sehen, ob das gestürzte Kind sich verletzt hat oder nicht.
>
> *Bobbie, Aufsicht auf einem Schulspielplatz*

Durchschnittlich kommt es während der Hauptfernsehzeit zu neun Gewaltakten pro Stunde, in den Cartoons der Kinderstunde dagegen zu 21.[6] In ihrem Buch *Breaking the TV Habit* führt

Joan Anderson Wilkins an, daß das typische amerikanische Kind beinahe sechs Stunden täglich fernsieht.[7] Sie rechnet uns vor, daß ein Kind so 11 000 Morde gesehen hat, wenn es 14 Jahre alt ist;[8] es wird durch 350 000 Werbespots »programmiert« sein, bevor es die High-School verläßt.[9]

In jedem Entwicklungsabschnitt sind Geist, Körper und Seele eines Jungen bereit, die für dieses Alter geeignete Information zu verarbeiten. Die alten Initiationskulturen wußten, daß junge Knaben empfänglich für die Fabeln und Geschichten waren, die sie zu hören bekamen; die Legenden und Märchen wurden sorgfältig ausgewählt und geschickt vorgetragen.

> Im Dunkeln der Nacht krochen und hüpften Schatten um ein hell auflodernes Feuer; ein rhythmisches Trommeln erfüllte die Brust der Anwesenden. Der Geschichtenerzähler ging zwischen uns auf und ab; sein bemaltes Gesicht und seine wilden Gesten erweckten die alten Geschichten vor unseren Augen zum Leben. Ich wurde eins mit den Geschichten; ihre Bilder haben mich den Rest meines Lebens begleitet.
> 
> *Wie das Geschichtenerzählen bei Stammeskulturen gewesen sein muß*

Heute werden unsere Söhne nicht mehr von solchen machtvollen, das Leben lenkenden Geschichten, die die Stammesältesten erzählten, geleitet. Fernsehen und Kino, die von Leuten gestaltet werden, die vielleicht ganz andere Werte und Normen haben als wir, liefern die Bilder und Geschichten, die unseren Söhnen beibringen, was es heißt, ein Mann zu sein. So kann man sich leicht denken – und sich auch darüber Sorgen machen –, warum unsere Kinder sich immer weniger um andere kümmern oder Mitgefühl aufbringen. Wir könnten die Sendungen auswählen, die unsere Kinder sich ansehen, aber meistens tun wir das nicht und verbringen dann den Rest unseres Lebens damit, uns mit den Botschaften und Eindrücken auseinanderzusetzen, die sie in dieser empfänglichen Zeit in sich aufgenommen haben.

Fernsehen tut unseren Söhnen nicht nur Gewalt an, es ruft auch Gewalt in ihnen hervor. Unzählige Untersuchungen über die Auswirkungen der Gewalt im Fernsehen auf unsere Kinder betonen das, was Psychologen und Eltern seit Jahren sagen: Das ständige Betrachten von TV-Gemetzeln bringt die Kinder dazu, selbst gewalttätiger zu sein. Als man in Farmington, einer Stadt in Connecticut, dafür eintrat, den Fernseher einen Monat lang nicht anzuschalten, beobachteten die Lehrer, daß nach und nach die Prügeleien auf den Spielplätzen weniger wurden.[10] Die Kinder waren geneigt, bei ihren Auseinandersetzungen nach anderen Lösungen zu suchen, als nur zu schlagen und zu schreien. Das Fernsehen, so Frances Moore Lappé, ist auch eine der drei Hauptursachen für Familienstreitigkeiten in den USA.[11]

**DON:** Eine Familie – Mutter, Vater, Tochter, 13, Sohn, 11 – kam zu einem Therapiegespräch. Die Mutter hatte den Termin vereinbart, weil sie die ständigen Streitereien leid war. Das Familienproblem zentrierte sich um den Fernseher. Am Abend wollte jeder ein anderes Programm anschauen; die Mutter wollte nicht, daß die einzelnen Familienmitglieder sich in ihren Zimmern vor eigenen Fernsehern isolierten. Abstimmen hatte ebensowenig funktioniert wie die Möglichkeit, daß jeden Abend ein anderes Familienmitglied das Programm bestimmen durfte oder daß Papa die Regeln festlegte. Also machte ich einen mir logisch erscheinenden Vorschlag: »Warum versuchen Sie nicht, den Fernseher am Abend abzuschalten?« Bis zum heutigen Tag sehe ich noch den erschrockenen Blick in ihren Augen. »Ist das Ihr Ernst?« fragte der Junge. »Was sollten wir denn dann miteinander anfangen?« Ich gab die Frage an die Familie zurück: »Was wollt ihr miteinander anfangen?« Da die Sitzung vorbei war, schlug ich vor, daß sie die Woche über darüber nachdenken sollten und wir uns dann das nächste Mal darüber unterhalten würden. Sie sagten ihren nächsten Termin ab und kamen nie wieder. Ich hatte den Fehler gemacht, nicht zu erkennen, wie sehr sie den Fernseher dazu benutzten, ihre Familie zusammenzuhalten. Ihre Streitereien waren ihre Art, miteinander in Kontakt zu bleiben.

Das Fernsehen schädigt das Familienleben, schreibt Lappé, weil wir passiv nebeneinandersitzen und das Fernsehprogramm ansehen, ohne miteinander zu interagieren.[12] Zwischen den Familienmitgliedern kommt es nur dann zu Kontakt, wenn man sich darüber streitet, was man anschauen soll. Als Folge davon sind wir innerhalb unserer Familien isoliert, denn wir nehmen uns nicht die Zeit, uns kennenzulernen. Wir tun uns gegenseitig Gewalt an, wenn wir es versäumen, einander zuzuhören und den Standpunkt, die Erfahrung oder das Leid des anderen zu verstehen.

> Das Fernsehen hat die Art und Weise, wie die Mitglieder der menschlichen Rasse lernen, zu menschlichen Wesen zu werden, stark beeinflußt.[13]
>
> *George Gerbner, Vorstand der Annenberg School of Communication, Universität Pennsylvania*

In ihrem aufschlußreichen Artikel »Human Values, Television, and Our Children« schreibt die Waldorf-Erzieherin Karen Rivers: »Das Verhalten eines Kindes spiegelt seine geistige Verfassung und sein emotionales und körperliches Wohlbefinden wider... Die Stunden, die ein Kind in einer einseitigen Beziehung mit Menschen im Fernseher verbringt, ein Zeitvertreib, bei dem keine Kommunikation oder Interaktion zustande kommt, beeinflussen seine Beziehungen zu wirklichen Menschen. In vielen Familien hat der Fernseher die Rolle der Eltern bei der Sozialisation des Kindes, bei der Entwicklung von menschlichen Wertvorstellungen, Familienritualen und besonderen Ereignissen übernommen.«[14] Haben wir in letzter Zeit aufgehört, darauf zu achten, was das Fernsehen unseren Söhnen über Familienbeziehungen, Drogen- und Alkoholmißbrauch, Rauchen, Sexualität, Gewalt, Rassenvorurteile und Werte wie Aufrichtigkeit, Empathie, etwas richtig zu machen, eine Ausbildung zu Ende zu bringen und gegen Ungerechtigkeiten anzugehen beibringt?

Das Fernsehen ist nun lange genug eine Sucht unserer Kultur, daß wir die Auswirkungen auf unsere Söhne kennen. Wir wissen jedoch nicht, wie die nächste Generation von Söhnen durch die immer weiter verbreitete Praxis beeinflußt sein wird, schon Kleinkinder in Krippen abzuliefern, damit die Mütter außerhalb des Hauses arbeiten können. Manche Kinder verlieren schon im Alter von wenigen Monaten Vater und Mutter an die geheimnisvolle Arbeitswelt des technologischen Zeitalters. Eine Leserumfrage in der Mai-Ausgabe 1991 der Zeitschrift *Working Mother* führt das überzeugende Argument an, daß Mütter, die in gutbezahlten Stellungen in der Wirtschaft tätig sind, glücklicher und sozial besser angepaßt sind als Mütter, die zu Hause bleiben, und daß die Kinder dieser arbeitenden Mütter ebenfalls besser angepaßt und glücklicher sind, weil sie positivere Rollenvorbilder haben.[15] Aber diese Mütter gehören zu einer Minderheit, deren Stellung ihnen flexiblere Arbeitszeiten und ein gutes Einkommen sichert, mit dem sie ihre Kinder ideal betreuen lassen können. Alleinstehende Mütter, die aus finanzieller Notwendigkeit heraus arbeiten müssen, sind nicht so gut dran; zu oft müssen sie sich mit Betreuungssituationen zufriedengeben, die nicht die Fürsorge gewährleisten, die ihre Kinder für ein gutes Gedeihen bräuchten.

Jakes Vater verließ mich schon vor der Geburt, so daß ich Jake immer in eine Krippe geben mußte, während ich arbeitete. Es war ziemlich schwer, für uns beide den Lebensunterhalt aufbringen zu müssen, und ich mußte Jake allein lassen, als er noch sehr klein war. Es bricht mir das Herz, wenn ich ihn weinen höre, wenn ich gehe, und wenn ich ihn abhole, weint er immer noch. Die Erzieherin sagt, daß er noch immer nicht mit den anderen Kindern spielt, und wenn ich ihn abhole, ist er so schmuddelig – seine Hände, sein Gesicht sind schmutzig, selbst die Windeln sind manchmal voll, als ob sie nicht regelmäßig gewechselt würden. An meinen freien Tagen und am Wochenende klammert er sich an mich und spielt überhaupt nicht. Wenn ich am Montag wieder in die Arbeit muß, sind sowohl ich als auch er völlig erledigt.

*Jill, eine besorgte alleinstehende Mutter*

Selbst die bemühteste und liebevollste Erzieherin kann nicht die Zeit und die Energie aufbringen, die nötig wären, um die spezielle Mutter-Kind-Bindung herzustellen und aufrechtzuerhalten, die Louise J. Kaplan, Kinderpsychologin und Autorin, als eine der »Spitzenleistungen des menschlichen Lebens« beschreibt. Wie schon im 1. Kapitel erwähnt, verfaßte Dr. Kaplan eine hervorragende Interpretation der Arbeit von Margaret S. Mahler, der weltbekannten Kinderpsychoanalytikerin, mit dem Titel: *Die Zweite Geburt: Die ersten Lebensjahre des Kindes*. Darin schreibt sie: »Normalerweise lernt ein Säugling in den ersten fünf Monaten seines Lebens, seine Mutter wie einen Leuchtturm zu benutzen. Die Anwesenheit der Mutter ist wie ein festes Licht, das dem Kind die Garantie gibt, sich sicher nach außen hin zu bewegen, um die Welt zu erforschen und danach wieder sicher in den Hafen zurückzukehren. Durch sie wird die Welt der Zeit und des

Raumes sinnvoll und einsehbar.«[16] Unsere Kinder verdienen den bestmöglichen Start, und unsere Welt hängt davon ab.
Es ist Zeit, uns darüber klar zu werden, daß wir für das Wohl unserer Söhne Opfer bringen müssen. Vielleicht müssen Mütter ein paar Jahre lang auf ihre Karriere verzichten, bis ihre Kinder bereit sind, die Mutter-Kind-Beziehung auf Lehrer und Spielkameraden zu erweitern, was gewöhnlich im Alter von fünf bis sechs Jahren der Fall ist. Vielleicht müssen wir lernen, mit einem geringeren Einkommen einfacher zu leben, vielleicht müssen wir unseren Arbeitgebern gegenüber fordernder sein, daß sie uns helfen, familienfreundlichere Arbeitsplätze zu schaffen.

> Nancy Bronstein aus Belmont arbeitet ihrer Familie zuliebe weniger, und das ist genau das, was sie will. »Die Familie kommt an erster Stelle«, sagt Frau Bronstein, 34, Mutter von drei Kindern unter fünf Jahren. »Wir verbrauchen weniger und können weniger sparen«, sagt die Leiterin des Personalbüros bei der Bank of America in San Francisco, wo sie drei Tage pro Woche arbeitet. »Ich wollte nicht in 25 Jahren auf mein Leben zurückblicken und sagen, daß ich mehr Zeit mit meiner Familie hätte verbringen sollen.«[17]
>
> *Aus einem Interview im San Francisco Chronicle*

> Ich glaube, wir sollten eine Art Familienjob einrichten, das heißt Teilzeitarbeit, Gleitzeit, Job-sharing. Man könnte bis zu zehn Jahre lang Teilzeit arbeiten und dann wieder eine Vollzeitstelle annehmen. Ich denke, wir müssen die Arbeit umgestalten, um den Bedürfnissen von Eltern mit kleinen Kindern entgegenzukommen.[18]
>
> *Dr. Arlie Hochschild, Verfasser von The Second shift,*
> *aus einem Interview im San Francisco Chronicle*

Unser Beharren auf persönlichen Freiheiten hat dazu beigetragen, daß wir die am stärksten zersplitterte und isolierte Kultur der ganzen Menschheitsgeschichte entwickelt haben. Früher wurden junge Eltern aktiv durch lebenserfahrene und verfügbare Großeltern unterstützt. Heute leben die Großeltern unserer Söhne oft mehr als 3 000 Meilen weit weg. Früher waren Freunde und Nachbarn innerhalb von Minuten zur Stelle, wenn es nötig war, ob es sich nun um einen feindlichen Angriff, eine Krankheit oder die Notwendigkeit, eine Scheune zu errichten, handelte. Heute sind wir dazu gezwungen, unsere Elternschaft in einem Vakuum zu leben. Oft kennen wir noch nicht einmal unsere Nachbarn. Unsere Wände beschützen zwar unsere Rechte, führen aber auch dazu, daß wir allein die Verantwortung für die riesigen, furchterregenden maskulinen Kräfte unserer Söhne tragen.

> Wir lebten seit vier Jahren in diesem Viertel, als das Erdbeben passierte. Kurz nachdem das Beben aufgehört hatte, klopfte jemand an die Haustür. Ich schnappte mir den Baseballschläger meines Sohnes, öffnete die Tür einen Spalt, blickte auf den fremden Mann vor der Tür und schrie: »Wer sind Sie? Was wollen Sie?« Der Mann sagte: »Ich bin Ihr Nachbar. Ist bei Ihnen und Ihren Kindern alles in Ordnung?«
>
> *Pat, eine Mutter aus Kalifornien*

Robert Bly behauptet, daß Mutter und Vater allein nicht ausreichen, um den Sohn als Mann in die Welt der Erwachsenen zu führen. Er nimmt Anleihen an die Mythologie der alten Initiationskulturen und der modernen Jungschen Psychologie, um ein bestimmtes Stadium der männlichen Entwicklung zu beschreiben – das Finden der »männlichen Mutter«. Für Bly ist die männliche Mutter ein älterer Mann, der aus der Erfahrung, ein erfülltes Leben gelebt zu haben, Geborgenheit und Weisheit vermitteln kann.[19] Man denkt dabei an Figuren wie Merlin und König Arthur. So ein weiser älterer Mann ist für den Jungen Lehrer und zugleich Führer auf seinem zuweilen sehr tückischen Pfad in das männliche Erwachsenenalter. Bei einem Treffen der Casey Family Foster Parents, das vor kurzem stattfand, erzählte uns ein Stiefvater, der in der Innenstadt aufgewachsen war: »So merkwürdig es klingen mag, aber einige meiner Mentoren fanden sich bei den Alkoholikern, die auf unserer Straße herumlungerten. Sie warfen ein Auge auf alles und gaben auf uns Kinder acht. Wenn sie merkten, daß etwas nicht in Ordnung war, sagten sie uns das. Wenn einer von uns Jungs in Schwierigkeiten geraten war, benachrichtigten sie seine Eltern. Sie trugen einen Großteil zu meinem Überleben bei.«

Eine »männliche Mutter« wird für einen Jungen vor allem dann notwendig, wenn der Vater nicht da ist. Alleinstehende Mütter können von einer schweren Last befreit werden, wenn sie einen älteren Mann finden, der ihren Söhnen Führung und männliche Gesellschaft anbieten kann. Solche Mentoren lassen sich bei Onkeln, Freunden, Lehrern, Trainern, der Big-Brother-Organisation und religiösen Gruppen finden. Auf weitere Möglichkeiten weisen wir im 11. Kapitel unter dem Abschnitt »Hilfe!« hin.

Nach der Geburt unseres Sohnes gaben wir uns völlig der Aufgabe hin, ihn aufzuziehen. Wir waren der festen Überzeugung, daß zwei Elternteile besser wären als nur einer. Nach ein paar aufreibenden Wochen Säuglingspflege merkten wir, daß noch mindestens sechs weitere Leute nötig wären, um diesen anstrengenden Job gut zu erledigen, und die Zahl wuchs täglich! Wir beneideten die Griechen und die Italiener, deren jahrhundertealte Tradition, den Familienverband zu pflegen, auch heute noch dafür sorgt, daß unzählige Tanten, Onkel, Cousinen und

Großeltern immer in der Nähe sind und die müden Eltern gerne ablösen.

Bis in die jüngere Geschichte der meisten Kulturen trug die Großfamilie zur Kinderbetreuung maßgeblich bei. Das sogenannte geschlossene Familiensystem für die Kindererziehung hatte seine positiven und negativen Seiten. Bei stark traditionell geprägten Stammeskulturen konnten sich die Eltern darauf verlassen, daß die anderen Mitglieder des Stammes ihren Kindern die gleiche Fürsorge und Disziplin zukommen lassen würden wie sie selbst. Religiöse Gemeinschaften wie die der Amischen (mennonitische Sekte, Anm. d. Ü.), deren Glaube auch für anhaltend gleichbleibende und langlebige Erziehungsgepflogenheiten sorgt, gewähren dieselbe Sicherheit, daß Kinder geborgen sind und mit der gleichen Fürsorge und dem gleichen Respekt behandelt werden, die sie in ihren eigenen Familien erfahren. Dieses Vertrauen können wir heute nicht mehr aufbringen. Die Suche nach einem Babysitter, der unserer Vorstellung von einer Person, der wir unser Kind anvertrauen können, entspricht, kann manchmal sehr lange dauern. Andererseits kann ein geschlossenes System der Kinderbetreuung, sei es bei einem Stamm, einer religiösen Gemeinschaft oder in einer Familie, ungesunde Erziehungsmuster immer weiter vererben. Diese Tendenz zeigt sich deutlich bei dem Mann, der als Kind geschlagen wurde und seine Frau und seine Kinder körperlich mißhandelt, bei dem Alkoholiker, dessen Mutter sich zu Tode trank, und bei dem abwesenden Vater, dessen eigener Vater seine Familie verlassen hatte.

Da wir keine Verwandten in der Nähe hatten, suchten wir nach anderen Leuten, die uns bei der Pflege unseres Sohnes in seiner Säuglingszeit unterstützen konnten. Da er sehr klein war, wurde seine liebste Babysitterin, Nancy, uns so lieb und wichtig, daß wir sie immer als Mitglied unseres »Elternteams« betrachteten.

Seine Kindergärtnerinnen, Monika und Mary, wurden ebenfalls liebgewonnene und geschätzte Teammitglieder. Hätten wir doch nur zehn weitere solcher Menschen! Es ist nicht möglich, all die Menschen, die im Leben unserer Söhne eine Rolle spielen werden, einzeln auszusuchen. Was wir aber tun können, ist, bei der Suche nach Betreuung, nach dem Kindergarten und den »männlichen« Müttern, deren Vorstellungen von Kindererziehung sich mit den unseren decken, sorgfältig vorzugehen. Es liegt an uns, für unsere Söhne die Art der Betreuung zu finden, die wir uns für sie in unserer Abwesenheit wünschen.

Unser Sohn, inzwischen schon fast sechs Jahre alt, malt gerne Labyrinthe. Sie haben immer einen bestimmten Anfang – an dem oft etwa eine kleine Ente, die sich verlaufen hat, steht – und ein bestimmtes Ende, etwa die Entenmutter, die sich freut, ihren verlorenen Sohn nach seinem großen Abenteuer im Labyrinth wiederzusehen. Und genau dies tun wir auch: Wir versuchen, das Labyrinth zu entwirren, wie wir die Kultur dazu benutzen können, uns bei dem großen Abenteuer zu unterstützen, unsere Söhne in das Erwachsenenalter zu geleiten. Es gibt noch vieles zu entwirren. Wie können wir unsere Söhne vor den Aspekten unserer Kultur schützen, von denen wir wissen, daß sie ihnen schaden? Wie können wir die Kultur benutzen, um aus unseren Söhnen gesunde, lebenspendende Erwachsene zu machen?

In seinem Buch *Fire in the Belly* berichtet Sam Keen sehr eingehend und persönlich davon, was es heißt, ein Mann zu sein. Auf einer Konferenz über Männerthemen, die vor kurzem in San Francisco stattfand, stellte er fest, daß es an der Zeit wäre, damit anzufangen, eine Antwort auf die Frage: »Können wir wieder freundlich sein?« zu finden. »Freundlich hat das Wort ›Freund‹ in sich«, erklärte er. »Freund zu sein heißt, verbunden zu sein, verwandt zu sein mit anderen Menschen, anderen Wesen und allen anderen Dingen.«

»Wir haben uns verirrt«, behauptet Keen. »Wenn man sich verirrt hat, muß man sich erst einmal ganz auf das Fühlen konzentrieren, um mit seinem Standort in Berührung zu kommen. Dann muß man auf den höchsten Baum im ganzen Wald klettern und Ausschau nach seinem Weg halten. Das kann man als ›Vision‹ bezeichnen. Zum ersten Mal in der aufgezeichneten Geschichte der Menschheit müssen wir Menschen als Maschinenbenutzer in eine natürliche Welt passen. Um mit der enormen Komplexität fertig zu werden, brauchen wir unglaublich tatkräftige Denker, die nicht nur mit ihrem Intellekt, sondern auch mit ihrem Kopf, ihrem Hals, ihrem Herzen, ihrem Bauch und ihren Eiern (oder anderen erogenen Zonen) denken.

Damit unsere Kultur die nächsten 100 Jahre überleben kann, brauchen wir eine neue Vorstellung, nicht nur über Männer oder Frauen, sondern darüber, wie wir im ›Informationszeitalter‹ sein müssen. Der Archetyp des Jägers ist nicht mehr sinnvoll. Es gibt nichts mehr zu jagen. Der Krieger ist nicht mehr sinnvoll, denn er hat aus der Erde die wichtigsten Bodenschätze herausgepreßt und das Gute gegen das Böse ausgespielt. Wir müssen Teil einer Revolution werden, in der wir uns ebenso nachdrücklich auf die Freundlichkeit verlassen, wie wir uns auf den Krieg verlassen haben.«[20]

Wie wir gesehen haben, benutzten manche alten Völker den Archetyp des Jägers, um ihre Söhne zu den Männern zu machen, die sie in ihrer Welt brauchten. Andere benutzten den Archetyp des Kriegers, um aus ihren Söhnen die wilden Kämpfer zu machen, die für ihre Gesellschaft lebenswichtig waren. Wir glauben, daß wir es uns in unserer kranken Welt nicht länger leisten können, nach Archetypen zu leben, die den Grundsatz der Beherrschung durch die Kraft des Speers oder des Schwertes verkörpern.

Vielleicht sollte der Gärtner zum Archetyp des technologischen

Zeitalters erhoben werden – derjenige, der nach den Jahreszeiten lebt, schreckliche Stürme übersteht, die Elemente des Feuers, der Erde, der Luft und des Wassers benutzt; der kultiviert, sät, Unkraut jätet, Hecken schneidet, Felder pflügt und die Ernte einbringt.

Als Mütter und Väter müssen wir uns unserer Verantwortung als Gärtner unserer Söhne bewußt werden. Wir müssen uns im Einklang mit den Jahreszeiten ihres Lebens befinden. Wir müssen herausfinden, wie wir das ungestüme Sonnenlicht so lenken können, daß sie ihr inneres Leitsystem aus Gefühlen und Gedanken finden. Wir müssen die zarte Kunst, ihre Seelen zu pflegen, erlernen. Wir müssen klar und einig sein in bezug auf die Ideale und Werte, die wir in ihre Vorstellungskraft einpflanzen. Wir müssen sie großzügig mit Liebe bewässern und nähren und unsere eigenen Enttäuschungen, unseren eigenen Ärger ausmerzen. Wir müssen stark und freundlich sein und zu unseren Söhnen stehen, unabhängig von den Umständen, die sie durch ihr wildes Wachsen verursachen. Wir müssen ihre empfindlichen Triebe vorsichtig, jedoch bestimmt beschneiden und stützen und dabei die passenden Umzäunungen benutzen. Wir müssen darauf vertrauen, daß trotz heftigster Stürme und äußerst aggressiver Ausbrüche tiefe Wurzeln entstehen. Wenn wir dem Archetyp des Gärtners folgen, können wir unsere Söhne dabei beobachten, wie sie Wurzeln schlagen, grünen und in ihrem Leben erblühen.

> Zwei bleibende Gaben können wir unseren Kindern hoffentlich mit auf den Weg geben... Wurzeln sind die eine Gabe, Flügel die andere.
>
> *Hodding Carter Jr.*

# TEIL II

# Das Elternteam

# 5

# Mama und Papa: Die Elternpartnerschaft

Behalte nur deinen Text und renne nicht in die Möbel.[1]
*Spencer Tracy, Ratschlag für Schauspieler*

**JEANNE:** Manchmal wünsche ich mir, ich könnte allein für die Erziehung unseres Sohnes zuständig sein. Wäre das nicht viel einfacher? Ich könnte meine eigenen Regeln aufstellen, alles allein organisieren und die Dinge ins Rollen bringen. Die Erziehung zusammen mit einem Vater erscheint mir manchmal unnötig kompliziert. Wenn wir uns über den Erziehungsstil, die Grenzen, Konsequenzen oder auch die reine Betreuung unseres Sohnes uneins sind, bedarf es manchmal einer Menge Kompromisse, bis wir unsere Meinungsverschiedenheiten geklärt haben. Manchmal klären wir sie auch gar nicht. Warum die Sache nicht mir alleine überlassen? Aber ich mußte erkennen, daß ich es immer gerne gehabt hätte, daß mein Mann unseren Sohn genauso erzieht, wie ich es tue, daß er ihm die gleiche Aufmerksamkeit zukommen läßt, sich ebenso um seine Sicherheit besorgt zeigt und die gleiche Energie für sein Wohlbefinden aufbringt wie eine Mutter. Schließlich merkte ich tief in meinem Inneren, daß ich sehr dankbar dafür bin, bei der Erziehung einen Partner zu haben, der diese Reise mit mir und unserem Sohn gern gemeinsam unternimmt. Ich bewundere die tapferen Mütter, die ihre Söhne allein erziehen. Heute bin ich dankbar dafür, daß ich alle diese schwierigen Entscheidungen nicht allein treffen muß, als Mutter 24 Stunden am Tag zur Stelle sein muß und allein für alles, was unserem Sohn widerfährt, die Verantwortung zu tragen habe. Ich weiß, daß unser Sohn keine zwei Mütter braucht. Er braucht auch einen Vater.

Bei unserer Arbeit in der Männerbewegung hören wir oft, wie Männer ihre Gefühle von Wut oder Trauer ihren Müttern und Vätern gegenüber zum Ausdruck bringen: »Er war nie da.« »Er wußte gar nicht, daß es mich gab.« »Er berührte mich nie, außer wenn er wütend war.« »Sie erdrückte mich.« »Sie ließ mich nie erwachsen werden.« »Sie machte mich zu ihrem kleinen Liebhaber.« Was braucht ein Sohn von seinem Vater, was von seiner Mutter? Was ist das Wesentliche eines Vaters, und was macht eine Mutter aus?

### Mütter: Ich habe ein Ungeheuer geschaffen!

> Letztlich ist es die Aufgabe der Mutter, den Jungen zu zivilisieren...[2]
>
> *Robert Bly, Eisenhans*

George Gilder, ein Wirtschaftswissenschaftler und freimütiger Autor, der sich zu zahlreichen Themen einschließlich Männern und Familien geäußert hat, schrieb, daß eine für das Fortdauern der Kultur lebensnotwendige Funktion von Frauen die Zivilisierung der Männer sei.[3]

**JEANNE:** Ich muß gestehen, daß ich mich im Umgang mit meinem Mann und meinem Sohn manchmal fühle, als stünde ich vor wilden Tieren, und mich wundere, wie mir die Aufgabe zugefallen ist, sie zu zähmen. Ich nehme an, es liegt in meinen Genen. Wir wissen, daß Frauen seit Jahrhunderten das Herdfeuer gehütet haben – das »Herz«, das Zentrum der Familie, also das Zuhause, von dem aus alle Aktivitäten nach außen hin, in die Welt hinaus strahlen. Wenn wir uns den Einfluß der Biologie auf das Wesen der Frauen ansehen, wie wir die Effekte bei den Männern erforscht haben, sehen wir, warum die Frauen immer die Herdhüterinnen, diejenigen, die sich um das »Herz« kümmerten, gewesen sind. Wenn man den Körper der Frau als Metapher für das Zuhause nimmt, was er ja für den menschlichen Fötus die ersten neun Monate seines Lebens auch ist, stehen der Bauch und das Herz für den Herd, die Quelle des Lebens, Nahrung und Liebe. Die Biologie der Frau bewegt uns in Zyklen, in Verbindung mit den Jahreszeiten der Natur, unseren Familien und dem ganzen Leben. Die sehr eingehende Arbeit Jean Baker Millers zu der neuen Psychologie der Frau zeigt, wie wichtig es für die gesunde Entwicklung der Frauen ist, »in Beziehung zu stehen«.[4] Wir verwenden einen Großteil unserer Aufmerksamkeit und Energie darauf, eine Verbindung zwischen uns und anderen herzustellen. Durch diese Beziehungen und Verbindungen innerhalb einer Familie fangen wir alle zu leben an. Hier lernen wir, egal wie rudimentär die Einsichten sind, was es heißt, ein Mensch zu sein.

Diese Aufgabe der Herdhüterin und Zähmerin von wilden Tieren ist nicht immer einfach. Adrienne Rich stellt in ihrem klassischen Buch *Um die Freiheit schreiben* fest, daß das Bemuttern eines Kindes eine ständige Präsenz mit sich bringt, die mindestens neun Monate, meistens jedoch Jahre dauert. Mutterschaft muß verdient werden, erst durch einen intensiven physischen und psychischen *rite de passage* – die Schwangerschaft und die

Geburt – und dann dadurch, daß das Nähren gelernt wird, was nicht rein instinktiv funktioniert.[5]

> Meine Schwangerschaft war ein Vergnügen – die Aufmerksamkeit, die Vorbereitungen für das Kinderzimmer, die Vorfreude. Dann hielt ich diesen verschrumpelten, roten kleinen Fremdling in meinen Armen und dachte: »Was habe ich getan?«
>
> *Lisa, 26, Mutter von Jason*

> Ich freute mich sehr über meine Schwangerschaft, bis ich erfuhr, daß es ein Junge werden würde. Ich wollte keinen Jungen. Ich wollte mich nicht mit jemandem auseinandersetzen, der so anders sein würde wie ich selbst und meine Tochter. Was stellt man bloß mit jemandem an, der sich immens über Pupse und Rülpser amüsiert und aus allem, was ihm in die Finger gerät, Waffen macht?
>
> *Laura, 37, Mutter von Michael und Elizabeth*

So wie das Bemuttern manchen Frauen leichter fällt als anderen, wissen auch manche ganz instinktiv, was sie mit einem Jungen machen müssen. Für andere Frauen bedeutet die Konfrontation mit dem Tatendrang, der Energie und dem Willen eines Sohnes das gleiche, als müßten sie im Dunkeln ein Puzzle zusammensetzen. Sie spüren von Anfang an, möglicherweise schon in der Schwangerschaft, daß das Baby anders ist als sie selbst. Obwohl es Teil ihres Selbst ist, gehört es doch zu dem »anderen« Geschlecht, ist körperlich anders, hat andere Hormone und wird von einem anderen Entwicklungsplan gelenkt.

**JEANNE:** Als ich schwanger war, fragte ich unsere Hebamme, was sie denn glaubte, ob ich einen Jungen oder ein Mädchen bekommen würde? Sie fragte mich, wie ich mich fühlte, und ich antwortete, daß mir ständig schlecht wäre, daß ich zum ersten Mal in meinem Leben Akne hätte und daß ich mich aufgebläht und müde fühlte. Sofort sagte sie: »Es wird ein Junge!« Natürlich hat mein Sohn nicht mehr diese körperlichen Auswirkungen auf mich, aber manchmal überlege ich mir, ob es Jungen nicht von Anfang an schwerer haben, weil sie sich von ihrer Mutter unterscheiden.

### Mutterliebe

Wenn die Mutter im ersten Lebensjahr eines Jungen die wichtigste Betreuungsperson ist, geht er ganz in der Welt des Weiblichen auf. Mutter ist sein Lebensweg, sein Ausgangspunkt. Nichts bringt ein solches Strahlen in sein Gesicht wie die Stimme der Mutter oder ihr Gesicht, das sich über sein Bettchen beugt. Seine ersten Tönchen sind für sie bestimmt, und seine ersten Versuche, eine Verbindung zu einem anderen Menschen herzustellen, sind darauf ausgerichtet, ihre Aufmerksamkeit zu erregen. Seine ersten Lektionen über Wohlbefinden und Schmerz, Fülle und Verlust stammen von ihr. Er lernt, was Mutter und was nicht Mutter ist. Wenn er Glück hat, bleibt sie ein konstanter Mittelpunkt seines Lebens, von dem aus er sich hinauswagen kann, um seine ständig sich ausweitende Welt zu erforschen, in dem Wissen, daß sie immer da ist, um ihm Beifall oder nach einer zu beängstigenden Begegnung auch Trost zu spenden. Dr. Louise J. Kaplan, deren Buch wir schon in Kapitel 4 erwähnten, beschreibt diese lebenswichtige frühe Beziehung als »elementare Zwiesprache zwischen Mutter und Säugling – jene Zwiesprache, die uns unser Menschsein sichert«.[6]
Die Mutter-Kind-Bindung ist für das Gedeihen eines Jungen

lebenswichtig, aber Dr. Kaplan stellt auch fest: »Die Kräfte der modernen Gesellschaft haben sich verschworen, die elementare Zwiesprache zwischen Mutter und Säugling zu unterbrechen...«[7] Die vielen kulturellen Zwänge, die Müttern von Söhnen auferlegt werden, führen bei den Müttern zu einem anhaltenden Zwiespalt.

**JEANNE:** Sehr oft weiß ich in meinem Herzen, was für meinen Sohn das Beste ist, aber der Arzt, der Lehrer, der Therapeut oder die Familie sagen etwas anderes. Also schließe ich mich ihnen an. Später stellt sich dann heraus, daß ich ursprünglich recht gehabt hätte und meinem Sohn unnötige Probleme verursacht habe, weil ich nicht auf meine innere Stimme hörte und mich für ihn einsetzte.

Als Säugling erbrach sich Alan ständig nach dem Stillen. Er wuchs nicht viel in seinem ersten Lebensjahr, weshalb der Kinderarzt uns zu einem Allergologen überwies. Dieser Arzt bestand darauf, Hauttests zu machen, um eventuelle Allergien herauszufinden. In mir ging eine Warnleuchte an, aber ich dachte mir, der Arzt wüßte es besser, und so ließ ich die Tests durchführen. Sie waren schrecklich. Wir mußten Alan festhalten, während er schrie und sich wand, um den Schmerzen zu entkommen. Danach war er voller Blutergüsse. Die ganze Zeit hatte ich das Gefühl, daß es nicht richtig war, was wir mit ihm anstellten. Später fanden wir einen ausgezeichneten Allergologen, der meinte, er würde wegen des Traumas niemals ein so kleines Kind testen, und außerdem wären die Tests bei sehr kleinen Kindern ohnehin nicht so genau. Er gab uns eine Liste der häufigsten Allergene, die wir aus Alans Speiseplan und seiner Umgebung entfernten; Alan ging es sofort besser, und er fing auch an zu wachsen. Er war ja noch so klein, und ich wußte, daß die Tests das Falsche gewesen waren; aber es war mir nicht gelungen, ihn zu beschützen.

*Jennifer, Mutter von Alan, 6 Jahre alt*

Wir betrügen unsere Söhne auch dadurch, daß wir die Angst unserer Kultur vor der Verweiblichung von Jungen übernehmen. Untersuchungen zeigen, daß Mütter mit ihren männlichen Babys, nachdem sie sechs Monate alt geworden sind, eher weniger schmusen und schäkern als mit ihren weiblichen Babys. Mütter neigen auch dazu, auf das Weinen ihrer Söhne später zu reagieren. Megan Rosenfeld, die für die *Washington Post* schreibt, glaubt, daß wir unbewußt anfangen, Jungen auf Unabhängigkeit zu trainieren, indem wir sie weniger bemuttern.[8] Joy Osofsky, Professorin für Kinderheilkunde und Psychiatrie an der medizinischen Fakultät der Louisiana State University, ist der gleichen Ansicht. »Frauen haben Angst, ein männliches Kind zu lange festzuhalten oder zu fürsorglich zu sein. Sie glauben, daß dies die Jungen zu weiblich machen würde, also neigen sie dazu, sie zu früh und zu entschieden wegzustoßen.«[9] Diese Angst, unsere Söhne zu verhätscheln, führt bei den Müttern, die instinktiv dazu neigen würden, mit ihren Kindern egal welchen Geschlechts zärtlich zu sein, zu großen Konflikten.

Einerseits bringen wir unseren Söhnen unbewußt bei, unabhängig zu sein, indem wir mit Streicheleinheiten und anderem Verhalten, durch das wir sie »verhätscheln« würden, zurückhaltend sind; andererseits erwarten wir aber auch von ihnen, daß sie ihre Zuneigung zeigen, daß sie lernen, ihr Spielzeug zu teilen und mit anderen zusammenzuarbeiten. Dies ist eine Zwickmühle für Jungen, von denen man erwartet, daß sie zu unabhängigen, starken Erwachsenen heranwachsen, die ihre Ehefrauen lieben und zu ihren Kindern zärtlich sind. Der Fehler, den wir dabei machen, besteht darin, daß »unabhängig und stark« bei uns bedeutet, keine Umarmungen, Küsse und andere Zeichen von Zuneigung zu brauchen. Aber Jungen brauchen genausoviel Schmusen und Zärtlichkeit wie Mädchen.

Ergebnisse einer Langzeitstudie, durchgeführt von einer Psychologin an der Harvard-Universität, Carol Franz, und ihren Mitarbeitern, ermuntern Eltern, mit ihren Töchtern und Söhnen gleichermaßen die ganze Kindheit über zu schmusen. Die Studie wurde 1951 an 379 Fünfjährigen begonnen und untersuchte 49 davon 36 Jahre später. Die Kinder, mit denen viel geschmust worden war, die also von mindestens einem Elternteil regelmäßig Zuwendung erfahren hatten, entwickelten ein stärkeres Gefühl innerer Sicherheit. Durch dieses Selbstvertrauen konnten sie engere eheliche Beziehungen und Freundschaften entwickeln; sie waren geistig gesünder und hatten beruflich mehr Erfolg.[10]

Das Testosteron, das durch ihre Körper strömt, schließt bei Jungen nicht Streicheleinheiten aus. Tatsächlich sind viele Jungen genauso zärtlichkeitsbedürftig wie Mädchen. Ihre Bedürftigkeit und ihr Wunsch nach Nähe sind abhängig von Alter und jeweiliger Entwicklungsstufe. Wir lassen unseren Sohn das Signal für körperlichen Kontakt geben. Er ist eigentlich sehr verschmust und schätzt vor allem Rückenmassagen, aber es gibt auch Momente, wo er nicht umarmt werden möchte, wo er unsere volle Aufmerksamkeit und unser Verständnis braucht. Auch dies ist eine Art, ihn unserer Zuneigung zu versichern. Wir vermitteln ihm die Botschaft: »Du bist uns wichtig genug, daß wir deine unterschiedlichen Wünsche und Bedürfnisse respektieren.« Die vorher erwähnte Untersuchung von Franz erinnert uns daran, daß unsere Söhne unsere Zärtlichkeitsbezeugungen nachahmen und das Gelernte in ihr Erwachsenenalter mitnehmen werden. Regelmäßige Berührungen und Umarmungen von beiden Elternteilen können helfen, das wilde Tier Testosteron zu zähmen.

## Mutterschuld und Überkompensation

Wir sind in unserer Gesellschaft so besorgt, daß aus unseren Jungen ja auch »richtige Männer« werden, daß viele Mütter Angst haben, sie zu sehr zu lieben. Dr. Kaplan stellt fest: »Es wäre nicht ohne Ironie, wenn die *Bindung* des Säuglings an die Mutter ausgerechnet zu einem Zeitpunkt, da die Klage über die *Bindungslosigkeit* des Menschen am lautesten ist, durch Scham und Ungeduld der Mutter gelockert würde.«[11]

Dies erlebte auch Joy auf einem Familientreffen, als sie ihren Sohn noch stillte. »Als Todd fast zwei Jahre alt war, kamen Verwandte von auswärts zu einem Sonntagsessen zu uns. Das Haus war voller Freunde und Verwandter; Todd war der jüngste Anwesende. Er spielte fröhlich vor sich hin, kam ab und zu zum Stillen und trabte dann wieder fort, um zu spielen. Die Reaktion der Männer darauf, daß Todd an der Brust trank, war sehr interessant. Sie machten ständig Bemerkungen wie: ›He, Junge, jetzt stehlen wir dich von deiner Mama fort.‹ ›Nun komm schon, Junge, du bist doch schon zu groß zum Nuckeln.‹ ›Komm zu mir, ich zeig' dir, was ein Mann ist.‹ Ich glaube, sie waren alle eifersüchtig darauf, daß Todd an der Brust trinken konnte, wann immer er es brauchte; es schien ihnen nicht wohl zu sein bei dem, was sie dabei fühlten – ob Traurigkeit oder Sehnsucht, ich weiß es nicht.«

Es ist kaum überraschend, daß Mütter frustriert und verwirrt darüber sind, wie sie ihre Söhne erziehen sollen. Der Mutter an allem die Schuld zu geben, weil sie zu vereinnahmend war, ist ebenso zum Volkssport geworden wie alle Schuld den abwesenden Vätern zuzuschieben. Für viele Mütter und Söhne trifft es jedoch teilweise zu, daß die Mutter notwendigerweise überkompensieren mußte – sie mußte *der* Elternteil sein, weil der Vater entweder in der Arbeit oder überhaupt fort war. Viele alleinstehende Mütter haben sich unter diesen Umständen tapfer geschlagen, aber es gelang ihnen nicht, das zur Verfügung zu stellen, was ihre Söhne in einem bestimmten Alter brauchten, weil Mütter einfach lausige Väter abgeben. Wenn Mütter wegen des Fehlens des Vaters überkompensieren müssen, können Söhne nicht mit ihrer innersten Männlichkeit Verbindung aufnehmen.

Marcia, alleinerziehende Mutter von Ben, neun Jahre alt, erkannte, daß sie die Hilfe ihres Bruders brauchte, als Ben noch recht klein war. »Ich hätte es zwar erklären können, warum sich Mädchen aufs Klo setzen und Jungen im Stehen pinkeln, aber es schien mir einfach besser für Ben zu sein, daß ihm dies jemand mit einem Penis erklärte und ihm die Feinheiten des Klogehens beibrachte. Vielleicht ist es albern, aber es scheint dazu beigetragen zu haben, daß Ben sich als Junge gut fühlt. Jetzt kommt es mir so vor, als teilten Ben und sein Onkel ein geheimes Verständnis, als gehörten sie einem Eliteklub an. Es hat Bens Selbstvertrauen immens gestärkt.«

Die Gefahr der Überkompensation liegt nach Dr. Kaplan darin, daß die Mutter ihr Kind tyrannisieren kann, indem sie seinen Geist und seinen Körper besitzt, als wären diese eine Erweiterung ihres Selbst.[12] Eine vereinnahmende Mutter vermittelt die Botschaft: »Man kann dir nicht vertrauen, daß du über deinen Körper und deine Gedanken die Kontrolle hast. Ich werde dies für dich übernehmen.« Selbstvertrauen ist die Grundlage, auf der ein Junge die Fähigkeit entwickelt, ausgeglichene Beziehungen einzugehen. Die Freiheit, sich schmutzig zu machen, sich Risiken auszusetzen, »ein Junge zu sein«, selbst Fehler machen zu können, zu wissen, daß die Mutter immer da ist, um ihm Beifall zu spenden, ermöglichen es einem Sohn, allmählich immer mehr Vertrauen in seine Fähigkeit zu gewinnen, es in der Welt zu schaffen.

### Den Rockzipfel loslassen

Im menschlichen Säugling gibt es zwei gleich starke Kräfte, die Sehnsucht, mit der Mutter zu verschmelzen, die Seligkeit der Einheit zu verspüren, und das Bedürfnis, sich wegzubewegen, ein getrenntes, individuelles Selbst zu entdecken und schließlich zu werden. Darin liegt das menschliche Dilemma: Wie kann man mit anderen eine enge Beziehung eingehen und gleichzeitig sich selbst treu bleiben? Vielleicht ist dies eine der wichtigsten Lektionen, die ein Junge von seiner Mutter lernt. In ihrem aufschlußreichen Buch schreibt Dr. Kaplan, daß ein Baby weiß, wann es anfangen soll, sich loszulösen. Die Mutter braucht nur seiner Vorgabe zu folgen. Die fortschreitende Zwiesprache zwischen Mutter und Säugling verändert sich auch: Anfangs ist sie vorwiegend auf die seligmachende Verschmelzung ausgelegt, allmählich wird die Getrenntheit geschätzt, das heißt, im Dialog wird langsam beiden Möglichkeiten gleichzeitig Raum geboten. »Häufig verstehen Eltern die Schritte, die ein Kind unternimmt, um eine eigenständige Person zu werden, als Zeichen der Ablehnung und als Hinweise auf ihre Unzulänglichkeit und ihr Versagen«, sagt Dr. Kaplan. »Ein großer Teil kindlichen Verhaltens, das elterliche Selbstvorwürfe hervorruft, bedeutet nicht wirkliches Versagen der Eltern, sondern das Bedürfnis des Kindes, sich ein eigenes Identitätsgefühl zu schaffen.«[13]

Im allgemeinen ist Sammy ein gutmütiges, einfaches Kind. Als er mit seinen Wutanfällen anfing, fragte ich mich, was ich falsch machte. Zwei Wochen lang konnte ich ihn um nichts bitten, ohne daß sich daraus ein Kampf entwickelte. Es war schrecklich. Dann war er plötzlich wieder so fröhlich und kooperativ wie früher. Anders war nur, daß er jetzt Menschen und Vögel zeichnete, einen hohen Turm aus seinen Bauklötzen bauen konnte, ohne ihn umzustoßen, und seine Puzzles allein zusammensetzen konnte. Offensichtlich hatte er gegen mich ankämpfen müssen, um auf diese nächste Entwicklungsstufe zu gelangen.

*Jane, Mitglied einer Müttergruppe*

Die Aufgabe der allmählichen Loslösung würde leichter, wenn unsere Söhne sich geradlinig entwickeln würden, wenn es eine klare Progression von einer Entwicklungsstufe zur nächsten geben würde. Aber so, wie der Mensch sich entwickelt, arbeiten unsere Söhne vielleicht sogar an mehreren Stufen gleichzeitig. Dies traf bei Greg zu, als er 14 war, und seine Mutter den Eindruck hatte, als lebten zwei verschiedene Jungen in ihrem Haus. Glenda erinnert sich: »Greg war schon zehn Zentimeter größer als ich und lernte diesen Sommer Auto fahren. Was seine Ausgehzeiten und seine Arbeiten im Haus anbelangte, war er sehr kooperativ. Es war einfach, ihn wie einen Erwachsenen zu behandeln. Manchmal fiel er aber in das Verhalten eines Vierjährigen zurück; er konnte nicht mit seiner Schwester teilen und brauchte meine Aufmerksamkeit und meine Anweisungen bei den einfachsten Sachen, zum Beispiel wenn er eine Dose für das Mittagessen aufmachen sollte; durch die kleinsten Probleme ließ er sich völlig verunsichern. Wenn ich dann seinen Hilferufen nachkam, bekam er Wutanfälle und schrie: ›Behandle mich nicht wie ein Baby!‹ Er machte mich schier verrückt.«

Die männlichen Initiationsriten der früheren Kulturen ließen keine Ungewißheit aufkommen, wann es denn soweit wäre, »den Rockzipfel loszulassen«. Vielleicht war es für die Mütter damals ebenso schwer wie für die modernen Mütter, ihre Söhne ziehen zu lassen, aber sie hatten keine andere Wahl. Wenn bei einem Jungen bestimmte Merkmale auftraten, entführten die Männer ihn mit Hilfe der Mütter. Vielleicht saßen die Mütter danach zusammen, tranken das Äquivalent von Kaffee und unterhielten sich über das Geschehene etwa folgendermaßen: »Hast du den Ausdruck auf Oogs Gesicht gesehen, als sein Vater sich ihn schnappte?« »Ach, mein kleiner Junge. Noch vor kurzem habe ich ihn überall hin getragen!« »Ich hoffe, Joloog springt nicht zu hart mit ihm um.« »Nun, jetzt ist er in den Händen seines Vaters.« »Dieses Jahr haben die Männer sich wirklich selbst übertroffen.« »Ich hoffe, daß wir uns nicht allzusehr gegen sie gewehrt haben.« Auch die modernen Mütter sollten die Väter unterstützen, damit die Söhne sich von den mütterlichen Rockzipfeln lösen können und frei werden, ihren Vätern über die Brücke in die Männlichkeit zu folgen.

Auch wenn wir die alten, strengen Initiationsriten nicht mehr ausüben, gibt es bei unseren Söhnen doch immer noch bestimmte Hinweise, die das Bedürfnis nach einem Übergang signalisieren. Die modernen Mütter müssen die Väter oder andere Männer im Leben ihrer Söhne bestärken und ihnen vertrauen, daß sie die Zügel der Erziehung übernehmen, wenn die Zeit dazu gekommen ist. In den letzten vier Kapiteln dieses Buches werden wir uns eingehend mit der Entwicklung eines Jungen beschäftigen – welches Verhalten Eltern in welchem Alter erwarten können, wie sie damit umgehen sollten und was die Seele eines Jungen von seinen Eltern braucht. Im 10. Kapitel mit der Überschrift »Die Tom-Sawyer-Jahre: Acht bis zwölf« werden wir spezifische Verhaltensweisen beschreiben, die das Bedürfnis nach einem Übergang signalisieren, und diesbezügliche Vorschläge für Väter und Mütter anbieten.

## Die innere Mutter

Wenn wir sagen, daß der Vater die Zügel der Erziehung in die Hand nehmen soll, meinen wir nicht, daß er die Aufgabe der Erziehung völlig an sich reißen soll und die Verbindungen zur Mutter aufgelöst werden sollen. Die Mutter wird immer einen wichtigen Einfluß auf das Leben ihres Jungen haben, aber seine Beziehung zu ihr verändert sich, wenn er älter wird. Er wird anfangen, in seinem äußeren Leben weniger von ihr zu brauchen, und sich mehr an seinem Vater und anderen Männern orientieren, um seine männliche Identität zu entdecken.

Wenn ein Junge sich auf die Suche nach dem Männlichen begibt, nimmt er seine »verinnerlichte Mutter« mit, das heißt seine Kindheitseindrücke und Erfahrungen, wer seine Mutter als »Frau« und als »das Weibliche« ist. Im Prozeß der Zivilisierung eines Jungen, was Robert Bly als eine Aufgabe der Mutter beschreibt, vermittelt sie ihrem Sohn ihre weiblichen Wertvorstellungen indirekt durch ihr Beispiel – so, wie sie in der Welt lebt – und direkt dadurch, wie sie ihren Sohn behandelt und durch die lehrreichen Geschichten, die sie ihm erzählt.

Mütter haben positive und negative Ansätze, ihren Söhnen die kulturellen Werte beizubringen. Manche operieren mit Scham, andere sind freundlich, manche moralisieren, andere halten Vorträge, manche setzen auf Verständnis, andere auf Schuld, manche glauben an körperliche Züchtigungen, andere gehen weg, die einen sind sehr streng, die anderen machen sich lustig, manche sind nur liebevoll, manche vertrauen dem inneren Kind. Die meisten von uns verwenden eine Kombination all dieser

Methoden. Jede davon ruft einen lebenslang anhaltenden Widerhall hervor.

Das eine müssen wir verstehen: Ein Junge lernt alles über die Welt des Weiblichen von seiner Mutter. Unter dem Weiblichen verstehen wir nicht stereotype Vorstellungen wie »weibisch« oder »zimperlich«, »schwach«, »nicht logisch« oder »nicht gut in Mathematik«; das Weibliche steht für uns dafür, die Erde, die Natur, das ganze Leben schlechthin zu respektieren. Ein Junge muß das Weibliche verinnerlichen; dadurch lernt er, die Verbindung zu anderen zu schätzen und sich auf andere zu beziehen. So meistert er seine erste Lektion, seine Gefühle auszudrücken und ihre Höhen und Tiefen zu erforschen. Er beginnt, die Kunst des Liebens zu erlernen, und wie er Zuneigung entgegennehmen kann. Er entwickelt ein Gefühl des Vertrauens in die Welt, in andere und in sich selbst. Er erfährt das Gefühl, gehalten zu werden, und die Seligkeit der Einheit.

Die Verinnerlichung der Beziehung zu seiner Mutter ist entscheidend für die späteren Beziehungen eines Jungen zu Frauen. Wie die meisten Dinge im Leben hat das Weibliche auch eine dunkle, finstere Seite. Ein Klient, nennen wir ihn einmal Kevin, verinnerlichte zum Beispiel ein »verschlingendes Weibliches«, was seine Beziehungen zu Frauen sehr erschwerte. Kevins Mutter hatte versucht, ihm Mutter und Vater zu sein, weil sein Vater gestorben war, als er noch sehr klein war. Sie wollte ihn davor schützen, diesen Verlust zu realisieren, indem sie alles für ihn tat. Kevin zählte auf seine Mutter, wenn es ums Saubermachen und Kochen, aber auch um das Auswählen, das Waschen und das Bügeln seiner Kleidung ging. Schließlich machte sie ihn völlig von sich abhängig, indem sie sämtliche wichtigen Entscheidungen für ihn traf – mit welchen Mädchen er ausgehen sollte, welche Sportarten er betreiben, auf welches College er gehen und welche Abschlüsse er machen sollte. Als

Erwachsener brachte Kevin es auf zahllose Beziehungen zu Frauen und auf zwei gescheiterte Ehen. Er beschwert sich, daß Frauen ihn wie einen kleinen Jungen behandeln, indem sie ihn bemuttern, ihm sagen, daß er es beruflich weiterbringen könnte, seine Kleidung aussuchen und sein Leben organisieren. Die Frauen in seinem Leben fühlen sich zu ihm hingezogen, weil er einfühlsam ist und gut zuhören kann, aber sie beschweren sich, daß er alles stehen- und liegenläßt, daß er keine Entscheidungen fällen kann, keine Freunde hat und offensichtlich in einem Job festsitzt, den er nicht mag; daß er sich nicht auf Beziehungen einlassen kann und erst in letzter Minute an wichtige Dinge denkt, weshalb er zu Terminen, Verabredungen oder einem geselligen Zusammensein meistens zu spät kommt.

Kevins Situation ist unter den heutigen jungen Männern weitverbreitet. Von Autoren wird ein solcher Mann oft als »der ewige Jüngling«, »der fliegende Junge« oder »Peter Pan« bezeichnet. Nach John Lee, Autor von *The Flying Boy: Healing the Wounded Man*, sind Jungen, die sich der Welt der Männer entziehen, nicht in der Lage, Verpflichtungen einzugehen, Jobs zu halten und gute Beziehungen aufrechtzuerhalten. Sie werden zu »fliegenden Jungen«.[14] Die fehlende Verbindung zu ihrer männlichen Identität und die übermäßig starke Abhängigkeit vom Weiblichen, der internalisierten Mutter, führen dazu, daß viele moderne Männer keinen festen Boden unter den Füßen haben. Entweder sie verlieren sich in Beziehungen zu Frauen, oder sie scheuen davor zurück, weil sie erwarten, dort ebenso vereinnahmt zu werden wie früher von ihren Müttern.

> Bis zu einem gewissen Grad sieht es der junge Mann jedesmal als einen Sieg an, wenn er eine Frau verläßt, weil er seiner Mutter entkommen ist.[15]
>
> *Robert Bly*

Kevins Mutter hat vielleicht nur das Beste für ihren Sohn tun wollen; andererseits hat sie ihn vielleicht auch benutzt, um mit der eigenen Trauer über den Verlust ihres Mannes fertig zu werden. Wie dem auch sei, langfristig gesehen führte ihre Überkompensation dazu, daß Kevin kein Identitätsgefühl als Mann entwickeln konnte und seiner Fähigkeit, erfolgreich als eigenständige Person in der Welt dazustehen, wenig Vertrauen schenkte. Am besten ist es für Söhne, wenn ihre Mütter in ihrem Leben da sind, bis sie zeigen, daß sie bereit sind, die Brücke zu überqueren (s. Kapitel 10). Dann muß eine Mutter die Hand ihres Sohnes ergreifen, sie in die Hand seines Vaters oder eines anderen zuverlässigen Mannes legen und einen Schritt zurücktreten.

Unabhängig vom Alter ihres Sohnes wird eine Mutter immer ein wichtiger, notwendiger Stützpunkt für ihn sein; sie sollte noch immer Grenzen setzen, für Gespräche, Problemlösungen, politische Diskussionen und Ratschläge zu seinem Liebesleben dasein; sie sollte ihn noch immer unterstützen und verstehen, wenn das Leben seine Tücken zeigt. Aber weil die Mutter ihre Grenzen kennt, wird der Sohn wissen, wo sie endet und er beginnt. Weil sein Vater Teil seines Erwachsenwerdens war, wird er ein starkes Gefühl seiner selbst als Mann haben, als jemand, der lebensbejahend und lebensspendend ist und weiß, wie er Liebe geben und erhalten kann.

## Väter und Söhne: Eine fremde Sprache

**JEANNE:** Manchmal ist es mir ein Rätsel, wie mein Mann und mein Sohn miteinander kommunizieren. Immer dieses Schubsen, Stoßen und Boxen! Mein Sohn und ich ringen zwar auch miteinander, wir kitzeln uns und spielen Fangen, aber ihr Spiel ist qualitativ anders, als hätten sie eine eigene Sprache aus Grunzen, Pupsen, Rülpsen, Gröhlen, Scheinattacken und bestimmten Griffen. Die maskuline Kraft hat eine Wildheit, die fordert: »Ha! Beachte mich! Das ist real! Das ist wichtig! Ich habe einen positiven, kreativen Zweck!« Allmählich begreife ich, daß mein Sohn und sein Vater auf einer tiefen Ebene miteinander kommunizieren, wenn sie sich gegenseitig anmachen.

Selbst grobe Worte und Drohungen können wie das Geplänkel sein, auf das man sich bei einem geselligen Beisammensein einläßt, um andere Leute kennenzulernen. Jede Familie setzt ihre eigenen Grenzen, was Verhalten und Sprache betrifft, aber Väter und Söhne hauen sich auf die Schultern, hänseln und schmeicheln einander so, wie es für sie am besten ist.
Doch wenn das Hänseln, die groben Griffe verletzend wirken, also Gefühlen wie Zorn oder Ablehnung entstammen, oder es deshalb dazu kommt, weil Vater oder Sohn mit einer wichtigen Wahrheit hinter dem Berg halten, vergiftet dies die Beziehung, vor allem, wenn die vergifteten Pfeile vom Vater kommen.
Als Barry, 14, wieder mit seinem Vater zusammentraf, zerbrach ihre Beziehung fast, bevor sie die Chance bekam, neu zu entstehen. Barry war seiner Familie weggenommen worden, weil seine Mutter und sein Vater gewalttätig waren und er selbst Probleme mit dem Stehlen hatte. Nach einem Jahr guter, wenn auch schwieriger Arbeit an sich selbst bekam Barrys Vater noch einmal eine Chance, mit seinem Sohn zurechtzukommen. Der Vater kontrollierte seinen Zorn inzwischen gut, fing an, Barry angemessene Grenzen zu setzen und konnte ihm wirklich zuhören. Eines Tages kam Barry sehr gekränkt und verärgert in die gemeinsame Gesprächstherapiesitzung. »Ich werde mit Dad nie mehr sprechen«, erklärte er. »Er macht sich

über meine Musik lustig, als sei ich ein Idiot.« Sein Vater erwiderte, daß er doch nur gescherzt hätte und gar nicht gewußt hätte, daß Barry so sauer auf ihn war. »Sieh mal, Dad, ich mag es, wenn wir uns gegenseitig veräppeln«, antwortete Barry. »An sich gehörst du zu den witzigsten Leuten, die ich kenne, aber wie du mich heute lächerlich gemacht hast, hat wirklich weh getan.« Sein Vater sagte: »Es tut mir leid, mein Sohn. Ich gebe mir wirklich große Mühe, nichts falsch zu machen. Ich habe versucht, wegen dieser Musik nicht auf dich wütend zu sein, aber ich war dir gegenüber nicht ehrlich. In Wahrheit hasse ich deine Musik, aber ich liebe dich. Was können wir da tun?« Barry seufzte erleichtert auf. Nun konnte ein Kompromiß getroffen werden. Barry erklärte sich bereit, Kopfhörer zu benutzen und keine Musikvideos zu spielen, wenn sein Vater zu Hause war.

Vielleicht erscheint es widersprüchlich, aber wenn Jungen wissen, woran sie bei ihren Vätern sind, fühlen sie sich stark. Wenn jedoch die Kommunikation durch verletzende Spötteleien oder Lügen»vernebelt« ist, fängt ein Junge an, sich auf eine Position des »Ich bin wohl nichts wert« zurückzuziehen. Väter sind schließlich wie Götter für ihre Söhne. Schon die kleinsten Worte, geringsten Gesten können wie ein Blitz einschlagen. Eine offene, respektvolle Beziehung zwischen Vater und Sohn holt den Vater vom Olymp herab in die Welt der Menschen zurück. Wenn ein Vater zu seinen tieferen Gefühlen und Sorgen für seinen Sohn stehen kann und dabei seine Rolle als Vater nicht aufgibt, erlebt und übernimmt der Sohn eine starke und doch verletzliche Männlichkeit. Die Botschaft für den Sohn lautet: »Du bist es wert, daß man zu dir ehrlich ist.« Er lernt auch aus erster Hand, wie Beziehungen vertieft werden können, wenn man ehrlich zueinander ist und seine Gefühle offen teilt.

## Väter: Wer kommt nach Ödipus?

...Bei der schwarzen Bevölkerung gibt es eine Theorie, daß die Mütter ihre Töchter erziehen und ihre Söhne lieben. Wenn sie ihre Söhne zu sehr lieben, machen sie sie zu Babys. Ein schwarzer Mann muß seinem Sohn beibringen, ein Mann zu sein.[16]

*John Singleton, Filmemacher, Boyz N The Nood*

Einer von Dons Klienten erzählte einen Traum, der ihn seit seiner Jugend verfolgte. »Ich schlafe mit meiner Freundin. Genau auf dem Höhepunkt wird ihr Gesicht zu dem meiner Mutter, und mein Vater unterbricht uns, indem er an die Tür klopft. Ich fühle mich schuldig, beschämt und verängstigt.« Dr. Sigmund Freud, Vater der modernen Psychologie, hätte diesen Traum sehr geschätzt. »Offensichtlich versucht der Sohn, die Mutter vom Vater zu stehlen«, hätte Freud vielleicht gesagt. »Der Sohn haßt seinen Vater so sehr, daß er ihn am liebsten umbringen würde, wie in der Geschichte von Ödipus.« Wir haben alle schon vom Ödipuskomplex gehört, aber nur wenige von uns haben seine bahnbrechenden Implikationen verstanden. Mit dieser Theorie versuchte Freud psychologisch den Übergang des Sohnes aus der Welt der Mutter in die des Vaters zu erklären. Freud hatte recht, als er einen der möglichen Wege beschrieb, auf dem ein Sohn seine Identifikation von der Mutter auf den Vater übertragen kann: Der Sohn möchte die Mutter so sehr für sich alleine haben, daß er bereit ist, Papa zu beseitigen. Wenn ihm klar wird, daß er Mama nicht bekommen kann, verbündet er sich mit Papa, um zu lernen, so zu sein wie er. Dann kann er eines Tages eine andere Person bekommen, die so ist wie Mama.
Freud hatte jedoch nicht recht mit der Annahme, daß diese Ver-

einfachung der einzige Weg ist, auf dem ein Sohn in die Welt des Vaters gelangen kann. Der Jungianer Loren E. Pedersen hinterfragt Freuds lange als richtig angenommene Erklärung des Ödipuskomplexes in seinem Buch über die männliche Entwicklung, *Dark Hearts*. Pedersen interpretiert Freuds Verwendung des Ödipus-Mythos, um den *Untergang der Beziehung* zwischen Vater und Sohn zu beschreiben. Pedersen gibt dem Mythos eine andere Bedeutung. »Freud maß dem negativen Vater zuviel Bedeutung bei«, schreibt er. »Die der Trennung von der Mutter folgende Phase der männlichen Entwicklung hat ein Einrenken der Vater-Sohn-Beziehung zum Ziel. Um seinem Sohn dabei zu helfen, diese Phase erfolgreich zu durchlaufen, muß der Vater seine eigene emotionale Trennung von seiner Mutter bewältigt haben. Er muß auch einen integrierten Teil der Mutter in sich selbst erhalten haben... Wenn dies nicht geschehen ist, wird die Beziehung zu seinem Sohn zweifellos weiterhin vergiftet sein, das heißt, er wird seinen Sohn ein weiteres Mal im Stich lassen.«[17]

Als die Forscherin Shere Hite 7 239 Männer über ihre Beziehungen zu ihren Vätern befragte, sagte so gut wie keiner, daß er mit seinem Vater eine enge Beziehung habe oder gehabt hätte.[18] Von 71 Klienten, die der Psychologe Jack Sternbach untersuchte, wuchsen 23 Prozent ohne Väter auf; 29 Prozent hatten Väter, die sich zu sehr in ihrer Arbeit engagierten und sich zu wenig mit ihren Söhnen abgaben; 15 Prozent hatten Väter, die furchteinflößend, gefährlich und unberechenbar waren; 18 Prozent der Männer hatten Väter, die streng, verurteilend und emotional abwesend waren. Dr. Sternbach stieß nur auf 15 Prozent, die eine befriedigende Vater-Sohn-Beziehung erlebt hatten.[19]

Die meisten Männer sitzen auf der mütterlichen Seite der Brücke fest. Wenn ein Mann auf dieser Entwicklungsstufe verbleibt, fällt es ihm schwer, seinem Sohn beim Übergang behilflich zu sein. Die mangelnde emotionale Anteilnahme an seinem Sohn ist nach Dr. Pedersen der hauptsächliche Verursacher der ödipalen Verletzung.[20] Die Bereitschaft des Sohnes für den Vater stimuliert unbewußt die Trauer des Vaters über die schwache Beziehung zum eigenen Vater, und anstatt diesen Mangel zu betrauern, überdeckt der Vater ihn durch Zorn und eine negative Einstellung seinem Sohn gegenüber. Wenn ein Vater auf die Entwicklung seines Sohnes mit Erbitterung und Kritik reagiert, weil er selbst den Übergang zu einer positiven Identifikation mit seinem Vater nicht geschafft hat, wird der Junge natürlich bei seiner Mutter Trost und Unterstützung suchen. Wenn die psychologische Kraft den Jungen veranlaßt, sich von der Mutter zu lösen, was zwischen sieben und neun Jahren passiert, hat der Vater ein doppelschneidiges Schwert in der Hand. Er selbst muß die Welt der Mutter verlassen, die Brücke zur Welt seines Vaters überqueren und gleichzeitig seinen Sohn hinübertragen. Das ist eine Herkules-Aufgabe, bei der die Unterstützung durch andere Männer erforderlich ist.

> Als ich von der neuen Männerpsychologie erfuhr, fühlte ich mich verzagt und ohne Hoffnung. Ich fürchtete, ich bräuchte Jahre, um stark genug zu werden, meinen Sohn zu erziehen, und er war schon sieben Jahre alt! Aber ich entschloß mich, den ersten Schritt zu tun und viel Zeit mit meinem Sohn zu verbringen. Ich wunderte mich, wie schnell es uns beiden Spaß machte, wirklich zusammen zu sein. Es ist eine Schande, aber früher richtete sich alles, was mit meinem Sohn zu tun hatte, nach den Wünschen seiner Mutter. Ich war eher ihr Assistent als ein Vater; immer versuchte ich, es ihr recht zu machen. Jetzt gehen mein Sohn und ich regelmäßig zusammen zelten.

Ich habe andere Väter und Söhne kennengelernt, die sich uns manchmal anschließen. Die Unterstützung anderer Männer hat mir viel geholfen. Meine Frau und ich sehen beide, wie unser Sohn »aufgeblüht« ist. Viele disziplinäre Probleme haben sich gelegt. Alleine meine Anwesenheit zu Hause verringert die Aggressivität, die er seiner Mutter gegenüber an den Tag legt. Mein Sohn hat keinen erfahrenen Älteren zur Seite, der die Brücke vor vielen Jahren überquert hat. Ich werde noch lange brauchen, um zum »Wilden Mann« zu werden. Ich glaube, wir werden die Brücke als Vater und Sohn soweit wie möglich gemeinsam überqueren müssen.

*Brief eines Vaters,*
*der ein Seminar zur Erziehung von Söhnen besuchte*

Der Haß, die Verwirrung und die Schuldgefühle, die ein Sohn seinem Vater gegenüber empfindet und die ein Vater seinerseits seinem eigenen Vater gegenüber hegt, entspringen eher der emotionalen oder körperlichen Abwesenheit des Vaters als der eigentlichen »Vaterrolle«. Robert Bly behauptet, daß die heutigen Männer »vaterhungrig« seien.[21] Das Fehlen einer starken, fürsorglichen, zuverlässigen Vaterfigur ist die Grundlage für den Ödipus-Mythos. Doch man darf hoffen, daß die Rollen von Vätern und Söhnen neu festgelegt werden. In Zusammenarbeit mit anderen Männern und Frauen schreiben die modernen neuen Väter eine andere Geschichte.

## Väter und Söhne: Versöhnung

… und er sagte mir, es täte ihm leid,
daß es 70 lange Jahre gedauert habe,
bis sein Herz sich öffnen konnte.
Und ich sagte ihm, ich sei ihm dankbar,
daß er 70 lange Jahre darum gekämpft habe.

*Don Elium, aus seinem unveröffentlichten*
*Gedichtband* Working Man, © *1992*

Der Klient mit dem klassischen Traum vom Ödipuskomplex, den wir vorher bereits erwähnt haben, erzählte seinen Traum vielen Freunden, Lehrern und Therapeuten, weil er von ihm verfolgt wurde. Don bot ihm eine von Freud vielleicht leicht abweichende Interpretation an. »Der Vater kommt, um dich in die Welt zu führen, in die du gehörst – seine Welt, die Welt der Männer. Du hast Angst und fühlst dich schuldig, weil du deinen Vater nicht gekannt hast, als du klein warst. Sein plötzliches Auftauchen ist eine Unterbrechung, eine Überraschung. Aber es sollte auch ein Schock sein. Er ist gekommen, um dich in deine Männlichkeit einzuführen.« Die Tatsache, daß dieser Traum seit der Pubertät immer wiederkehrte, zeigt, daß die psychologische Kraft in den Männern ständig tätig ist, ob sie sich dessen bewußt sind oder nicht. Dieser Klient mußte eine psychische Situation, die ihm nicht mehr entsprach – die obsessive Faszination von der Mutter, die zu fruchtlosen, abhängigen Beziehungen mit anderen Frauen führte – verlassen, um zu dem ihm angemessenen geistigen, sinnlichen und seelischen Zustand zu gelangen – der Identifikation mit dem Vater, dem Sich-Selbst-Akzeptieren, Selbstvertrauen und Selbstbewußtsein als lebendiger, lebenspendender Mann.
Der Übergang ist niemals reibungslos und einfach. Der männli-

che Reifeprozeß kann oft langsam, schmerzhaft und ungeordnet verlaufen. Wenn er einsetzt, bedeutet das für jeden Jungen einen heftigen Einschnitt in sein bisheriges Paradies. Die daraus entstehende Suche nach einem neuen psychischen Gleichgewicht nimmt auch dann oft noch viel Zeit in Anspruch, wenn der physische Übergang vom Jungen zum Mann längst abgeschlossen ist. Shepherd Bliss, ein international bekannter Protagonist der Männerbewegung, behauptet sogar , daß viele Männer in unserer Kultur die Brücke zwischen der Welt der Mutter und der des Vaters erst mit etwa 45 Jahren vollständig überqueren.

Viele Väter sind überrascht, wenn die Kraft der Psyche ihre Söhne mit etwa neun Jahren dazu bringt, ihnen ähnlicher zu werden und nach mehr Zeit mit ihnen zu verlangen. Wenn dies eintritt, müssen Väter meist eine Menge nachholen. Es ist selbstverständlich, ja oft geradezu ein Muß, daß Väter sich bei anderen Männern Hilfe holen, um mit ihrem eigenen Vaterverlust zurechtzukommen. Die Zukunft unserer Söhne hängt davon ab, daß wir Väter uns die Zeit nehmen, vertiefte Gespräche mit unseren Freunden, Therapeuten, Priestern, anderen Vätern, Barkeepern, Golfkameraden, Nachbarn und Verwandten zu führen. Wenn Männer mit anderen Männern über die Beziehung zu ihren Vätern reden, öffnet sich eine Tür zwischen ihnen und ihren Söhnen.

Im »Männerforum: Eine Diskussionsgruppe für Männer« sprach ein Mann über ein Erlebnis mit seinem Vater. »Er ist jetzt um die 70. Letzte Woche besuchte ich ihn und fragte ihn, was für eine Beziehung er zu seinem Vater gehabt habe. Mein alter Herr weinte. Ich weinte auch, als er mir erzählte, daß er niemals auf dem Schoß seines Vaters gesessen hatte und sich nicht einmal daran erinnern konnte, jemals von ihm berührt worden zu sein. In meiner Brieftasche habe ich ein Photo von meinem Vater, wie er mich festhält, als ich oben auf einem

Felsen stehe. Ich war damals sieben und wirke sehr glücklich und stolz. Es sieht so aus, als wäre mein Vater ein Gott, der mich zum Himmel emporhebt; er ist so stark und stolz auf seinen Sohn. Und dieser Mann, der mich so gehalten hat, saß niemals auf dem Schoß seines Vaters! In meinen Augen ist er ein richtiger Held, wie er da mit seinem Schmerz kämpfen mußte und mir gleichzeitig ein guter Vater war.

Als ich neun Jahre alt war, begann mein Vater, an mir herumzunörgeln. Ich nenne es den Absturz unserer engen Beziehung. Ich bin noch heute verletzt, wütend und zugleich traurig darüber. Mein Sohn ist acht, und jetzt bin ich an der Reihe, die heroische Tradition fortzusetzen. Ich will da weitermachen, wo mein Dad aufgehört hat, und meinen Sohn weiterführen, trotz meiner Verletzung, Wut und Trauer, oder noch besser, mit Hilfe dieser alten Gefühle. Eben das Vermeiden dieser Gefühle hat meinen Vater und mich getrennt.«

Ein anderer Teilnehmer dieser Gruppe erzählte uns, wie zwischen ihm und seinem Sohn nach zweijährigem Kampf durch eine häßliche Scheidung langsam eine Tür aufging. Beide Elternteile hatten sich gegenseitig bei ihrem Sohn schlechtgemacht. Er blieb während dieser Zeit bei seiner Mutter; der Vater durfte ihn nicht regelmäßig sehen. Als alles anfing, war der Junge zwölf Jahre alt. Er suchte sich woanders seine Vaterfiguren und geriet dabei gleich an William, einen Bodybuilder und Drogenhändler aus dem Viertel. Glücklicherweise nahm ihn ein Onkel an den Wochenenden mit auf sein Boot, und ein Polizist aus der Nachbarschaft interessierte ihn für Ringen.

»Bis zu diesem Zeitpunkt war ich bei der ganzen Sache ziemlich passiv«, gestand der Vater. »Ich wollte das Leben meines Sohnes nicht durcheinanderbringen und hielt mich deshalb im Hintergrund. Dann las ich einen Artikel über die Psychologie der neuen Männerbewegung und merkte, daß meine Distanz zu ihm nicht das war, was mein Sohn jetzt brauchte. Ich werde nie vergessen, wie das war, als ich erfuhr, daß ein Vater sich aufmachen und seinen Sohn holen muß, um ihn in die Erwachsenenwelt der Männer einzuführen. Ich sprach sofort mit einigen anderen Vätern und einem Therapeuten: vor allem aber – das war das wichtigste – machte ich mich auf und traf mich mit meinem Sohn. Wir unternahmen Fahrradtouren aufs Land und fingen an zu reden – auch zu streiten, aber wir ließen es nicht ausufern. Wir blieben uns immer nah. Es war gut. Jetzt läßt ihn meine Exfrau mit mir gehen. Ich nehme an, sie war mit ihrer Weisheit am Ende, was seine üble Art betraf. Sie hatte wohl das Gefühl, daß ich ihn durchaus verdiente! Als ich ihn das erste Mal nach der Scheidung wiedersah, war er 14; er sah ziemlich schlimm aus – er war ziemlich gewachsen und hatte sich seinen Kopf kahl geschoren; er trug Metallketten und hatte ein Messer. Inzwischen ist er ein recht gutaussehender Bursche mit Ohrring und Haltung.«

Vielleicht rettete der Vater mit seiner Hartnäckigkeit seinem Sohn das Leben. Seinem Therapeuten gegenüber äußert sich der Sohn folgendermaßen über seine Erfahrung: »Dad und ich haben jetzt eine Beziehung. Ich werde sie mir von keinem wegnehmen lassen. Keiner hatte kapiert, daß meine ganzen Drogengeschichten und sonstigen Härten damit zu tun hatten, daß ich einen Vater brauchte. Aber ich bleibe trotzdem noch ich selber. Ich werde meine Interessen wahren und mich nicht von ihm überfahren lassen. Wenn es sein muß, werde ich auch wütend, und wir haben beide das Recht auf unsere eigene Meinung. Und ich werde nach wie vor so dickköpfig sein wie mein Dad.« Auf dem Gesicht dieses früher recht furchteinflößenden Jungen breitet sich ein Grinsen aus.

Die Rolle des Vaters hat sich mit jedem neuen kulturellen Zeitalter geändert; erst war er Jäger, dann Familienernährer, dann

Arbeiter. Bestimmte Teile der Männerbewegung fordern, die Praxis der männlichen Initiation müsse neu belebt werden, um eine neue Vater-Sohn-Beziehung für das technologische Zeitalter herzustellen. Interessanterweise verbrachten die Männer in den meisten Jägerkulturen keine Zeit mit ihren Söhnen, bis sie in das Initiationsalter kamen, was gewöhnlich mit der Pubertät zusammenfiel.[22] In den meisten Kulturen kam dem Vater eine externe Rolle zu; er arbeitete außer Haus und kam nur ab und zu bei der Familie vorbei, um nachzusehen, wie es ihr ging.

Dieses Modell des abwesenden Vaters funktioniert jedoch im technologischen Zeitalter nicht mehr. Im Gegensatz zu den alten Initiationskulturen gibt es heute, falls der Vater erst in Erscheinung tritt, wenn der Sohn älter und aufsässig ist, keine verwurzelte Tradition mehr, die Vater und Sohn aneinander bindet. Heute kann der Sohn einfach seine Familie verlassen. Es gibt keine kulturelle Kraft, die ihn zwingt, von seinem Vater zu lernen, wie man ein Mann wird.

> Ich fühle mich betrogen. Ich dachte, wir könnten gute Freunde sein, wenn mein Sohn erst einmal älter wäre. Aber er will nichts mit mir zu tun haben. Ich komme mir ausgetrickst vor.
>
> *Nick, Vater eines 16jährigen Sohns*

Außerdem hat ein Vater, der früher »abwesend« war und nun vom Gericht, der Schule oder einem Sozialarbeiter in den von einem frustrierten Teenager verursachten Familienschlamassel zurückzitiert wird, einen großen Nachteil. Zwischen ihm und seinem Sohn bestehen keine vorher geknüpften Bindungen, auf deren Basis man kommunizieren und die gegenseitigen Positionen verstehen könnte.

Die vom Menschen des technologischen Zeitalters neu ge-

schriebene Geschichte bezieht Väter von Anfang an in das
Leben ihrer Söhne ein. Erziehungsberatungskurse, an denen
früher ausschließlich Mütter teilnahmen, ziehen zunehmend
Väter kleinerer Kinder an.

> Letztes Wochenende kam mein Vater aus Los Angeles zu
> Besuch. Er sah mir beim Spielen mit meinen zwei Jungen,
> zwei und vier Jahre alt, zu. Danach machten wir zu zweit
> einen Spaziergang. Wir haben uns nie sehr viel erzählt,
> aber wir verbringen schweigend Zeit zusammen. Mein
> Vater brach das Schweigen. »Sohn, wie ich dir so beim
> Spielen mit deinen Kindern zugesehen habe – das war
> wirklich lehrreich. Als du noch klein warst, wußte ich nie,
> was ich mit dir anfangen sollte. Deine Mutter war für fast
> alles, was mit Kinderpflege zu tun hatte, zuständig, aber
> ich wußte nicht einmal, wie ich mit dir spielen sollte. Du
> bist für deine beiden Jungen ein großartiger Vater. Ich
> bin froh, daß du das, was ich falsch gemacht habe, besser
> machst.« In mir wurde etwas zurechtgeschoben. Nein,
> Vater mochte mich! Er wußte nur nicht, wie er es mir
> sagen sollte. Jedesmal, wenn er mir seine Gedanken über
> mich erzählt, was er über das Leben denkt und was für
> Gefühle er hat – was nicht sehr oft passiert –, fühle ich mich
> innerlich wachsen. Ein Sohn muß wissen, worüber sein
> Vater nachdenkt, was er fühlt und wie sein Leben wirklich
> ist. Ich habe vor, aus meinem Vater soviel wie möglich her-
> auszuquetschen. Meine Söhne werden mir wahrschein-
> lich einmal sagen müssen, daß ich den Mund halten soll.
>
> *James, Computer-Software-Verkäufer, Silicon Valley, Kalifornien*

Anders als die »externen« Väter in manchen nichtindustriellen
Kulturen muß der »technologische« Vater schon bei der

Geburt seines Sohnes anfangen, eine persönliche innere Bindung zu ihm herzustellen. Die äußeren Bindungen unserer Gesellschaft – die Gesetze und die Gesetzesmaschinerie, das Schulsystem und diverse Notwendigkeiten, zum Beispiel, daß Erwachsene ihren Lebensunterhalt verdienen und für ihre Familie aufkommen müssen – können niemals das Engagement eines Vaters bei seinem Sohn ersetzen. Diese Elemente der kulturellen Kraft sind meistens herzlos und haben nichts mit der Seele eines Jungen, wenn er zum Mann heranwächst, zu tun. Zur Unterstützung auf seiner langen Reise mit vielen Hindernissen braucht ein Sohn unbedingt eine innere Verbindung mit seinem Vater.

### Väter: Ein Weg zurück

Papa, wohin bist du gegangen?
Ich hielt deine Hand,
aber du hast losgelassen.
Mama hat mich an die Hand genommen.
Sie sagte: »Sohn, dein Papa muß arbeiten.«

*Don Elium, aus seinem unveröffentlichten Gedichtband* Working Man, © *1992*

Der Begriff »Firmenvater« ist ein Widerspruch in sich. Wie wichtig die Rolle des Vaters innerhalb der Familie ist, interessiert heute die wenigsten Firmen. »Er ist ein guter Vater, der sich Zeit für seine Familie nimmt« heißt: »Er hat nicht das Zeug, um es in der Firma zu etwas zu bringen.« Der Vater, der bereit ist, sich frei zu nehmen, um mit seinen Kindern zum Kinderarzt zu gehen oder zu einem wichtigen Termin in ihrer Schule zu kommen, setzt dadurch vielleicht sogar seine Familie aufs Spiel, denn an den meisten Arbeitsplätzen wird verlangt, daß zuerst die Arbeit kommt und dann die Familie. Egal, ob Väter in einer großen Firma arbeiten oder nicht, sie sind in unserer Kultur dazu gezwungen, ihre Söhne den »Göttern der Arbeitswelt« zu opfern. Die meisten Väter suchen heute nach einem Weg zurück zu ihren Familien.

> Ich gehe morgens um halb sechs zur Arbeit, damit ich um vier Uhr nachmittags aufhören kann. Mit einer Stunde Fahrtzeit kann ich um fünf zu Hause sein und habe den Abend dann für meine Kinder. Das Problem ist nur, daß ich, wenn ich nach Hause komme, so müde bin und für meine Kinder oder meine Frau – beim Essenmachen oder beim Aufräumen zum Beispiel – kaum mehr zu gebrauchen bin.
>
> *Mitch, erschöpfter Vater von Sara, 3, und Joe, 5*

Selbst Väter, die über ihre Arbeitszeit besser verfügen können, fühlen sich manchmal zeitlich überfordert. Sam, ein Versicherungsmakler und Manager in Charlotte, North Carolina, berichtet, daß das Problem sich nicht nur auf sehr erfolgreiche Chefs beschränkt. »Der Bursche, der vor mir auf diesem Posten saß, stellte überwiegend Verrückte ein. Als ich Manager dieser Filiale wurde, stellte ich vor allem Typen wie mich selbst ein – Leute, die stabil sind, hart arbeiten und langsam, aber stetig immer besser werden. Ich habe auch ein paar Streßtypen, die an einem Tag ganz oben sind und am nächsten wieder ganz unten. Sie bringen zwar Sachen in Gang, aber zu viele von ihnen ruinieren mein Familien- und Berufsleben. Aber selbst mit der Kontrolle, die ich über mein Büro habe, ist es schwierig, für Arbeit und Familie genügend Zeit zu finden. Ich mache meinen Kindern das Frühstück und bringe sie zur Schule. Bevor sie ins Bett gehen und an den meisten Wochenenden bin ich zu Hause, aber mein Sohn bräuchte mich eigentlich mehr. Für mich selbst habe ich überhaupt keine Zeit mehr, und ich bin wirklich sehr erschöpft. Um es in einem Bereich zu etwas zu bringen, muß man offensichtlich in anderen Abstriche machen.«

Das technologische Zeitalter hat seine Söhne dem Geld geopfert. Wir glauben, daß wir 50, 60, ja 80 Stunden pro Woche arbeiten müssen, damit unsere Kinder alle Vorteile haben, die wir ihnen kaufen können. In Wahrheit brauchen unsere Söhne eigentlich nur eines von uns, und das sind wir offensichtlich nicht bereit zu geben: uns selbst und unsere Zeit. Um zu einem gesunden Mann heranzuwachsen, muß ein Junge eine enge Bindung zu seiner Mutter entwickeln, so daß er über sein Menschsein etwas erfährt, und dann muß er von seinem Vater an der Hand genommen werden, um zu entdecken, was es heißt, ein Mann zu sein. Dies erfordert Zeit und auch andere Opfer. Wir müssen bereit sein, das zu geben, was für eine gesunde Erziehung unserer Söhne nötig ist, trotz unserer Angst, dadurch eine erfolgreiche Karriere oder die damit verbundenen materiellen Besitztümer zu opfern.

Offensichtlich müssen wir unseren Lebensstil ändern. Wie schon im 4. Kapitel im Zusammenhang mit den Bedürfnissen eines Säuglings erwähnt, müssen Mütter vielleicht *einen begrenzten Zeitraum* auf ihre Karriere verzichten oder Alternativen zu einer Vollzeitbeschäftigung finden. Väter müssen Wege finden, mehr Zeit für ihre Familien aufzubringen, indem sie die Prioritäten der Arbeitsstruktur verändern. Dieser veränderte Lebensstil kann bedeuten, daß Familien auf das, was unsere Kultur als Zeichen von Erfolg und Macht wertet, verzichten, indem sie weniger Geld für materielle Dinge ausgeben und mehr Zeit zusammen verbringen. Es kann bedeuten, daß wir den Fernseher abschalten. In sinnvollen Opfern liegt eine Lösung für die

Schulprobleme unserer Söhne, für ihre Faulheit zu Hause, ihren Ärger, ihre Promiskuität und ihre Gewalt. Diese Opfer geben unseren Söhnen und unserer Zukunft Leben.

Laß den Haß weichen,
laß das Leben dieses jungen Mannes beginnen.
Ärger und Leid bahnen sich einen Weg.
Das Schwert und das Herz des Kriegers
können nun ruhen,
denn der fehlende Teil
hat die Ordnung wiederhergestellt.

*Don Elium, aus seinem unveröffentlichten
Gedichtband* Working Man, © *1992*

# 6

# Das innere Leitsystem:
# Fühlen und Denken

> Der Schatz, der im Herzen des Kindes verborgen ist, entstammt der gleichen himmlischen Welt, in der die Seele selbst ihren Ursprung hat...[1]
>
> *Daniel Udo De Haes, Anthroposoph und Waldorf-Erzieher*

Der Begriff »Rationales Denken« ist nicht gerade das erste, was uns einfällt, wenn wir uns über Erziehung unterhalten. Um die tägliche chaotische Erfahrung des Elterndaseins zu beschreiben, fallen häufiger Ausdrücke wie »außer Kontrolle«, »zum Aus-der-Haut-Fahren« und »macht mich verrückt«. Wir bemühen uns sehr, unseren Kindern beizubringen, klar zu denken und in ihrem Leben rationale Entscheidungen zu treffen, und fühlen uns doch oft genug selbst nicht dazu in der Lage. Es gibt Tage, an denen man sich vorkommt, als würde man in einer dunklen Nacht durch dicken Londoner Nebel waten. Wie wir unseren Söhnen beibringen sollen, auf ihre Gefühle zu hören, klar zu denken und selbstbestimmt zu handeln, wenn wir selbst verwirrt sind, scheint ein Ding der Unmöglichkeit zu sein.

## Erziehung und klares Denken

**DON:** Eines Tages ging mein Sohn zu weit. Er hatte versprochen, sein Spielzeug ohne Murren aufzuräumen, wenn sein Freund Brandon zum Spielen kommen dürfe. Als es Zeit war, das Spiel zu beenden und aufzuräumen, flippte er aus. Als er mich anschrie, verlor ich die Geduld und sagte: »Jetzt reicht's! Brandon darf nie mehr zum Spielen kommen!« Vorher war mein Sohn wütend auf mich gewesen, jetzt brach er weinend zusammen. Ich stürmte nach draußen, um Brandon heimzubringen. Auf dem Heimweg verrauchte meine Wut, und ich merkte, daß ich etwas sehr Dummes gesagt hatte. Es war lächerlich, ihn nie wieder mit seinem Freund spielen zu lassen, da ich dies ohnehin nicht durchsetzen konnte. Und obendrein hatte die Bestrafung nichts mit dem Fehlverhalten zu tun. Warum bestrafte ich auch Brandon? Ich ging also wieder nach drinnen, setzte mich mit meinem Sohn auf den Schaukelstuhl im Schlafzimmer und sagte: »Ich habe einen Fehler gemacht, als ich sagte, du dürftest nie mehr mit Brandon spielen. Ihr zwei dürft wieder zusammen spielen. Aber jetzt solltest du dich wirklich bei mir dafür entschuldigen, daß du nicht das getan hast, was du mir versprochen hattest. Und dann möchte ich, daß du dein Zimmer aufräumst.« Ich sah es im Gesicht des Fünfjährigen, daß ihm damit eine schwere Last genommen worden war. Er sagte, daß es ihm leid täte, und räumte rasch sein Spielzeug auf. Am nächsten Tag wurde er wegen irgend etwas wütend auf mich und schrie: »Ich hasse dich, Papa!« Wir klärten das Problem, und ein paar Minuten später sagte er: »Papa, ich habe einen Fehler gemacht, als ich gesagt habe, daß ich dich hasse. Ich war nur wütend auf dich. Ich hab' dich wirklich lieb.«

Die meisten von uns denken ziemlich klar, außer sie sind wütend oder traurig. Bei heftigen Gefühlsausbrüchen können wir Dinge sagen, die wir später zutiefst bereuen, und manche sehr dumme Entscheidung treffen. Wir alle standen schon einmal unter dem Einfluß so starker Gefühle, die uns zeitweise unserer Fähigkeit zu denken und rational zu handeln beraubten. Die meisten von uns haben in der Schule logisches Denken gelernt oder sich mit den Gesetzen der Logik befaßt, aber nur wenige von uns wurden in die Gesetze der Gefühle eingeführt.

## Die Gefühlskurve

Gefühle bewegen sich von selbst in eine Richtung: ihrer Erfüllung entgegen. Sie nehmen einen vorhersagbaren Verlauf: Sie bauen sich langsam oder schlagartig auf (s. Abb. 2, A), sie erreichen einen Höhepunkt (B) und lassen dann wieder nach (C). Stellen Sie sich zum Beispiel einmal Wut vor: Wenn das Gefühl voll ausgelebt wurde, geht es uns besser; wir können vielleicht auch vergessen, was wir in der Wut geäußert haben, und klar darüber nachdenken, was als nächstes zu tun ist. Sei das Gefühl nun Glück, Traurigkeit, Freude, Wut oder Trauer, unser Gefühlskörper dehnt sich entsprechend der *Gefühlskurve* aus und zieht sich auch wieder zusammen.

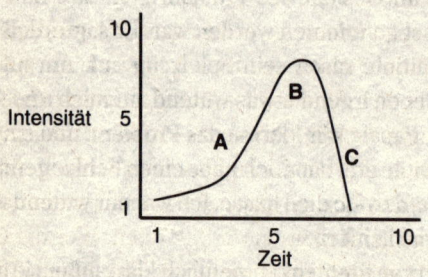

**Abbildung 2: Die Gefühlskurve**

Ich war gemein zu meiner Frau, bevor ich heute morgen aus dem Haus ging. Ich war wütend auf sie wegen etwas, woran sie eigentlich gar keine Schuld hatte, aber sie bot sich als Sündenbock an. Den Großteil des Vormittags verbrachte ich damit, sie in Gedanken zu kritisieren und zum »Bösewicht« zu machen. Nach dem Mittagessen saß ich an meinem Schreibtisch, und all die Gedanken, in denen ich sie beschuldigt, an ihr herumgenörgelt und auf sie wütend gewesen war, waren weg. Es tat mir leid, daß ich sie angeschrien hatte; deshalb rief ich sie an und entschuldigte mich bei ihr.

*Bob, Opfer der Gefühlskurve*

Ob es uns paßt oder nicht, ein Gefühl nimmt seinen Lauf. Manchmal braucht ein Gefühl Stunden oder Tage, bis es seine verschiedenen Phasen durchlaufen hat. Trotz unserer Bemühungen, unsere Gefühle zu kontrollieren, folgen sie einem vorhersagbaren Verlauf, aber keinem vorhersagbaren Zeitplan.

## »Point of No Return« und »Non-Thinking Zone«

Als unser Sohn drei Jahre alt war, entdeckte er den Verschluß an der Rasierschaumdose. Zu seiner großen Freude bildeten sich aus dem weißen Schaum große »Schneehügel« auf dem Badezimmerfußboden. Als wir ihn entdeckten, versuchte er verzweifelt, das Zeug zurück in die Dose zu stopfen. Schaumbedeckt und verwirrt sah er uns an. Es funktionierte einfach nicht. Mit Gefühlen verhält es sich genauso: Wenn sie erst einmal aufwallen, kann man sie nicht mehr zurückdrängen. Wer die Gesetze der Gefühle nicht versteht, wird wie unser Sohn enden – das Problem, das es schließlich zu bereinigen gilt, ist wesentlich größer als das ursprüngliche. Die kleinen Irritationen, die uns manchmal wie Stechmücken den ganzen Tag lang plagen, können wir zwar ignorieren, aber wenn sich ein Gefühl erst einmal bis zu einer gewissen Stärke aufgebaut hat, muß es die gesamte Gefühlskurve durchlaufen. Es läßt sich nicht »in die Dose zurückstopfen« oder in seiner Intensität abschwächen. Die Intensitätsschwelle wird *Point of no return* – Punkt, von dem aus es kein Zurück mehr gibt – genannt (s. Abb. 3, D). Jeder hat eine eigene, ganz individuelle Intensitätsschwelle, in der sich Temperamentsunterschiede, Familienwerte bezüglich der Art, Gefühle auszudrücken, persönliche Erfahrungen und ähnliches widerspiegeln. Aber wenn die Intensität eines Gefühls einmal diesen Punkt erreicht hat, muß das Gefühl seinen vollen Verlauf nehmen, indem es sich zu einem Höhepunkt aufbaut und dann wieder abnimmt.

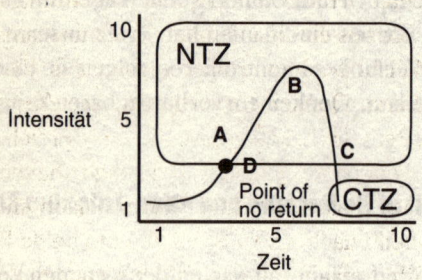

**Abbildung 3: Die Gefühlskurve**

Wenn wir einmal den *Point of no return* hinter uns gelassen haben, gelangen wir in den gefürchteten Bereich, in dem das Denken ausgeschaltet ist, in die *Non-thinking zone* (NTZ in Abb. 3). Dieser Bereich ist der eigentliche Gefühlsbereich. Hier will das Gefühl von uns beachtet werden, und jegliches Denken, alle Logik weichen in den Hintergrund unseres Verstandes. Dieser Zustand wird fälschlicherweise auch als »irrational« bezeichnet; eigentlich ist man hier »a-rational«, man befindet sich außerhalb der Logik. Hier zählt nur das Gefühl. Diskussionen, Probleme zu durchdenken, Dinge festzustellen oder herauszufinden – dies alles ist hier nicht angesagt. Es geht nur um das Fühlen. In solchen Momenten klagen Ehefrauen gewöhnlich, daß ihre Männer nicht auf ihre Gefühle hören; sie versuchen nur, Dinge zu richten. Jetzt ist die Zeit zu weinen, zu lachen, wütend zu sein, sich zu freuen. In eben diesem Bereich, in dem das Denken ausgeschaltet ist, fühlen wir uns am lebendigsten.

Nachdem ein Gefühl seinen Höhepunkt erreicht hat, läßt die Intensität natürlicherweise nach, das Gefühl beendet seinen Zyklus, und wir können wieder klar denken. Der Bereich des klaren Denkens – die *Clear-thinking zone* (CTZ in Abb. 2) – ist die Quelle intensiver Erkenntnisse, denn hier stehen wir seelenvollen Sehnsüchten, Träumen und Einsichten am nächsten. Eine Erkenntnis, die aus einem gefühlten Erlebnis stammt, wird zu »gelebter Weisheit«. Intellektuelle Ideen aus Büchern oder anderen äußeren Quellen haben kaum eine Auswirkung auf unser Verhalten; die Erkenntnisse, die im Bereich des klaren Denkens gewonnen werden, führen zu lang anhaltenden Veränderungen. Viele Paare berichten, daß sie nach einem »guten Streit«, das heißt nach einem Streit, in dem beide Partner ihre wahren Gefühle geäußert und sich von dem anderen auch verstanden gefühlt haben, Nähe und Intimität erlebten.

## Der entscheidende Unterschied zwischen Gefühl und Verhalten

»Wollen Sie damit sagen«, fragte ein Vater auf einem Workshop über Erziehung, »daß ich meinen Sohn schreien, toben und mit Dingen werfen lassen soll, damit er klar denken kann? Entschuldigen Sie, aber das ist doch lächerlich!« Das ist wirklich lächerlich. Entscheidend ist, daß Gefühl und Verhalten zwei getrennte Phänomene sind, die wir verwechseln, weil wir sie miteinander verbinden.

In unserer Kultur fürchten sich viele Menschen vor Wut, weil sie als Kinder erlebten, wie gewalttätig wütende Leute wurden. Demzufolge stellen sie sich als Erwachsene, wenn sie das Wort Wut hören, jemanden vor, der um sich schlägt, mit Dingen wirft oder Sachen zerbricht. Tatsächlich kann Wut jedoch voll gefühlt werden, ohne daß irgendeine Bewegung stattfindet. Gewaltsame Handlungen brauchen nicht Ausdruck von Wut zu sein, sondern sind oft vielmehr ein Ausdruck des Widerstands dagegen, Wut zu fühlen. Gewöhnlich widerstehen wir dem Gefühl der Wut, weil wir Angst vor der Intensität des Gefühls haben oder davor, daß wir jemanden verletzen könnten.

> Ich besuchte einen dieser Kurse, in denen man Wut rauslassen soll; es gab einen schalldichten Raum, in dem man schreien konnte, ohne daß es jemand hörte. Ich ging mit dem Kursleiter hinein, legte mich auf eine Matte und schrie, bis ich heiser war. Als ich meine Augen wieder aufmachte, war ich völlig erledigt. Mein erster Gedanke war ein Erstaunen darüber, daß der Kursleiter noch am Leben war. Meine Wut hatte ihn nicht umgebracht! Jetzt weiß ich, daß nur mein Verhalten jemanden verletzen kann. Meinen Ärger, meine Wut oder sonst ein Gefühl zu spüren kann mich nur stärker machen, auch wenn es sich nicht besonders gut anfühlt. Ich habe fast mein ganzes Leben lang damit zugebracht, meine Gefühle zu unterdrücken, aus Angst, jemanden zu verletzen. Welche Erleichterung!
>
> *Chet, 45, Teilnehmer an einem Männerworkshop*

## Gewohnheiten und ungeäußerte Gefühle

Niemand kann ein Gefühl kontrollieren, aber die meisten Menschen können lernen, ihr Verhalten zu kontrollieren. Zweijährige greifen instinktiv nach einem Spielzeug und schubsen ein anderes Kind, bevor sie richtig merken, was sie tun. Wenn sie älter werden, lernen sie, daß Hauen weh tut, und wir bringen ihnen bei, andere Verhaltensweisen zu finden, um Probleme zu lösen. Ihre Gefühle sind wahrscheinlich unverändert; sie werden noch immer Wut verspüren, wenn jemand ihnen ein Spielzeug wegnimmt, aber sie haben mehr Kontrolle über ihr eigentliches Verhalten. Das instinktive Verhalten eines Zweijährigen, zu hauen, verwandelt sich in das reifere, bewußtere Verhalten, nämlich sich um andere Lösungswege zu bemühen.

Verhaltensweisen, die unreif oder unbewußt bleiben, werden Angewohnheiten genannt. Gewöhnlich teilen wir sie in »gut« oder »schlecht« ein, je nachdem, wie gut sie in unser Leben passen. Wenn wir auf einer Schnellstraße fahren, blicken wir regelmäßig, jedoch unbewußt in den Rückspiegel, um den Verkehrsfluß zu beobachten. Wir treten automatisch auf die Bremse, wenn wir die Bremsleuchten des Wagens vor uns aufblinken sehen. Diese Angewohnheiten helfen uns, sicher zu fahren. Andererseits kaut Michael seine Fingernägel vollständig ab, wenn er nervös ist; Jordan »explodiert« und schlägt auf jeden ein, der ihm in die Finger gerät, wenn er wütend ist. Diese Angewohnheiten sind unreife Verhaltensweisen, die denjenigen, die sie zeigen, Probleme machen können. Wir machen unseren Söhnen ein großes Geschenk, wenn wir ihnen helfen, zu lernen, ihre Gefühle zuzulassen und ihr Verhalten bewußt zu kontrollieren, und zwar mit einer ihrem jeweiligen Alter entsprechenden Reife. Es hilft ihnen – und uns –, die Gesetzmäßigkeiten der Gefühle zu verstehen, vor allem, wenn in der Pubertät der Testosteronspiegel anzusteigen beginnt.

## Wenn Gefühlsäußerungen bedrohlich werden

Mein Sohn ist gerade 16 Jahre alt geworden und kämpft mit einer Menge schwieriger Gefühle. Einmal mußte ich schnell wohin, und ich sagte ihm, daß er das Auto nicht haben könne. Er wurde so wütend, daß er mir Obszönitäten an den Kopf warf. Ich war schockiert und verletzt. Ich bekam sogar Angst, als er schrie und mit seiner Faust vor meinem Gesicht herumfuchtelte. Ich dachte, daß er mich vielleicht angreifen würde. So etwas war uns noch nie passiert. Ich sagte ihm: »Das ist nicht in Ordnung. Du bleibst hier, und wir reden später noch darüber!« Ich ging weg; ich mußte einfach weg. Als ich wieder zurückkam, sagte ich ihm: »Du kannst ruhig wütend sein und mir das auch sagen, aber du wirst nie wieder deine Faust vor mir schwingen oder mich bedrohen! Basta!« Ich erteilte ihm eine Woche Hausarrest und sagte ihm, daß er sich eine andere Bleibe suchen müßte, wenn er nicht mit mir reden könnte, ohne mir zu drohen. Ich sagte das wirklich nicht gerne, aber ich wußte nicht, was ich sonst hätte tun sollen. Später entschuldigte er sich bei mir, und wir führten ein gutes Gespräch über den Unterschied zwischen Gefühlsäußerungen und Drohgebärden. Wir sprachen auch über das, worüber er sich eigentlich geärgert hatte, ein Problem mit seiner Freundin.

*Julie, alleinerziehende Mutter zweier Jungen im Teenageralter*

Diese alleinerziehende Mutter spricht eine der schwierigsten Situationen an, vor der alleinerziehende Mütter männlicher Heranwachsender stehen. Der Sohn merkt nicht, daß sein Körper auf die Macht des Testosterons anspricht, und daß er, obwohl er seine Mutter liebt und sich ihr verbunden fühlt, sich so verhält, daß sie, andere Frauen und sogar Männer sich bedroht fühlen. Vielleicht tun Jungen sich leichter, ihre Gefühle ihren Müttern gegenüber auszudrücken, aber eine Mutter muß das Kommando übernehmen und feste Grenzen bezüglich des ihr gegenüber erlaubten Verhaltens setzen.

**DON:** Oft sehe ich Jungen und Väter, die schockiert sind, wenn sie erfahren, daß sie vielen Frauen in ihrem Leben Angst einjagen, sobald sie ihre Gefühle äußern. »Ich dachte, ich würde es richtig machen«, sagte ein Ehemann. »Ich sagte ihr, daß ich äußerst wütend auf sie sei. Sie sagte mir, daß ich nie wieder in dieser Weise mit ihr sprechen solle. Daraufhin wurde ich noch wütender. Früher, als ich nichts sagte, ärgerte sie sich, daß ich nicht mit ihr sprach. Jetzt teile ich ihr mit, was ich fühle, und sie wird zornig!« Er merkte jedoch nicht, daß die Art, wie er seiner Wut Ausdruck verlieh, seiner Frau angst machte.

»Die männliche Kraft an sich ist furchterregend«, stellt die Gesprächstherapeutin Ann Sheridan fest. »Manchmal ist es gleichgültig, ob dahinter gute Absichten stecken. Die männliche Energie kann Frauen erschrecken.«[2] Die meisten Männer schlagen ihre Frauen nicht, wenn sie wütend sind, aber manche tun es doch. Wenn eine Frau einen Mann sagen hört, daß er sie nie schlagen würde, ist das so, als hörte sie den Betreiber einer Achterbahn sagen, daß diese fast nie entgleist! Überall, wohin wir nur blicken, werden von Männern verübte Gewalttaten stillschweigend geduldet – im Film, im Fernsehen, auf den Straßen, manchmal in unseren eigenen Familien. Wenn Jungen lernen, daß sie ihre Gefühle zulassen und gleichzeitig ihr Verhalten kontrollieren können, werden sie ruhiger. Für Eltern wie Söhne ist es wichtig, zu lernen, den Bereich, in dem das Denken ausgeschaltet ist, sicher zu durchqueren und die Vorteile des klaren Denkens zu nutzen.

## **Die Gesetze der Gefühle**

1. Gefühle nehmen einen bestimmten Verlauf, sie folgen der *Gefühlskurve*.
2. Hinter dem *Point of no return* geraten Gefühle in die *Non-thinking zone*.
   *Warnung:*
   Versuchen Sie nicht, rational zu denken oder Probleme zu lösen, solange Sie sich in diesem Bereich befinden. Sie sollten nichts tun, außer zu fühlen.
3. Gefühle steigern sich bis zu ihrem Höhepunkt; danach lassen sie wieder nach und lösen sich schließlich in der *Clear-thinking zone*, dem Bereich des klares Denkens, wieder auf.
4. Die *Clear-thinking zone* bietet Zugang zu klaren Erkenntnissen und zu Lösungen der Probleme, die den jeweiligen Gefühlen zugrunde lagen.
5. Wenn man ein Gefühl unterbricht, indem man versucht, sich abzulenken oder Angst oder Schuld als Taktik einzusetzen, führt dies zu emotionalen und körperlichen Problemen (s. nächsten Abschnitt).
6. Gefühle sind eine innere Aktivität, die keine äußerliche Bewegung erfordert.
7. Verhalten steht in keiner direkten Verbindung zu einem Gefühl. Verhaltensweisen werden entweder bewußt oder unbewußt gewählt. Ein unbewußtes Verhalten wird Angewohnheit genannt.
8. Jede Verhaltensweise, die in dem Bereich, in dem das Denken ausgeschaltet ist, auftaucht, basiert auf Angewöhnung.
9. Im Bereich des klaren Denkens gewählte Verhaltensweisen und Entscheidungen führen zu positiven Auflösungen von Gefühlen und einer Bereitschaft zur Zusammenarbeit.

## Vertrauen Sie dem inneren Leitsystem

**DON:** Als ich sechs Jahre alt war, spielten mein älterer Cousin Randy und ich auf einer naheliegenden Weide Cowboy. Wir trieben die Kühe zusammen, wie wir es von unseren Fernsehhelden kannten. Mit unseren Spielzeuggewehren waren wir sehr ernsthafte Cowboys. Eines Tages sahen wir etwas Merkwürdiges. Mein Onkel hatte um ein paar Schweine mitten auf der Kuhweide einen Zaun gespannt, der aus nur einem Draht bestand. Mein Cousin sagte: »Faß den Draht mal an!« Natürlich faßte ich ihn an, und der Elektroschock brannte eine Spur in meine Handfläche. Ich weinte fürchterlich und rannte nach Hause, um mich verbinden zu lassen und von meinem schmerzhaften Erlebnis zu berichten. Am nächsten Tag war ich wieder mit Randy auf der Weide. Diesmal war ich sehr vorsichtig, als ich mich dem Schweinezaun näherte. Randy sagte: »Wetten, daß du diesen Draht nicht mehr anfaßt?« Ich war einmal auf ihn hereingefallen, das war genug. Als ich den Kopf schüttelte, faßte Randy den Draht an und hielt ihn fest. Kein Elektroschock! Er erklärte mir, daß sein Onkel nur am ersten Tag den Strom eingeschaltet hatte, um den Schweinen beizubringen, wo sie bleiben sollten. Wann immer sie mit ihren Schnauzen oder ihren Hinterteilen an den Zaun gerieten, rannten sie quiekend davon. Heute hatte er den Strom wieder abgestellt, und die Schweine hielten sich noch immer von dem Zaun fern. Später entfernte er den Zaun dann komplett. Allein die Erinnerung an die Schmerzen hielt die Schweine an ihrem Platz. Das gleiche Prinzip gilt auch für Verhalten; es bildet den Kern der Verhaltensmodifikation.

Kinder werden mit einer ähnlichen Technik auf einer inneren Ebene in Zaum gehalten. In jedem von uns befindet sich ein kleiner Kasten, um den ein elektrischer Draht gespannt ist. In dem

Kasten befinden sich alle Gefühle, die wir als Kinder fühlen und ausdrücken durften. Außerhalb des Kastens befinden sich die Gefühle, die in unseren Familien nicht zugelassen waren, weil man sich vor ihnen fürchtete oder sich mit ihnen nicht wohl fühlte. Wenn wir die unerlaubten Gefühle – zum Beispiel Wut – ausdrückten, wurden wir durch Kritik, Drohungen, Bestrafung oder Verachtung »gebrannt«. Schließlich führte die Erinnerung an diese Erfahrungen dazu, daß wir unsere Wut leugneten. Der Schmerz, »gebrannt« worden zu sein, ließ uns nicht aus der Reihe tanzen, beeinträchtigte aber auch unsere Fähigkeit, die volle Bandbreite unserer Gefühle auszudrücken.

Wenn ein Elternteil versucht, die Gefühle eines Kindes zu formen, indem er es jedesmal, wenn es ein unerlaubtes Gefühl ausdrückt, bestraft, verliert das Kind einen lebenswichtigen Teil seines Selbst. Diesen lebenswichtigen Teil nennen wir *inneres Leitsystem*; ihm entspringt die Information, die uns sagt, wer wir in Beziehung zur Welt sind. Diese Quelle der Weisheit steuert unser Leben in jedem Lebensalter.

Wie das innere Leitsystem funktioniert, läßt sich leicht bei unseren kleinen Söhnen beobachten. Wenn ein Baby Hunger verspürt, weint es. Wenn es friert oder naß ist, beschwert es sich. Wenn es sich einsam fühlt oder beachtet werden möchte, rühren seine Schreie selbst an das kälteste Herz. Wenn es gesättigt, warm, trocken und unterhalten ist, lächelt es und freut sich an der Welt. Die Botschaften des inneren Leitsystems eines Babys sind einfach, laut und klar.

Wenn ein Junge älter wird, kann es passieren, daß seine Erfahrungen die Botschaften, die er hört, vernebeln – Botschaften, die er braucht, um die Gefühle zu verstehen, die er hat, wenn etwas in seiner Nähe oder ihm selbst passiert. Wenn er hinfällt und sich das Knie aufschrammt, sagt die Mutter: »Weine nicht, dir ist ja nichts passiert.« Zuerst ist er verwirrt. »Mein Knie tut weh«, denkt er. Dann sieht er, daß seine Mutter möchte, daß er lächelt, nicht weint und so tut, als sei er nicht verletzt. Um seiner Mutter eine Freude zu machen, steht er auf, lächelt und rennt zum Spielen weg, wobei er den Schmerz in seinem Knie ignoriert. Immer wieder stellt der kleine Junge fest, daß Leute sich freuen, wenn er glücklich ist und Schmerzen ignoriert. Indem er sich selbst überredet, daß es ihm eigentlich gut geht, daß ihm nichts weh tut, wird sein inneres Leitsystem immer trüber.

Eben dies ist Norman, einem offensichtlich sehr netten und kooperativen Menschen passiert. In der Arbeit und zu Hause tut er alles für andere, aber er hält nicht sehr viel von sich selbst. In seiner Arbeit kommt er nicht voran, und unter der Oberfläche seiner Nettigkeit ist er oft deprimiert. Seine Frau schätzt seine Hilfsbereitschaft, aber sie beschwert sich, daß er nicht so recht bei der Sache ist. Seine Kinder wundern sich, warum er manchmal so traurig wirkt.

Als Norman noch klein war, wurden er und seine zwei Brüder von seinen Eltern immer dann bestraft, wenn sie Wut zeigten oder anderer Meinung waren, selbst wenn sie nur ihre eigene Ansicht äußerten. Er entdeckte, daß er von seinen Eltern weniger verletzt und beschämt wurde, wenn er ja sagte, auch wenn er nein fühlte. Als Erwachsener wirkt Norman glücklich, aber er trägt eine stille Depression und auch eine Ablehnung anderer mit sich herum. Anstatt seine Gefühle der Wut als Anzeichen, daß etwas nicht stimmt, zu nehmen, wird er wie in seiner Jugend nachgiebig und einnehmend. Je wütender er wird, desto mehr versucht er, anderen zu gefallen. Auch wenn seine Eltern nicht mehr in der Nähe sind, kontrolliert die Erinnnerung an die in der Kindheit erlittenen Schmerzen jetzt sein Verhalten als Erwachsener. Da er sich kein wirksames inneres Leitsystem zulegen konnte, kann Norman auch mit wütenden Gefühlen anderer nicht umgehen, weshalb seiner Frau schwierige elterliche Entscheidungen wie das Setzen von Grenzen und das Formen des Verhaltens ihrer Kinder überlassen sind. Das *Gefühlskästchen* von Norman sieht etwa so aus:

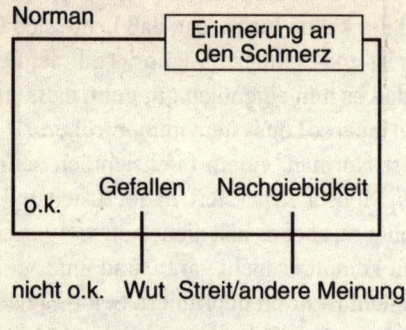

**Abbildung 4**

Obwohl Normans Bestrebungen, zu gefallen, und seine Nachgiebigkeit ihm zu Hause wie in der Arbeit Probleme verursachten, handelte es sich zumindest um sozial akzeptierte Verhaltensweisen. Der 15 Jahre alte Jack hatte anders auf die barsche Kritik und den Sarkasmus seiner Mutter reagiert. Wann immer er zu nahe an den Punkt kam, an dem er etwas hätte fühlen müssen, zog Jack es vor, herumzukaspern. Er wurde zum Klassenclown, und es war unmöglich, ein ernstes Gespräch mit ihm zu führen. In der Schule wie auch zu Hause störte er meistens. Jacks Vater brachte ihn in die Gesprächstherapie, weil er fürchtete, der Junge wäre »verrückt«. Der Junge sagte: »Ich bin nicht verrückt, ich hasse es nur, angegriffen zu werden.« Als Jack das Bild mit dem Gefühlskästchen verstand, konnte er klar erkennen, wem er seine Gefühle ohne negative Folgen mitteilen konnte; daraufhin gab er sein Herumkaspern auf.

Manche Menschen benutzen bestimmte Verhaltensweisen, um

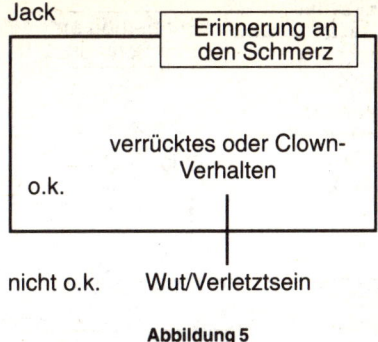

**Abbildung 5**

damit ihre Gefühle zu verbergen, andere ersetzen ein Gefühl durch ein anderes, weil ihr eigentliches Gefühl nicht zulässig ist. Am häufigsten passiert es, daß man Wut fühlt, es aber Traurigkeit nennt.

**DON:** Elizabeth kam seit sechs Monaten zur Therapie. Sie wirkte zerbrechlich und leicht aus der Fassung zu bringen. An diesem Tag sagte sie, sie sei traurig, weil ihr Sohn eine Regel des Hauses mißachtete und oft die ganze Nacht nicht nach Hause kam. Wann immer er nach Hause kam, bat er sie um Geld, weil er keines mehr hatte. Ich wies auf die Unstimmigkeit zwischen dem Verhalten ihres Sohnes und ihrer »traurigen« Reaktion hin. »Ich glaube nicht, daß Sie traurig sind. Ich glaube vielmehr, daß Sie wütend sind.« Ihr schockierter Gesichtsausdruck sagte mir, daß ich ihr wahres Gefühl beim Namen genannt hatte. Sie sagte: »Ich habe schon mit vielen Leuten darüber gesprochen, aber Sie sind der erste, der den Nagel auf den Kopf trifft. Ja, ich bin wütend! Was er sich nur einbildet!« Jetzt hatte das innere Leitsystem funktioniert. Elizabeths Gefühlskästchen hatte so ausgesehen:

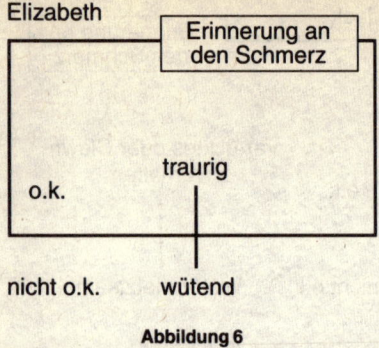

**Abbildung 6**

Elizabeth mußte bei ihrem Sohn hart durchgreifen, aber ihre Traurigkeit hatte ein Handeln vereitelt. Sie hatte nicht einmal gewußt, daß sie hätte handeln sollen. Wenn Elizabeth als Kind wütend geworden war, hatte ihre Mutter immer geweint – Wut hatte bei ihr Panik ausgelöst. Wenn Elizabeth sich jedoch traurig gefühlt hatte, war sich ihre Mutter wichtig vorgekommen, weil sie sie gut trösten konnte. Um sich gegen die Panik ihrer Mutter zu schützen, lernte Elizabeth, sich traurig anstatt wütend zu fühlen. Diese Reaktion brachte sie jedoch immer wieder in Situationen, in denen sie von anderen ausgenutzt wurde. Ihr zerbrechliches Äußeres war Teil der Maskierung ihrer Wut und Ablehnung, welche sie dazu gebracht hatte, ihr ganzes Leben lang in der Rolle des Opfers zu verharren.

**DON:** In unserer Kultur wird akzeptiert, wenn Männer Gefühle der Wut oder sexuelle Gefühle ausdrücken; andere Gefühle sind jedoch kaum zugelassen. Dies traf auch bei Stan zu, der fast 2 Meter groß war, und mit seiner Frau, die etwa 1,60 groß war, zur Therapie gekommen war. Sie saßen auf einer Couch nebeneinander. Sie beschwerte sich, daß Stan zuviel an ihr herumkritisierte und sich immerzu über etwas ärgerte. Als Stan seine Sichtweise ihres Eheproblems darlegte, sprach er sehr laut und schwang mit weit ausholenden Bewegungen seine Arme hin und her. Seine Frau, die daran gewöhnt zu sein schien, duckte sich jedesmal, wenn ein Arm knapp über ihrem Kopf hinwegfuhr. Es wirkte ziemlich komisch, fast wie ein Tanz.

Als Stan fertig war, sagte ich: »Sie sind ein starker Mann!« Er blickte mich überrascht an. »Ich fühle mich nicht so. In mir drinnen fühle ich mich sehr klein.« Im darauffolgenden Gespräch kam heraus, daß Stan das jüngste von fünf Kindern gewesen war. Immer, wenn er ein Zeichen persönlicher Initiative oder Stärke zeigte, wurde das von seinen Eltern heruntergemacht, weil sie ein solches Verhalten als Ungehorsam betrachteten. Seine Familie benutzte die Wut, um miteinander zu kommunizieren, und er übernahm dieses Muster. Wenn er eine persönliche Meinung hat, muß er wütend werden, um sie auszudrücken. Stans Gefühlskästchen sieht folgendermaßen aus:

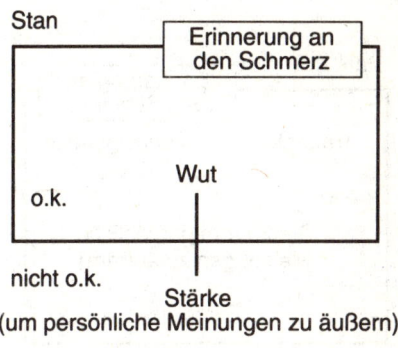

**Abbildung 7**

**DON:** Als Stan merkte, daß seine Wut mit seinen festen Überzeugungen in Zusammenhang stand, konnte er an die tiefe Traurigkeit und Depression rühren, die er unter der Wut fühlte. In seiner Kindheit hatte Prokrustes ihn seiner angenehmen, weichen, verletzlichen Gefühle beraubt und ihn zu einem »Pulverfaß« gemacht, das jederzeit explodieren konnte. In Einzelsitzungen lernte Stan, seinen Tränen freien Lauf zu lassen, wenn er von seiner Vergangenheit sprach. Dadurch wurde genügend Druck freigesetzt, so daß er für seine Ansichten eintreten konnte, ohne wütend werden zu müssen. Er konnte auch das Gefühl zulassen, daß ihm andere Leute und Ideen viel bedeuteten. Ich sagte ihm: »Wenn Sie wütend sind, zeigen Sie, wieviel Ihnen an der Person oder dem Thema liegt, um das es geht.« Stan nickte. »Das sage ich meiner Frau auch immer wieder. Sie ist mir wichtig. Ich habe nicht gemerkt, daß meine Größe und meine emotionale Kraft mich die ganze Zeit wütend wirken ließen. Sie bedeutet mir wirklich sehr viel. Ich hasse es, wenn man mir vorwirft, ein Tyrann zu sein!« Sein Gefühlskästchen erweiterte sich und beinhaltete schließlich Wut, Traurigkeit, liebevolle Fürsorge und feste Überzeugungen.

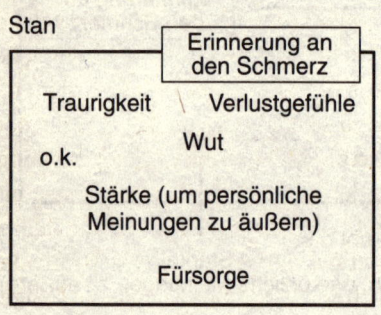

**Abbildung 8**

Jetzt sind Stans Gefühle von Wut ein Hinweis darauf, daß ihm das, was in seiner Umgebung abläuft, wichtig ist. Durch sein wiederhergestelltes inneres Leitsystem kann er seine Gefühle mit seinem Verhalten in Einklang bringen und sich der Liebe, die er anderen gegenüber verspürt, bewußter werden.

## Das innere Leitsystem wiederherstellen

Wenn ein Junge starke Gefühle hat und bei der Gefühlskurve am *Point of no return* ankommt, hat die Reaktion seiner Eltern, wie wir gesehen haben, langfristige Folgen. Wenn sie ihn seiner Gefühle wegen bestrafen oder lächerlich machen, gerät sein inneres Leitsystem aus dem Lot. Er wird sich anpassen, indem er ein Deckgefühl entwickelt, das, was die Psychologen ein Symptom nennen. Ein Symptom ist einen Schritt von dem eigentlichen Gefühl entfernt. So ist der kleine Junge vielleicht wütend, aber seine Eltern lassen dieses Gefühl bei sich zu Hause nicht zu, weil sie glauben, man müsse ständig glücklich sein. Er lernt es, zu lächeln und sich konform zu verhalten, wenn er eigentlich wütend ist und nein sagen will. Sein ursprüngliches Gefühl ist blockiert. Da das Gefühl nicht seinen natürlichen Verlauf nehmen und weder zu seinem Höhepunkt gelangen noch daraufhin in klares Denken übergehen kann, taumelt der Junge in Depressionen, Angst oder störende Verhaltensweisen, bis das Gefühl ein Ventil findet. Um mit dem blockierten Gefühl zurechtzukommen, wendet sich der Junge vielleicht Sport oder Gymnastik zu, vielleicht auch dem Alkohol oder anderen Drogen, der Suche nach Nervenkitzeln oder dem übermäßigen Essen. Es handelt sich jedoch immer nur um einen Ersatz, nicht um eine Lösung. Die Erinnerung an den Schmerz, den wir verspürten, als unsere eigentlichen Gefühle blockiert wurden, hält uns selbst als

Erwachsene in Schach, bis wir es wagen, unser Gefühlskästchen zu erweitern und die verbotenen Gefühle und Verhaltensweisen auszuprobieren, wie es Stan getan hat. Dabei fürchten wir uns vor dem Entsetzen, das wir als Kinder verspürten, und negieren aufgrund dessen, was *eventuell* passieren könnte, unsere eigentlichen Gefühle. Anstatt vernichtet zu werden, werden wir jedoch unser Leben neu entdecken und neue Möglichkeiten finden, uns schwierigen Situationen zu stellen. Als Eltern tun wir nur gut daran, uns von den Beschränkungen unserer eigenen Gefühlskästchen zu befreien; dadurch können wir auch unseren Söhnen helfen, zu Männern mit einem intakten und starken inneren Leitsystem heranzuwachsen.

### Gefühlsstäbe

Mit Hilfe von *Gefühlsstäben* können wir erkennen, was unsere Söhne wirklich fühlen und wollen. Das ursprüngliche Gefühl und das Deckgefühl sind die beiden Enden eines Stabes:

|  | Nicht o.k. |  |
|---|---|---|
| *Norman:* | Wut | Gefallsucht |
| *Jack:* | Wut/Verletztsein | Herumkaspern |
| *Elizabeth:* | Wut | Traurigkeit |
| *Stan:* | Fürsorge, eine eigene Meinung haben | Wut |

Wenn das Verhalten eines Jungen immer wieder Anlaß zu Problemen gibt oder er ständig das gleiche ungelöste, unveränderte Gefühl hat, sitzt er am falschen Ende des Stabs fest. Er zeigt ein Gefühl oder ein Verhalten, das sein eigentliches Gefühl oder sein erwünschtes Verhalten verbergen soll. Wenn man das eigentliche Gefühl – das andere Ende des Stabs – beim Namen nennt, es akzeptiert und Hilfe anbietet, dann kann dieses Gefühl seinen Höhepunkt erreichen und sich auflösen, wodurch ein Zugang zum klaren Denken und zu einer Vielzahl von Wahlmöglichkeiten entstehen. Norman lernte, daß er eigentlich auf jemanden wütend war, wenn er sich bemühte zu gefallen. Elizabeth stellte fest, daß, immer wenn sie sich traurig fühlte, ohne daß das Gefühl sich schließlich auflöste, sie wahrscheinlich wegen irgend etwas wütend war. Wenn Jack herumalbern wollte, wußte er, daß ein Thema oder eine Situation ihm wirklich nahegingen, und er konnte sich aussuchen, ob er darüber sprechen wollte oder nicht.

Es gibt keine vollständige Liste von Gefühlsstäben; jeder bastelt sich seine eigenen, um die Schwierigkeiten des Heranwachsens zu bewältigen. In seinem Buch *Wege zum Selbst* schreibt der transpersonal arbeitende Psychologe Ken Wilber, daß wir, um den Schatten (die Teile unseres Selbst, die wir verloren haben, also unser inneres Leitsystem) zu finden, jedes Symptom (das Deckgefühl oder -verhalten) in seine ursprüngliche Form *zurückübersetzen* müssen.[3]

In der folgenden Tabelle[4] erstellt Wilber eine Liste mit Symptomen – wir nennen sie lieber Deckgefühle oder -verhaltensweisen – und ihre ursprünglichen Schattengestalten, die wir als die ursprünglichen Gefühle bezeichnen.

**Tabelle 1: Die allgemeine Bedeutung verschiedener Schattensymptome. Ein Wörterbuch für die Rückübersetzung von Symptomen in ihre ursprünglichen Schattenformen.**

| Das Symptom, rückübersetzt in: | Seine ursprüngliche Schattenform |
|---|---|
| Druck | Antrieb, Eifer, Verlangen |
| Ablehnung (»Niemand mag mich!«) | »Ich würde sie nicht mal grüßen.« |
| Schuldgefühle (»Du machst mir Schuldgefühle.«) | »Ich ärgere mich über deine Forderungen.« |
| Angst | Erregung |
| Verlegenheit (»Alle sehen mich an.«) | »Ich habe mehr Interesse an Leuten, als ich weiß.« |
| Impotenz/Frigidität | »Ich gönne ihm/ihr die Befriedigung nicht.« |
| Furcht (»Sie wollen mir was tun.«) | Feindseligkeit (»Ich bin wütend und aggressiv, ohne es zu wissen.«) |
| Traurigkeit | Wut! |
| Rückzug »Ich kann nicht!« | »Ich stoße alle weg!« »Ich will nicht, verdammt noch mal!« |
| Verpflichtung (»Ich muß!«) | Verlangen (»Ich möchte gern.«) |
| Haß (»Ich verabscheue dich wegen...«) | Autobiographisches Geschwätz (»Ich kann mich selber wegen... nicht leiden.«) |
| Neid (»Du bist ja so großartig!«) | »Ich bin ein bißchen besser, als ich selber weiß.« |

Vergessen Sie nicht, daß jeder von uns diesen Deckgefühlen und -verhaltensweisen individuelle Formen verleiht. Wilber definiert ein Symptom des weiteren als Signal für ein unbewußtes, das heißt ursprüngliches Gefühl. Dazu ein Beispiel: Ed steht in seiner Arbeit sehr unter Druck. Da das Gefühl, einem Druck ausgesetzt zu sein, für Ed ein Signal ist, könnte er dem nachgehen und merken, daß er seinem Job eigentlich mehr Energien widmen möchte, als er weiß bzw. zuzugeben bereit ist. Vielleicht will er seine wirklichen Gefühle seiner Arbeit gegenüber nicht zugeben, weil er seinen Vorgesetzten gegenüber den Eindruck vermitteln möchte, daß er lang und hart arbeiten muß, oder er spürt einfach den Ehrgeiz nicht mehr, seine Arbeit gut und mit Begeisterung zu machen. »Was auch der Grund sein mag«, versichert Wilber, »das Symptom des Drucks ist ein sicheres Zeichen dafür, daß Sie eifriger, begieriger sind, als Sie wissen. So können Sie das Symptom in seine ursprüngliche und richtige Form zurückübersetzen. ›Ich muß‹ wird zu ›ich will‹.«[5]

## Übungen

Die meisten von uns wollen die Fehler unserer Eltern nicht wiederholen. Ein besseres Verständnis für die Machenschaften des Prokrustes in unserem bisherigen Leben wird uns in die Lage versetzen, bewußte erzieherische Entscheidungen zu treffen. Hier haben Sie die Gelegenheit, herauszufinden, was Ihr eigenes Gefühlskästchen enthält. Weiter unten sehen Sie drei Kästchen, die »Ich«, »Erziehungspartner« und »Sohn« überschrieben sind. Wenn Sie wollen, können Sie auf ein extra Blatt Papier weitere Kästchen für weitere Kinder oder andere wichtige Menschen in Ihrem Leben malen. Zuerst tragen Sie einfach die früher in Ihrer Familie erlaubten Gefühle in das Ich-Kästchen

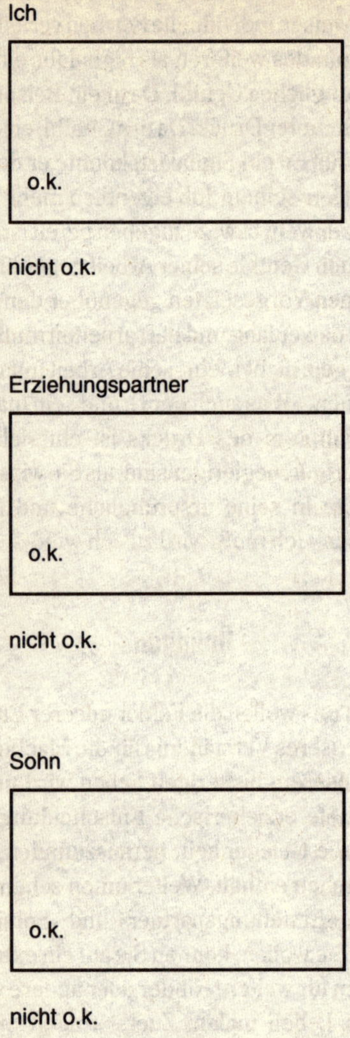

DAS ELTERNTEAM

**Ich**

```
┌─────────────────┐
│                 │
│                 │
│ o.k.            │
└─────────────────┘
```

nicht o.k.

**Erziehungspartner**

```
┌─────────────────┐
│                 │
│ o.k.            │
└─────────────────┘
```

nicht o.k.

**Sohn**

```
┌─────────────────┐
│                 │
│ o.k.            │
└─────────────────┘
```

nicht o.k.

Abbildung 9

ein. Danach schreiben Sie die unerlaubten Gefühle außerhalb des Kästchens auf. Wenn Sie mit Ihrem Kästchen fertig sind, können Sie raten, was Ihr Erziehungspartner und Ihr Sohn wohl eintragen würden. Wenn möglich, sollten Sie ihnen den Ablauf erklären und sie bitten, ihre Kästchen selbst auszufüllen. Daraus kann sich so manches Gespräch ergeben.

Nun sehen Sie sich die Gefühlskästchen Ihrer Familie an. Vielleicht finden Sie das, was bei Ihnen im Kästchen steht, bei Ihrem Partner außerhalb des Kästchens. Es ist erstaunlich, wie viele von uns auf Partner ansprechen, deren Gefühlskästchen das Gegenteil der eigenen sind. Die Gefühle außerhalb Ihres Kästchens sind wahrscheinlich diejenigen, mit denen Sie bei Ihrem Sohn oder Ihrem Partner am meisten zu kämpfen haben. Die Gefühle außerhalb deren Kästchen werden diejenigen sein, mit denen diese die größten Schwierigkeiten bei Ihnen haben.

Als nächstes können Sie mit Hilfe des Gefühlsstabes herausfinden, ob Sie die Gefühle außerhalb Ihres Kästchens zu ihrer ursprünglichen Form zurückführen können. Manchmal entsprechen sie den Gefühlen in Ihrem Kästchen, manchmal nicht. Bei Ihrem Partner und Ihrem Sohn können Sie genauso verfahren, oder lassen Sie es sie selbst tun.

Im folgenden Teil dieser Übung sollen Sie jedes Deckgefühl oder -verhalten (Gefühle/Verhaltensweisen in Ihrem Kästchen, die Sie fühlen »durften«) und das, was Sie für das ursprüngliche Gefühl halten (das andere, unerlaubte Ende des Stabes) aufschreiben. Danach können Sie sich für eine neue, Ihrem eigentlichen Gefühl entsprechende Verhaltensweise entscheiden und sie auch praktisch anwenden. Dazu die folgenden Beispiele:

## Meine Liste:

| Deckgefühl und/ oder -verhalten | Ursprüngliches Gefühl | Neues Verhalten |
| --- | --- | --- |
| Versuch, es den anderen recht zu machen | andere Meinung | die eigene Meinung sagen |
| 1. | | |
| 2. | | |
| 3. | | |
| 4. | | |

## Die Liste des Sohnes:

| Deckgefühl und/ oder -verhalten | Ursprüngliches Gefühl | Neues Verhalten |
| --- | --- | --- |
| Wütend auf Vater, weil er nie zu Hause ist | Schmerz/Trauer | dem Vater sagen, daß er mir fehlt |
| 1. | | |
| 2. | | |
| 3. | | |
| 4. | | |

## Liste des Erziehungspartners:

| Deckgefühl und/ oder -verhalten | Ursprüngliches Gefühl | Neues Verhalten |
| --- | --- | --- |
| Wütend auf das Verhalten des Sohnes | Sorge um ihn | dem Sohn sagen, daß er mir wichtig ist |
| 1. | | |
| 2. | | |
| 3. | | |
| 4. | | |

Es erfordert etwas Übung, um hinter das Verhalten unserer Söhne zu blicken und das zugrunde liegende Gefühl herauszufinden, aber es lohnt sich auf jeden Fall. Wenn wir ihre unterdrückten Gefühle benennen und anerkennen, fühlen sie sich erleichtert, froh und uns verbunden; sie machen die Erfahrung, daß man sie wirklich gesehen und gehört hat. Wir können uns sicher alle an solche Gelegenheiten erinnern, als wir uns wirklich verstanden gefühlt haben – es geht nichts darüber.
Nicht immer, aber manchmal werden wir entdecken, daß das ursprüngliche Gefühl unseres Sohns eines ist, mit dem wir Probleme haben, ein Gefühl, das außerhalb unseres eigenen Gefühlskästchens liegt. Hierzu ein Beispiel: Jonathan, sechs Jahre alt, weint, wenn er wütend ist. Jonathan greift zu einer »traurigen« Verhaltensweise, er reagiert nicht wütend, weil Wut sich außerhalb des Gefühlskästchens seiner Mutter befindet. Ihre Familie lehnte es ab, Wut zu zeigen. Es war jedoch in Ordnung, wenn sie weinte oder sich traurig fühlte. Jonathans Mutter kann ihn trösten, wenn er traurig ist, aber sie bemerkt seine Wut nicht. Deshalb lernt Jonathan, daß er sich nicht auf sein inneres Leitsystem verlassen kann. Je mehr wir die Gefühle und Verhaltensweisen, die außerhalb unserer Kästchen stehen, in unser Leben integrieren, desto besser können wir mit ihnen umgehen, wenn sie bei unseren Söhnen auftauchen, und desto besser werden unsere Söhne auf ihre innere Weisheit hören können.

## Das Gefühlsleben eines Sohns braucht Unterstützung

Der sexuelle Akt ist eine Erfahrung, die ähnlich verläuft wie die Gefühlskurve: ein beginnendes Interesse, ein langsames Steigern der Erregung (Spannung), ein Höhepunkt (Orgasmus), der schnelle Abstieg in die Entspannung und das klare Denken. Nicht von ungefähr nehmen Gefühle wie auch die männlichen und weiblichen sexuellen Zyklen diesen Weg. So ist es in der Natur: Aufbau, Freisetzung, Entspannung. Ein sicherer Weg, unsere Söhne auf ein erfülltes Sexualleben vorzubereiten, besteht darin, ihr Gefühlsleben mit all seinen Höhen und Tiefen voll zu unterstützen.

Don Mathews arbeitet am Impulse Treatment Center in Pleasant Hill, Kalifornien, mit Männern, die durch Gewalttätigkeiten in ihren Familien auffällig geworden sind. Er hat beobachtet, daß Männer aus einer Wut heraus gewaltsam agieren, die eine Verletzlichkeit verbergen soll, von der sie das Gefühl haben, daß sie sie niemals ausdrücken durften. Es baut sich ein immenser innerer Druck auf, wenn man am Anfang der Gefühlskurve steckenbleibt. Anstatt ihren zugrunde liegenden Schmerz zu spüren, gebrauchen diese Männer ihre Fäuste. Nach Mathews wird solchen Männern oft empfohlen, ausgedehnte Spaziergänge zu machen oder zu joggen. Das hilft, die Wutgefühle abzureagieren, ohne sie gegen eine andere Person zu wenden.[6]

> Etwas in mir knackste, und dann wurde alles neblig. Als nächstes erinnere ich mich daran, daß ich sehr sauer war, weil jemand meinen Lieblingsstuhl und -tisch ruiniert hatte. Meine Frau und mein Sohn sahen erschrocken aus; sie riefen die Polizei. Später sagte man mir, daß ich die Möbel zertrümmert hätte.
>
> *Thomas, Mitglied einer Gruppe, in der Gewaltfreiheit trainiert wird*

Nach einem Jahr Therapie ist Thomas gerade dabei, die Bruchstücke seines Lebens wieder zu ordnen. Er ist noch immer aggressiv, aber er hat den Wert seiner Tränen schätzen gelernt und kann andere Männer mit emotionalen Schmerzen trösten. Teds aufgestautes Leid nahm einen ähnlichen, wenn auch längeren Weg. Als Immobilienmakler war Ted aggressiv und erfolgsbesessen. Bis auf seine »Gastspiele«, wie er es selbst nannte, war er kaum zu Hause. »Als mich meine Frau eines Tages vor meiner zwölfjährigen Tochter als ›Fremden‹ bezeichnete, explodierte ich. Als ich die Vase in meiner Hand bemerkte und wußte, daß ich sie werfen wollte, wurde mir klar, daß ich Hilfe brauchte. Mein bester Freund verwies mich an seinen Therapeuten, aber ich konnte es nicht ertragen, mir von einem anderen Mann etwas sagen zu lassen; deshalb hörte ich nach zwei Sitzungen wieder auf. Jetzt, zwei Jahre später, mache ich eine Alkoholentziehungskur; ich gehe jeden Tag zu einem Treffen und habe eben wieder eine Therapie angefangen. Lange bin ich vor meiner Traurigkeit davongelaufen. Gott sei Dank hat sie mich endlich eingeholt!«

Wenn Männer schwerwiegende Verluste in ihrem Leben nicht betrauern, kann die Trauer sich zu einem mächtigen Deckgefühl wandeln – einem Wunsch nach Rache. In dem Film *Jeremiah Johnson* und dem Buch *Hanta Yo* werden die Geschichten von Männern erzählt, deren Frauen und Kinder von marodierenden Indianern getötet werden. Die zwei Männer stillen ihren Durst nach Rache auf entgegengesetzte Arten. Jeremiah Johnson will den Tod seiner Frau und seines Sohnes dadurch rächen, daß er jeden Crow-Indianer umbringt, der ihm über den Weg läuft. Er führt ein rastloses Leben in den Rocky Mountains und weiß nie, wann ihm sein Todfeind als nächstes auflauern wird. Die Geschichten über ihn verbreiten sich im ganzen Land, und er wird als listiger Erzfeind der Crow-Indianer bekannt. Aber eigentlich will Jeremiah einsam und in Frieden leben. Dieser Traum läßt sich nicht erfüllen, solange er seinen privaten Vergeltungskrieg führt – ein klassisches Beispiel für Deckverhalten.[7]

Die Hauptfigur in *Hanta Yo* ist ein Stammeshäuptling. Nach dem Tod seiner Familie muß er sich in ein besonderes Tipi zurückziehen, wohin ihm Essen und Trinken gebracht werden. Dort muß er bleiben, bis er genug geweint und seinen Verlust betrauert hat. Dies ist ein traditionelles Ritual des Stammes, weil man die Gefahren kennt, die von einem Häuptling auf dem Schlachtfeld ausgehen, wenn er einen schweren Verlust nicht ausreichend betrauert hat.[8] Er wird sich in seiner Wut rächen wollen und etwas Dummes tun, was den Stamm oder ihn selbst in Gefahr bringt. In unserer Kultur finden sich immer wieder Beispiele von Rache, die einer nicht ausgelebten Trauer entsprungen ist – exzessive Arbeit, exzessives Spielen, exzessiver Drogengenuß, exzessiver Sex, exzessives Konsumverhalten, exzessiver Alkoholgenuß oder Freßsucht.

Unsere Familien sollten solche besonderen »Tipis« sein, in denen unsere Söhne und Männer trauern dürfen, alle ihre Emotionen voll spüren und lernen, sich bewußt für ein Verhalten zu entscheiden, das lebensbejahend, nicht lebensverneinend ist und das innere Leitsystem als Quelle der Weisheit, der Stärke und des inneren Wachstums zu nutzen.

Wir haben eine große Verantwortung: Wir müssen unseren Söhnen helfen, zu lernen, daß ihre Gefühle Wahrheit zum Ausdruck bringen. Ein Junge muß lernen, daß Wut eine rote Flagge ist, die anzeigt, daß etwas Wichtiges passiert; daß Traurigkeit einen Verlust anzeigt; daß er auf der Hut sein muß, wenn er Angst hat; daß sein Zorn eine Warnung vor Unrecht ist; daß ein Unwohlsein angesichts einer Versuchung ihn warnen soll, vorsichtig zu sein, weil er sich mit dem Geschehen nicht in Einklang befindet, und daß sein Wohlbefinden zum Ausdruck bringt, daß er sich selbst treu geblieben und alles in bester Ordnung ist.

Wenn ein Junge seinen Gefühlen vertraut, hat er Kontakt zur Realität seiner eigenen Erfahrung. Von hier aus kann er mit Hilfe

## DAS INNERE LEITSYSTEM: FÜHLEN UND DENKEN

seiner persönlichen Werte sein Leben lenken und wird sich nicht von den Gedanken und Taten anderer beherrschen lassen. Wenn ihr inneres Leitsystem klar und deutlich ist, können unsere Söhne Visionen formen, die umfassend genug sind, um die Schwierigkeiten zu meistern, die das Leben im technologischen Zeitalter mit sich bringt; denn dies ist die Herausforderung, vor der sie als heranwachsende Männer stehen werden.

# 7

# Zäune:
# Das Wachsen sicher machen

Jungen sind wie Kühe. Je größer sie werden, desto mehr Weide brauchen sie. Aber sie brauchen immer noch Zäune.

*Ein alter Großvater*

**DON:** Wenn ich vor einer großen Gruppe von Eltern über das Thema »Zäune« spreche, beginne ich mit meiner Lieblingsgeschichte über die Wahl von Konsequenzen. Sie wurde mir einmal auf einem Elternworkshop von Susan, Mutter zweier Jungen, Jason, zehn, und Michael, acht, erzählt, und geht folgendermaßen:

»Unsere Familie hatte drei Monate lang ihren ersten Besuch in Disneyland geplant. Termine wurden arrangiert, Geld wurde gespart, und alles sah bestens aus, als wir an einem Montagmorgen losfuhren. Die Jungen waren sehr unruhig, als wir uns auf den Weg machten; in ihren Köpfen spukten lauter Bilder aus Disneyland herum. Ich war müde, denn in den zwei Wochen vorher hatten wir viel zu tun gehabt. Jeff, mein Mann, wollte so streßfrei wie möglich in Los Angeles eintreffen; dort wollten wir bei meiner Schwester und ihrer Familie übernachten, um uns dann tagsüber in Disneyland aufzuhalten.

Nach zwei Stunden Fahrt begannen die Jungen, auf dem Rücksitz herumzuhüpfen. Damals gab es noch keine Sitzgurte, und sie versuchten, mit ihren Köpfen ans Autodach zu kommen. Mit meiner ruhigsten ›Elternstimme‹ schlug ich vor, eine kleine Rast einzulegen, damit sie herumtoben könnten. Wir machten 30 Minuten Pause, und alles schien in bester Ordnung, aber sobald die Jungen im Auto saßen, fingen sie wieder an zu hüpfen. ›Hört auf damit! Das ist gefährlich!‹ Sie hörten nicht auf. Ich drehte mich um, um sie direkt anzuschauen, und sagte es noch mal. Sie machten einfach weiter. Dann passierte es. Ich kann die Szene noch immer im Zeitlupentempo vor mir ablaufen sehen. Ich versuchte, meinen Mund davon abzuhalten, diese schrecklichen Worte zu sagen, aber es war zu spät. Die Synapsen in meinem Gehirn hatten sie schon abgefeuert; mein Mund formte die Worte, und ich sagte wütend: ›Wenn ihr noch einmal hüpft, kommt ihr nicht mit nach Disneyland!‹ Sie haben's erraten – sie hüpften.

Ich erinnere mich an den Gesichtsausdruck meines Mannes, als er das Auto langsam an den Straßenrand lenkte. Wir hatten ausgemacht, die Konsequenzen, die wir unseren Jungen in Aussicht stellten, auch erfolgen zu lassen, so daß sie sich darauf verlassen konnten, daß wir das taten, was wir sagten. ›Komm mit, wir müssen etwas besprechen‹, sagte er. Da standen wir nun am Rand der Interstate 5; der Motor lief im Leerlauf. ›Du weißt, daß wir das auch tun müssen.‹ Ich bettelte ihn an, doch einmal eine Ausnahme zu machen – dieses eine Mal würde es sicher nicht schaden. Aber ich wußte, daß er recht hatte. Wir gingen langsam zum Auto zurück, und ich sagte: ›Also: wir fahren weiter nach L.A., aber ihr werdet bei eurer Tante bleiben, während euer Vater und ich nach Disneyland gehen.‹ Auf ihren Gesichtern zeichnete sich Erstaunen und Unglauben ab. Ich konnte es selbst kaum fassen, was ich da sagte, aber genau so hielten wir es dann. Zwei Tage Disneyland für mich und meinen Mann, zwei Tage bei den Verwandten für die Jungen.

Dies war eine der anstrengendsten Erfahrungen in meinem Leben. Aber danach hatten wir mit den Kindern nie mehr ernsthafte Schwierigkeiten. Wenn wir Grenzen setzten, wußten sie, daß es uns ernst war, und wir hielten die Konsequenzen auch immer durch. Jetzt sind sie beide in ihren Dreißigern und sprechen noch oft über diesen schicksalhaften Ausflug. Sie sagen, daß sie heute verstehen, warum wir das taten, was wir taten, aber sie versuchen noch heute, uns zu dem Eingeständnis zu bringen, daß wir einen Fehler gemacht hatten. Ich weiß nicht, ob es ein Fehler war oder nicht, aber das eine weiß ich ganz sicher: Ich habe gelernt, bis 50 zu zählen, bevor ich eine Konsequenz in Aussicht stelle.«

Gewöhnlich spaltet diese Geschichte das Elternpublikum in zwei Parteien. Eine Seite stimmt Susan und Jeff zu: »Bei einer Konsequenz bleiben, egal wie hart sie ist, so daß die Kinder das Gefühl haben, sie können sich darauf verlassen, daß man das tut, was man sagt.« Die andere Fraktion denkt, daß Susan und Jeff eine schreckliche Entscheidung getroffen haben; sie hätten sich für die idiotische Konsequenz entschuldigen und eine passendere finden sollen, um dann alle zusammen nach Disneyland zu gehen. Meistens gibt es auch ein paar Eltern, die gar nicht verstehen können, daß Susan und Jeff ohne ihre Kinder nach Disneyland gegangen sind; in ihren Augen war das wirklich zu grausam. Andere sagen, daß sie es ihren Kindern übelgenommen hätten, wenn die Familie gezwungen gewesen wäre, ihren ersten Ausflug nach Disneyland zu opfern.

Keine dieser Reaktionen ist falsch; jeder einzelne Ansatz ließe sich gut vertreten. Der springende Punkt dieser Geschichte ist letztlich, daß sie wunderbar verdeutlicht, wie wichtig es ist, unsere persönliche Einstellung zu den Grenzen und Konsequenzen, die wir als Eltern festlegen, durchzudenken, und daß man unbedingt mit seinem Erziehungspartner einer Meinung sein sollte. Es gibt genauso viele verschiedene Arten, Grenzen zu setzen, wie es Wege gibt, auf denen unsere Kinder in Schwierigkeiten geraten können.

## Eltern als die Guten

Mein Sohn wird so wütend, wenn ich ihm etwas verbiete, daß ich schließlich oft nachgebe, weil es mir weh tut, wenn er sagt, daß er mich haßt.

*Brad, Vater eines Sechsjährigen*

Eltern hassen es, gehaßt zu werden, aber je mehr es den Kindern überlassen bleibt, Verhaltensgrenzen selbst festzulegen, desto verrückter wird das Familienleben. Und wenn die Anarchie die normale Umgangsform unserer Familie ist, werden wir auch nie wissen, was wir von unseren Kindern zu erwarten haben, wenn wir uns mit ihnen in der Öffentlichkeit aufhalten.

**DON:** Eine Familie brachte ihren fünfjährigen Racker mit zur Gesprächstherapie. Er saß auf dem Schoß der Eltern. Plötzlich hüpfte er herunter und stieß geschwind jedes einzelne Buch in meinem Regal um. Die Eltern saßen nur kopfschüttelnd da, und der Vater schlug die Hände über dem Kopf zusammen. Sie rührten sich jedoch auch dann nicht von ihren Plätzen, als der Junge nach meinen Skulpturen griff. Ich fuhr hoch wie vom Blitz getroffen, schnappte mir das Kind von hinten, hob es hoch, setzte es neben seinen Vater und sagte zu den Eltern: »Ich kann nicht glauben, daß Sie sich einfach so von ihm überfahren lassen.« Zu dem Jungen gewandt sagte ich freundlich, jedoch bestimmt: »Du bleibst jetzt hier sitzen, bis ich dir sage, daß du aufstehen darfst.« Seine Augen weiteten sich. Niemand hatte ihm jemals, ohne böse zu werden, erklärt, wo seine Verhaltensgrenzen seien. Der Vater sagte: »Ja, du bleibst da sitzen« und lachte. Der Junge saß 20 Minuten lang still, bis er fragte, ob er auf die Toilette gehen könne. Ich sagte ihm, daß er noch eine Minute warten solle, bis wir unser Gespräch beendet hätten. Danach ging ich mit ihm auf die Toilette, half ihm mit dem Reißverschluß und brachte ihn wieder ins Zimmer zurück. Er blieb auf seinem Platz, bis die Sitzung beendet war. Danach nahm ich ihn mit ins Spielzimmer zum Spielen, und schließlich räumten wir zusammen die Spielsachen auf.

Wichtiger als Empathie für ihr Leiden war für diese Eltern ein Beispiel, wie man fürsorglich, jedoch zugleich auch bestimmt und lenkend mit ihrem Sohn umgehen konnte. Der Vater des Jungen erzählte, daß sein eigener Vater sehr engstirnig und grausam gewesen war, und daß er Angst hatte, bei seinem Sohn das zu wiederholen, was sein Vater ihm angetan hatte. Bald sah er ein, daß er eben diese Grausamkeit bei seinem Sohn wiederholte, indem er das Gegenteil dessen tat, was sein Vater getan hatte. Ohne Grenzen würde der Junge nicht lernen, mit anderen Leuten oder mit sich selbst positiv umzugehen. Dieser Fünfjährige konnte vielleicht zu Hause das Szepter schwingen, aber er würde nicht auf die harte Realität der Außenwelt vorbereitet sein. Und diese Welt springt rauh mit so einem Jungen um. Jungen brauchen keine Kumpel als Eltern, sie brauchen Eltern, die sich trauen, ihrem Verhalten feste, angemessene Grenzen zu setzen. Der männliche Trieb, sich einfach auf Dinge zu stürzen, ist manchmal stärker als der Wille des Jungen, sich die Konsequenzen zu überlegen. Er muß gezügelt werden.

> In meiner Jugend versäumte ich eine Menge lustiger Sachen, weil ich arbeiten mußte, um Mutter zu helfen, die Familie zu ernähren, nachdem Vater uns verlassen hatte.

Deshalb konnte ich es kaum erwarten, mit meinem Sohn zu spielen. Wir spielten Baseball mit seinen Freunden, gingen im Sommer zusammen zum Schwimmen und spielten im Winter Eishockey zusammen. Ich fand es prima. Plötzlich wurde er sehr launisch. Er zog sich in sein Zimmer zurück und wollte auch nicht mehr Ball spielen, wenn ich den Vorschlag machte, zu seinen Freunden zum Ballspielen zu gehen. Er fing an, richtig schwierig zu werden, gab ständig Widerworte und blieb nächtelang weg, ohne uns zu sagen, wohin er ging. Ich fühlte mich ziemlich schlecht. Dann sagte er eines Tages, nachdem ich vorgeschlagen hatte, seine Freunde zu einem Spiel herüberzuholen: »Dad, es ist toll, daß du dich für meine Spiele und so weiter interessierst, aber ich brauche dich als Dad. Laß mich mit meinen Freunden alleine spielen, okay?« Ich glaube, ich war ziemlich schockiert. Nun, daraufhin fing ich an, die Regeln für das abendliche Nachhausekommen und für vieles andere festzulegen. Wir spielen zwar immer noch am Wochenende Ball, aber seine Freizeit gehört jetzt innerhalb vernünftiger Grenzen ihm. Ich glaube, wir sind uns jetzt näher als vorher, als wir viel öfter zusammen waren, auch wenn ich's kaum verstehe.

*Alberto, Vater eines 14jährigen Sohnes*

Um Leistung zu bringen, braucht ein Motorkolben einen starken Zylinder zur Bündelung der Energie. Wie der Kolben braucht ein Junge feste Grenzen, um seine männlichen Energien in mutige Kreativität zu bündeln und sich dem Leben zu stellen. Ohne klare Verhaltensrichtlinien wird er ungebärdig oder gar nicht funktionieren. Jungen brauchen zwar Eltern auch als Freunde, aber sie brauchen vor allem positive Grenzen und faire Konsequenzen. Andere Personen und Institutionen, die grundlegende Verhaltensgrenzen setzen sollen – Lehrer, Polizei, Gerichtswesen und Gefängnisse –, können sich niemals so um unsere Söhne kümmern wie wir selbst.

Aber es genügt nicht, nur Grenzen zu setzen. Daraus entsteht eine gefängnisartige Atmosphäre, in der Rebellion und Rachegelüste gedeihen. Jungen werden mehr Zeit darauf verwenden, einen Racheakt auszuhecken, als sich zu überlegen, wie sich ihr Verhalten auf andere auswirkt. Die Bindung zwischen Eltern und Söhnen ist der Schlüssel, um wirksame Grenzen zu setzen. Zeit, die man zusammen mit vergnüglichen Dingen, Zuhören, Lernen und Abenteuern verbringt, verbindet die Herzen von Söhnen und Eltern.

Das Gleichgewicht zwischen dem Setzen von Grenzen und der Beziehung zwischen Eltern und Sohn beginnt mit der Geburt eines Jungen. Der Vater, der darauf wartet, in seiner Familie aktiv zu werden, bis der Sohn ins Teenageralter gekommen ist und Ärger macht, schafft sich eine sehr ungünstige Ausgangsposition; er wird bei seinem Sohn kaum etwas bewirken. Wenn er dann anfängt, Regeln aufzustellen, kann der Sohn einfach gehen. Ein 13jähriger kann tagelang bei Freunden bleiben. Menge und Qualität der Zeit, die man – vor allem als Vater – mit seinem Sohn verbringt, solange er noch klein ist, sind eine Investition, die sich vielfach auszahlt, wenn in der Pubertät das Testosteron zu wirken beginnt.

Ohne eine fundierte Herzensbeziehung zwischen Eltern und Söhnen können die Jahre im Teenageralter zum Kriegszustand werden. So ähnlich war es für Bobby und seinen Vater, einem erfolgreichen Manager. Bobby war in einer Gesprächstherapie, weil er immer wieder die Schule schwänzte und das Klassenziel nicht erreichte. Sein Vater hatte ihn zwar immer hart angefaßt, war aber selten zu Hause. In einer Sitzung sagte der Vater zu Bobby: »Ich will ja nur dein Bestes.« Sein Sohn schrie: »Seit wann? Du bist doch immer weg. Ich bekomme nur Befehle von dir. Wann war ich dir jemals so wichtig, daß du wirklich mit mir zusammensein wolltest? Ich habe dir nicht in den Kram gepaßt, oder, Dad? Tut mir leid, diesmal funktioniert es nicht. Ich werde mich alleine aus diesem Chaos befreien. Laß mich in Ruhe!« Es gibt fast nichts Schmerzhafteres, als zu beobachten, wie sich tiefe Traurigkeit auf dem Gesicht eines Vaters ausbreitet, wenn er merkt, daß es ihm nicht gelungen ist, zu seinem Sohn eine emotionale Verbindung herzustellen. Die Person, die der erste Held für einen Jungen ist, wird zum Feind, und es besteht keine Herzensbeziehung zwischen ihnen.

Zeit, in der man etwas Besonderes zusammen unternimmt, ist wichtig, aber sie ersetzt nicht die vielen Stunden, die ein Sohn braucht, um seinen Vater in sein Herz und seine Seele aufzunehmen. Die Waldorf-Erzieherin Rahima Baldwin schreibt in einem wunderbaren Buch für Eltern: »Zeit für besondere Unternehmungen ist nicht das gleiche wie die Alltäglichkeit des Zusammenseins. Wir sollten sie weder glorifizieren noch unterschätzen.«[1]

Wir haben gesehen, wie schädlich Grenzen sein können, wenn keine Herzensbeziehung existiert. Das andere Extrem, nur Herz und keine Grenzen, kann einen anderen Kampf verursachen. In unserer freiheitsorientierten Kultur wird einem Jungen manchmal die Kontrolle überlassen, die in die Hände von Älteren gehört. Dies passierte Mike, dessen Mutter, Jane, in die Therapie kam, als er von zu Hause weggerannt war. Jane erklärte, daß Mike weggelaufen war, weil sie gesagt hatte, daß er nicht mitten unter der Woche um Mitternacht einen Freund besuchen könne. Er war 15. Kurz vor dem Therapiegespräch hatte Jane Mike an einem Hamburgerstand gesehen und ihn gebeten, nach Hause zu kommen. Er hatte sich geweigert und sie um Geld angebettelt, weil es ihm langsam ausging. Sie hatte ihm 50 Dollar gegeben, weil sie fürchtete, er bekäme nichts zu essen.

In der Therapie sah Jane ein, daß Mike ihre von Herzen kommende mütterliche Fürsorge gegen sie richtete. Sie mußte ihre Herzensverbindung aufrechterhalten, gleichzeitig aber ein paar starke Zäune errichten. Sie entschloß sich, ihm kein Geld mehr zu geben und nicht mehr nach ihm zu suchen. Als er sie anrief und ihr sagte, er würde jetzt nach Hause kommen, erwiderte sie ihm: »Ich bin noch nicht soweit, daß du schon nach Hause kommen kannst. Ich brauche noch etwas Zeit. Und wenn du nach Hause kommst, wird sich einiges verändert haben. *Ich* bin der Chef, und du wirst dich *meinen* Regeln fügen müssen. Ich bin so fair wie möglich, aber du wirst mich nicht mehr so behandeln wie bisher.« Zwei Tage später tauchte Mike in der Therapiesitzung seiner Mutter auf, um zu fragen, ob sie ihn wieder aufnehmen würde. »Ich kann es kaum glauben, daß ich so dumm war«, sagte Jane später. »Ich ängstigte mich so um ihn, wenn er so ganz alleine unterwegs war; aber je mehr Freiraum ich ihm gab, desto mehr nahm er sich. Jetzt gibt es keinen Freiraum mehr.«

Sich auf das Verhalten eines Sohnes zu konzentrieren funktioniert meistens dann recht gut, wenn es darum geht, bessere Grenzen zu setzen. Aber wenn Probleme auftauchen, weil eine gute Beziehung zwischen Eltern und Sohn brüchig geworden ist, kann es zu heftigen Machtkämpfen kommen. Dann ist es klüger, das frustrierende Verhalten erst einmal hintanzustellen und sich darauf zu konzentrieren, die gute Verbindung untereinander wiederherzustellen.

**DON:** Jake und seine Mutter sind ein gutes Beispiel. Lisa hatte einen Termin ausgemacht, weil Jake häufig Wutausbrüche hatte. Sein Vater war drei Jahre vorher gestorben. Nun, mit 14, begann Jake, seiner Mutter zu widersprechen und zu Hause nicht mitzuarbeiten. Jake war ein schwieriger Klient; es war mir

klar, daß er Therapeuten haßte. Ich sagte ihnen, daß Jakes Wutproblem nur ihre kleinste Sorge wäre. Ich wollte wissen, was aus ihrer guten Beziehung geworden war. Dies lenkte das Augenmerk von Jake weg und erregte sein Interesse. Er arbeitete bereitwillig mit, um herauszufinden, was den Verlust der Verbindung zwischen ihm und seiner Mutter verursacht hatte.
Nachdem Jakes Vater gestorben war, waren sich Lisa und Jake sehr nahegekommen. Wir fanden heraus, daß beide sich Sorgen machten, wie der jeweils andere mit dem Verlust fertig werden würde. Jake brauchte die Erlaubnis, seine Mutter loszulassen und sein eigenes Leben zu leben. Lisa mußte damit aufhören, ihr Leben nur auf Jake zu konzentrieren, und anfangen, sich ein Eigenleben zu schaffen. Beide mußten die Sicherheit gewinnen, daß es dem anderen ohne Jakes Vater gutgehen würde. Das Wutproblem wurde zum Nebenthema, als Mutter und Sohn ihre Beziehung reifen ließen.

Die Eltern-Sohn-Bindung, die sich von der Kindheit über die mittleren Jahre formt, ist die Grundlage, von der aus ein Sohn im Teenageralter seine Einzigartigkeit, seine Beziehung zur Welt und die vielen Aspekte des Mannseins erforschen kann. Wenn diese emotionale Grundlage nicht vorhanden ist, ist in seinem Herzen ein Loch, und er wird sich auf die Suche nach etwas machen, was dieses Loch ausfüllen könnte – Drogen, Alkohol, zwanghafter Sex, übermäßige Arbeit, extreme Passivität oder Aggressivität. Inmitten all der biologischen Notwendigkeiten des heranwachsenden Mannes will auch die seelische Kraft anerkannt werden. Wenn wir uns nur darauf konzentrieren, dem Verhalten unseres Sohnes Grenzen zu setzen, werden wir immer wieder seelenlose Männer schaffen. Wir als Eltern müssen Grenzen setzen, aber sie müssen auf der Grundlage einer Herzensbeziehung zu unseren Söhnen beruhen.

## Richtlinien für das Festlegen von Grenzen und Konsequenzen

»Ich glaube, ich weiß nicht, wie ich meinem Sohn Grenzen setzen soll«, ist bei vielen Eltern ein Eingeständnis und gleichzeitig ein Hilfeschrei geworden. Es fällt uns als Erwachsenen schwer, auf faire, liebevolle Weise Grenzen zu setzen, wenn sie uns als Kindern nicht gesetzt worden sind. Es gibt eine Menge guter Erziehungsratgeber, aber das Schwierige an der Sache ist, immer ein Kapitel weiter zu sein als unser Sohn, während er heranwächst. Die Seiten, die sich mit dem Setzen von Grenzen befassen, werden ziemlich abgegriffen sein, bevor der Junge ausgewachsen ist. Im folgenden ein paar Richtlinien für das Setzen von Grenzen, die uns geholfen haben:

*Das Setzen von Verhaltensgrenzen ist kein demokratischer Prozeß.*

Es gibt drei verschiedene Erziehungsstile. *Autoritäre* Eltern stellen Regeln auf, bieten wenig Wahlmöglichkeiten und erwarten, daß die Familiengrundsätze geachtet werden. *Demokratische* Eltern bemühen sich darum, in jeder Situation fair zu sein, überlegen, wie jeder sich fühlt, bieten eine Menge Wahlmöglichkeiten an und fällen Entscheidungen auf der Grundlage des Mehrheitswahlrechts. *Laissez-faire*-Eltern lassen ihre Kinder sich so verhalten, wie sie wollen, und an das glauben, was sie wollen.

Untersuchungen zur sozialen Angepaßtheit folgten Kindern dieser drei Gruppen bis ins Erwachsenenalter und erbrachten erstaunliche Ergebnisse. Kinder, die im Laissez-faire-Stil erzogen worden waren, hatten als Erwachsene Schwierigkeiten, zu kooperieren und mit anderen Menschen auszukommen. Der demokratische Erziehungsstil brachte Erwachsene hervor, denen es schwerfiel, Entscheidungen zu treffen. Von autoritären

Eltern erzogene Kinder waren die am besten angepaßten Erwachsenen; sie konnten Entscheidungen fällen, Regeln befolgen und mit anderen zusammenarbeiten.[2]

Man muß jedoch unbedingt zwischen *rigider Autorität*, die man als vierten Erziehungsstil klassifizieren könnte, und autoritären Eltern unterscheiden. Ein Elternteil, der seine Macht durch Grausamkeit oder Gewalt sichert und sich kaum um die Bedürfnisse, Gefühle und das Wohlbefinden der Familienmitglieder kümmert, bringt Kinder hervor, die weniger gut angepaßt sind als die aller anderen Gruppen. Viele dieser Kinder mißhandeln später ihre eigenen Kinder oder werden zu den Vergewaltigern oder den Verrückten unserer Gesellschaft. Der produktivste Erziehungsstil ist der *wohlwollend autoritäre*. Eltern übernehmen die Kontrolle mit Freundlichkeit, Verständnis und Empathie für die Lage des Kindes. Diese Einstellung schafft bei den Kindern die Sicherheit, daß jemand da ist, der sich um sie kümmert. Sie können sich darauf verlassen, daß ihre Eltern sich an das halten, was sie gesagt haben. Damit müssen Kinder keine Verantwortung übernehmen für Situationen, mit denen sie nicht zurechtkommen.

Im Gegensatz zu dem in unserer Kultur weitverbreiteten Glauben sind Kinder keine kleinen Erwachsenen. Rahima Baldwin weist darauf hin, daß Jean Piaget, ein Schweizer Psychologe und Philosoph, feststellte, daß sich erst im Alter von zehn oder elf Jahren rationales Denken entwickelt. Baldwin schreibt: »Wir erwarten, daß wir mit unseren Kindern argumentieren können, sobald sie sich verbal äußern. Wir argumentieren mit ihnen über alles, angefangen von ihrem Verhalten hin zu den Gründen, warum das Meer salzig ist. Und in der Tat zeigen manche Fünfjährigen eine erstaunliche Fähigkeit, solche Unterhaltungen mit ihren Eltern zu führen – aber sie haben dies durch jahrelanges Nachahmen dieser Art von Interaktion mit ihren Eltern gelernt.

Kleine Kinder können noch nicht rational denken, und eine rationale Diskussion wird ihr Verhalten kaum ändern.«[3] Dazu bedarf es stimmiger Grenzen und logischer Konsequenzen.

**JEANNE:** Nachdem ich meinem fünfjährigen Sohn für sein Fehlverhalten Konsequenzen in Aussicht gestellt hatte, fragte ich ihn: »Weißt du, warum ich Konsequenzen setze?« Voller Ernst antwortete er: »Um meine Gefühle zu verletzen?«

Es muß noch einmal wiederholt werden: Setzen Sie die Grenzen freundlich, aber mit Autorität. Kleine Söhne brauchen eine kurze Erklärung, ältere Söhne brauchen mehr. Aber über einmal gesetzte Grenzen sollte nicht mehr abgestimmt werden; manchmal muß man, je nach Alter des Sohnes, noch darüber verhandeln, aber es sollte keine Abstimmung erfolgen. Abstimmen kann der Junge, wenn er 18 ist.

*Begrenzungen müssen dem Alter angemessen sein.*
Ein vierjähriger Sohn braucht feste Grenzen, um ihn in einer sicheren und kontrollierten Umgebung zu halten. Ein Teenager braucht mehr Freiraum; der Sicherheitsfaktor nimmt in seinem Fall die Gestalt einer Sperrzeit an anstatt eines Schlosses am hinteren Gartentürchen.
Für einen Fünfjährigen werden die grundsätzlichen Grenzen mit Bestimmtheit und wenig Diskussion festgelegt. Er braucht vor allem Wiederholung, Geduld und das Verständnis, daß er klein ist und es schließlich »kapieren« wird. Bei einem Teenager werden jedoch unter Umständen viele Gespräche und Verhandlungen nötig sein, um mit seinen schnellen Veränderungen und seinem Reifeprozeß Schritt zu halten. In den Teenagerjahren muß man immer wieder neu überdenken, wie locker oder fest die Regeln sein können. Wir können uns darauf einstellen, daß

wir oft nicht recht durchblicken: In einem Moment verhält er sich verantwortungsbewußt, im nächsten hat er sich mehr vorgenommen, als er bewältigen kann. Wenn wir hier nicht offen sind für Diskussionen und Verhandlungen, werden unsere Söhne rebellieren. Der Machtkampf wird eskalieren, und wenn wir nicht einfühlsam genug sind, werden wir nächtelang aufbleiben und uns Gedanken machen müssen, wo sie wohl stecken und wann sie wohl nach Hause kommen werden. Die am besten angepaßten Erwachsenen, die sich selbst produktive Grenzen setzen können, kommen aus Familien, in denen die Eltern eine wohlwollende Kontrolle ausübten.

*Konsequenzen müssen sich direkt auf das Fehlverhalten beziehen.*
Meist wissen Teenager, was sie von ihren Eltern brauchen, und sind sich selbst gegenüber strenger, als es ihre Eltern eigentlich wären. Ein junger Mann erinnert sich an das eine Mal, als er das Auto zwei Stunden später als versprochen nach Hause brachte. »Mutter erteilte mir zwei Wochen lang Fernsehverbot. Das hat mich total geärgert. Sie hätte mir das Auto eine Woche lang nicht geben sollen, aber sagen Sie ihr nicht, daß ich das gesagt habe!«

**DON:** Manchmal sind die Konsequenzen, die wir bestimmen, für uns härter als für unsere Kinder. Wir alle haben schon einmal in Wut eine »Disneyland«-Grenze verhängt und dann erlebt, daß die Konsequenz mehr Zeit und Energie auffraß als das Fehlverhalten. Eines schönen Sonntagmorgens jagten mein Sohn und sein Freund sich durch das ganze Haus und schrien dabei aus Leibeskräften. Voller Wut keifte ich: »Wenn ihr noch einmal so laut seid, dürft ihr nicht draußen spielen.« Natürlich schrien sie wieder, und anstatt einen ruhigen Morgen auf der Couch liegend und Zeitung lesend zu verbringen, war ich den ganzen Tag mit zwei gelangweilten Knaben beschäftigt, die mich anbettelten, mit ihnen zu spielen. Nur selten bedarf es einer sofortigen Konsequenz. Nehmen Sie sich Zeit, sich die Sache zu überlegen, anstatt impulsiv eine Konsequenz zu verhängen, die jeder später bedauern wird.

Hüten Sie sich jedoch auch davor, eine Konsequenz zu spät eintreten zu lassen, so zum Beispiel anzukündigen, daß Ihr Sohn nächsten Mittwoch abend keine Gutenachtgeschichte vorgelesen bekommt. Das ruft bei kleinen Kindern zuviel Angst hervor. Hier ein praktischer Grundsatz für das Timing: Je jünger das Kind, desto unmittelbarer muß die Konsequenz erfolgen. Ältere Jungen, deren Zeit- und Raumgefühl schon besser entwickelt ist, können Konsequenzen ertragen, die zu einem späteren Zeitpunkt eintreten. Wir wollen schließlich unsere Söhne zu Verantwortungsbewußtsein erziehen und keine emotionale Instabilität hervorrufen.

*Setzen Sie Grenzen, die kleine Siege ermöglichen.*
Ein Kegler der Weltklasse wurde nach einem perfekten 300er-Spiel interviewt. Der Fernsehreporter fragte ihn: »Wie haben Sie sich als kleiner Junge gefühlt, wenn Sie Ihre Kugel die Bahn hinunterschickten und keinen Kegel trafen?« Der Kegler erwiderte: »Ich habe nie danebengetroffen, und das sage ich nicht aus Angabe. Als ich klein war, gab es ›Kegelbuben‹, die anstelle von Maschinen die Kegel aufstellten. Mein Vater ließ mich die Kugel die Bahn hinunterrollen. Natürlich landete sie in der Kugelfangrinne, aber der Kegelbub war instruiert worden, am Ende der Rinne einen Kegel vor die Kugel zu stellen. Als ich älter wurde, blieb die Kugel auf der Bahn, und abermals stellten die Kegelbuben jedesmal einen Kegel vor die Kugel. Ich traf immer mehr Kegel, bis ich meist alle neune kegelte. Mein Vater ließ die Kegel immer dort aufstellen, wo ich sie treffen konnte.«

Realistische Ziele und Verhaltensgrenzen sind entscheidend für Zusammenarbeit und Eigenmotivierung. Kleine, erreichbare Erfolge stärken das Selbstvertrauen, und man kann zu Disziplin und Beharrlichkeit eine positive Einstellung entwickeln. Die folgende Geschichte von Jason, 13, zeigt, wie wahr dies ist:

**DON:** Jason und seine Eltern kamen zu mir in Therapie, als sie ihm alle Vergünstigungen bis auf Essen, Schlafen und die Schule entzogen hatten. Im Erstgespräch erfuhr ich, daß Jason in der Schule im Alter von sieben Jahren eine Klasse übersprungen hatte, weil er so gut war. Da er körperlich wie 16 aussah, wurde jetzt mehr von ihm erwartet, als er entwicklungsmäßig leisten konnte. Jason war emotional noch nicht so weit wie die Jungen in seinem Alter; er fühlte sich aus der Gemeinschaft ausgeschlossen und konnte sich nicht auf die Schule konzentrieren, weil er dort von seinen Kameraden abgelehnt wurde. Auch zu Hause wurde er unter Druck gesetzt, so daß seine Depression klinische Ausmaße erreicht hatte. Seine »Kegel« standen nicht nur außerhalb seiner Reichweite; wenn er sich ihnen näherte, wurden sie sogar noch weggenommen!
Wir wählten mehrere Lösungswege. Als erstes durfte Jason bei mehreren Unternehmungen der Glaubensgemeinschaft seiner Familie mitmachen, bei denen die Altersgruppen mehrere Jahrgänge umfaßten, um den »Würgegriff« seines sozialen Lebens zu lockern. Als nächstes stellte seine Familie einen Nachhilfelehrer ein, der ihm helfen sollte, den bisher verpaßten Lehrstoff aufzuholen. Danach wurde er noch einmal auf seinen Entwicklungsstand hin getestet. Seine Testergebnisse brachten seine Eltern dazu, ihn andere Kurse belegen zu lassen, die seinen Fähigkeiten entsprachen. Damit wurde er zwar zurückgestuft, aber auch von dem immensen Druck befreit, Anforderungen genügen zu müssen, die unmöglich zu erreichen waren.

Sechs Monate später sah ich Jason noch einmal und war erstaunt, wie sehr er sich verändert hatte. Er war lebhaft, froh über seine Unternehmungen und stolz auf seine Leistungen. Er war wieder mit Leben erfüllt, sobald ihm in allen Bereichen Grenzen gesetzt wurden, innerhalb derer er kleine Erfolge erringen konnte. Die früheren Grenzen, die ihm seine Eltern in bester Absicht gesetzt hatten, hatten ihn erdrückt. Jetzt unterstützten ihn seine Eltern, anstatt ihm immer neue Aufgaben zu stellen. »Ich fühle mich, als wäre mir eine Riesenlast von den Schultern genommen worden«, sagte er.

*Verhaltensgrenzen sind wie Zäune um eine Weide;*
*sie müssen ab und zu geflickt, auf Löcher untersucht, verstärkt*
*und erweitert werden.*

Genauso, wie Regeln dazu da sind, verletzt zu werden, setzen wir paradoxerweise Grenzen in dem Bewußtsein, daß unsere Söhne sie unweigerlich testen und schließlich auch überschreiten werden. Ein Junge übertritt eine Grenze aus vielen Gründen und auf vielerlei Arten. Wenn er gegen die Grenze angeht, wie eine Kuh, die sich gegen einen Zaun stemmt, um an das grünere Gras auf der anderen Seite zu kommen, will er uns vielleicht nur prüfen; er ist neugierig, wie wir darauf reagieren. Werden wir wirklich konsequent bleiben? Vielleicht reicht es aus, den Zaun durch eine knappe Mahnung zu flicken, damit er auf der richtigen Seite bleibt. Wenn er den Zaun durchbricht wie ein Stier, der ein rotes Tuch sieht, gibt es vielleicht andere Gründe, warum er sich weigert, auf der vorgeschriebenen Weide zu bleiben.

**JEANNE:** Ich bestand immer darauf, daß unser kleiner Sohn im Supermarkt im Einkaufswagen saß. So konnte er nichts von den Regalen herunterstoßen, er konnte sich nicht verlaufen oder verletzen, und unsere Einkäufe beanspruchten weniger Zeit. An diesem Tag schrie er, weil er aus dem Wagen herauswollte, und als ich nicht darauf einging, kletterte er alleine heraus. Er ließ sich weder durch unser Spiel, alle roten Schachteln zu zählen, noch dadurch, daß ich ihm die Lebensmittel reichte, damit er sie in den Korb legen konnte, ablenken. Es nutzte auch nichts, ihn in den Wagen zurückzusetzen und bestimmt zu sagen, daß er dort bleiben solle. Da fiel mir plötzlich ein, daß wir seit dem frühen Morgen nichts gegessen hatten; dieser Zwischenstopp war der letzte auf einer langen Reihe von Besorgungen. Er hatte seine Grenze erreicht und zeigte mir dies auf die einzige Art, die ihm möglich war.

Kleine Kinder durchbrechen Grenzen im allgemeinen, weil sie müde, gelangweilt oder hungrig sind. Ein Teenager tut dies vielleicht aus Wut oder Rache. In beiden Fällen ist es nicht die Grenze, die das Problem verursacht, sondern ein darunterliegendes, meist unbewußtes Bedürfnis, das bisher nicht bemerkt oder nicht beachtet wurde.

Manchmal müssen Grenzen verstärkt werden, so wie ein neuer Hengst auf einer Farm eine besonders starke Koppel braucht. Seine ihm eigene Hartnäckigkeit und Energie wird ihn zu dem Versuch treiben, über den Zaun zu springen oder ihn zu durchbrechen. Das gleiche war bei einer Gruppe von Jungen in unserem Viertel der Fall, die zwischen drei und zehn Jahren alt sind. Gewöhnlich treffen sich Mütter und Kinder am Nachmittag im Garten einer Nachbarin, wo die Mütter sich unterhalten, während die Kinder miteinander spielen. Ein gewisses Maß an Rennen und Zerren, Schubsen und Stoßen, Ringen und Raufen ist erlaubt. Die Grenze liegt bei Schlägereien und Boxen oder bei aus Wut entstandenen Kämpfen. Eines Nachmittags wurde das Spiel ziemlich grob, und mehrere Jungen begannen zu weinen, hatten blaue Flecken und waren leicht angeschlagen. Nachdem alles geklärt worden war, spielten sie normal weiter. Am näch-

sten Nachmittag passierte dasselbe wieder, nur endete es diesmal mit einer blutenden Nase und aufgeschlagenen Knien. Die Mütter berieten sich und beschlossen, stärkere Grenzen zu setzen, um ernsthafteren Verletzungen vorzubeugen.
Wenn ein junges Pferd zu groß für seine Weide wird, muß der eingezäunte Raum vergrößert werden, um ihm mehr Platz zum Rennen und Toben zu lassen. Wir wissen, daß es Zeit für einen weitergefaßten Zaun wird, wenn ein Junge über ihn klettert.

> Als Chris 13 war, wollte er mit Mädchen ausgehen. Ich gab ihm bis halb zehn am Abend Ausgang und legte fest, daß er mit Freunden ausgehen sollte, bis er älter wäre. Er willigte ein, und bis jetzt hatten wir kaum Schwierigkeiten. Inzwischen ist er 16, und ich weiß, daß er eine feste Freundin hat. Alles schien in bester Ordnung; er hielt sich ziemlich genau an die vorgeschriebene Heimkehrzeit. Dann fand ich eines Tages den Küchenstuhl vor seinem Fenster. Er gab zu, daß er etwa um elf ins Bett ging und sich dann noch nach draußen schlich, um seine Freundin zu treffen, und sie tat dasselbe. In dieser Nacht war er so müde gewesen, als er nach Hause kam, daß er den Stuhl vergessen hatte. Da merkte ich, daß er älter wurde und es an der Zeit war, ein paar neue Regeln festzulegen.
>
> *Sheila, eine kluge Alleinerziehende*

Im folgenden wollen wir kurz auf fünf Arten von Grenzen eingehen, die wir Eltern einsetzen können, um das Leben unserer Söhne zu strukturieren. Wann und wie man diese Grenzen bei unterschiedlichen Altersgruppen anwenden sollte, werden wir eingehender in den Kapiteln 9 bis 11 erklären, in denen die Entwicklung eines Jungen von seiner Geburt bis zu seinem 17. Lebensjahr betrachtet werden soll.

## Mündliche Richtlinien:

*abgesprochene Vereinbarungen werden eingehalten*

Diese abgesprobarungen zwischen Eltern und Sohn beinhalten keine Konsequenzen. Beide Seiten bemühen sich, die Vereinbarung einzuhalten. Mahnungen sind nur selten notwendig, und im Falle eines Ausrutschers leistet der Junge von sich aus eine Wiedergutmachung. Dies war so bei John, neun Jahre alt, der die Aufgabe hatte, der Katze täglich Wasser und Futter zu geben. Wenn er es vergaß, tat ihm die Katze leid, und er kam von alleine auf ein System, das ihm als Erinnerungsstütze dienen sollte. Da ihm sein Tier wichtig war, war es ihm auch wichtig, seinen Teil der Abmachung mit seinen Eltern einzuhalten. Konsequenzen waren nicht notwendig. Rex, 16, hatte sich bereit erklärt, die Lebensmitteleinkäufe der Familie zu erledigen. Als er einmal drei wichtige Bestandteile der täglichen Mahlzeit vergessen hatte, entschuldigte er sich dafür und ging sofort noch einmal zum Geschäft zurück.

Anders verhielt es sich bei Mary und ihrem eineinhalbjährigen Sohn. »Ich sagte ihm, daß er die Glasvase nicht anfassen solle, aber er ging schnurstracks auf sie zu und stieß sie um. Ich gab ihm einen Klaps auf die Hand, aber am nächsten Tag tat er es wieder!« Mary erwartete, daß ihr Sohn sich an ihre verbal geäußerte Grenze halten würde, die er jedoch noch gar nicht verstand. Die meisten Kinder verfügen vor ihrem sechsten Lebensjahr noch nicht über das, was Piaget »konkretes operationales Denken« nennt, wodurch sie erst in die Lage versetzt werden, Anordnungen zu befolgen und sich auch in Zukunft an sie zu erinnnern. Die Wohnung kindersicher zu gestalten, das heißt, alles wegzuräumen, was kostbar ist oder Gefahren birgt, ist bei kleinen Kindern die bessere Lösung. Mündliche Richtlinien sind Grenzen, für die unsere Kinder erst reif werden müssen. Sie sind ein zu erreichendes Ziel, das gefeiert werden sollte, wenn es erreicht worden ist, was etwa um das neunte Lebensjahr herum der Fall sein wird.

### Holzzäune:
Ermahnungen reichen aus

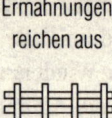

Diese Grenze wird von Eltern ohne Verhandlungen gesetzt. Sie hat den Zweck, einen reibungslosen Ablauf im Haushalt und die Eigenverantwortung zu fördern. Matt, fünf Jahre alt, hat die Aufgabe, seine schmutzige Kleidung immer zur Schmutzwäsche zu legen. Meistens denkt er daran, aber manchmal muß man ihn auch daran erinnern. Dann macht er es aber sofort, und die Zeiten zwischen den Mahnungen werden immer länger.

Der Unterschied zwischen einem Holzzaun und einer mündlichen Vereinbarung liegt darin, daß für den letzteren Eltern und ältere Söhne auf eine eher gleiche Ebene gestellt sind; man spricht sich ab, und der Sohn ist von sich aus motiviert genug, sich an die Vereinbarung zu halten. Beim Holzzaun übernimmt der Sohn nicht die volle Verantwortung dafür, daß er sich an die gesetzte Grenze auch hält. Dem Elternteil kommt es zu, ihn daran zu erinnern; ansonsten wird er den Holzzaun gelegentlich überspringen. Er ist zwar guten Willens und bereit zur Zusammenarbeit, aber nicht völlig selbstgesteuert, sondern von außen, von anderen – seinen Eltern – motiviert, die Regeln zu respektieren. Deshalb erfordern Holzzäune auf jeden Fall mehr elterliche Führung und müssen manchmal durch Konsequenzen verstärkt werden.

In der Familie des 14 Jahre alten Seth gilt die Regel, daß jeder, der sein Essen außerhalb der Küche oder des Eßzimmers zu sich nimmt, Teller und Reste zurück in die Küche bringt. Seth ißt gerne in seinem Zimmer, während er seine Hausaufgaben macht, vergißt aber oft, die Reste in die Küche zurückzubringen.

Mutter stößt manchmal erst Wochen später auf die stinkenden, schimmelnden Abfälle. Ermahnungen helfen eine Zeitlang, aber Seths Mutter wäre es lieber, wenn diese Regel besser befolgt würde. Gemeinsam beschließen Seth und sie, eine Tabelle aufzustellen, auf der Seth einträgt, wann er Essen aus der Küche nimmt und wann er die Reste wieder zurückbringt. Wenn ein Eintrag fehlt, weiß seine Mutter, daß sie ihn erinnern muß, damit die Reste nicht irgendwo vor sich hingammeln.

### Gummiwand:
Grenzen können nicht selbst gesetzt werden

Manchmal reichen Holzzäune nicht aus. Söhne fühlen sich sicherer und vertrauen ihrer Fähigkeit, Verantwortung zu übernehmen, mehr, wenn sie genau wissen, was man von ihnen erwartet und wie sehr sie davon abweichen können. Sie testen ihre Grenzen, indem sie zum Beispiel mit Argumenten dagegen anrennen, oder auch, indem sie sie völlig mißachten, weil sie sehen wollen, welche Konsequenzen sich daraus ergeben. Gummiwände sind flexibel, aber die Konsequenzen sind weiterreichend als bei den Holzzäunen.

James, 16, kam an zwei aufeinanderfolgenden Nächten erst um zwei Uhr morgens, zwei Stunden später als vereinbart, nach Hause. Er rief seine Eltern auch nicht an, um ihnen zu sagen, daß er später kommen würde. In der ersten Nacht wurde er an seine »Sperrstunde« erinnert, nach der zweiten Nacht wurde der Ausgang für die nächsten drei Wochen auf zehn Uhr herabgesetzt; vereinbart war, daß er danach wieder später nach Hause kommen dürfe, wenn er sich die drei Wochen an die neue Abmachung hielte. Gummiwände sind am wirksamsten, wenn sie nicht noch durch elterlichen Zorn oder Drohungen verstärkt werden. Es ist wichtig, das gelegentliche Bedürfnis des Sohnes, gegen die Wände zu rennen und die Grenzen zu testen, zu respektieren; wenn Eltern die Grenzen häufig überdenken, dann werden sie sie immer dem Alter und der wachsenden Reife ihres Sohnes anpassen. In diesem Stadium brauchen Söhne vielleicht mehr Weide, aber noch immer Zäune.

> **Mauern:** schwerwiegende Konsequenzen sind erforderlich, um die Grenzen durchzusetzen

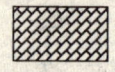

Vielleicht kennen Sie die Geschichte vom Bauern, der seinen Esel jeden Morgen vor der Arbeit mit einem Brett schlug. Ein Fremder fragte ihn, ob sein Esel ein gutes Arbeitstier wäre. »Oh ja«, erwiderte der Bauer, »aber man muß erst seine Aufmerksamkeit erregen!« Manchmal brauchen wir Mauern, um die Aufmerksamkeit unseres Sohnes zu erregen. Vielleicht hüpft er über den Holzzaun und ist nicht in der Lage, mündliche Vereinbarungen einzuhalten; Gummiwände wiederum fordern zuviel Widerstand heraus. Mauern werden von Eltern eingesetzt, damit das Problem nicht in den Zuständigkeitsbereich der Allgemeinheit fällt – der Schule, den Nachbarn, der Polizei.

Sean, 15, schwänzte immer wieder die Schule und gestand dies schließlich auch seinen Eltern. Diese erklärten ihm, wie wichtig es sei, gute Noten zu bekommen und die Schule zu beenden, um aufs College gehen zu können. Er schwänzte jedoch weiter die Schule, und eines Tages erwischte ihn sein Vater während der Schulzeit in einem Café. Sean hatte gezeigt, daß er nicht fähig war, sich an die Vereinbarungen zu halten, und deshalb mußten in seinem eigenen Interesse Grenzen gesetzt werden, die ernsthaftere Konsequenzen beinhalteten.

Bevor Mauern errichtet werden, müssen Eltern Antworten auf die folgenden Fragen finden: Wann hat unser Sohn aufgehört, die Regeln zu befolgen? Wie ist seine Beziehung zu uns, seinen Freunden, den Lehrern? Vor welchen Herausforderungen oder Problemen steht er, die dieses Verhalten möglicherweise verursachen? Wenn Autoritäten außerhalb der Familie ins Spiel kommen – in Seans Fall Lehrer und Schulleitung –, müssen wir natürlich zusehen, daß die von uns gesetzten Grenzen mit denen der Schule vereinbar sind.

Außerdem sollten wir auch genau überprüfen, womit unser Sohn seine Zeit verbringt. Die Schule verlangte von Sean, daß er zusätzliche Kurse belegte, um seine Leistungen zu verbessern, und seine Eltern erwarteten, daß er nach der Schule direkt nach Hause kam, um noch eine weitere Stunde zu lernen. Jegliche außerhäusliche Aktivität wurde von einem Erwachsenen beobachtet. Vor allem verbrachten Sean und sein Vater mehr Zeit zusammen und unternahmen Dinge, die ihnen beiden Spaß machten. Manchmal will ein Sohn mit seinem schwerwiegenden Fehlverhalten auch zum Ausdruck bringen, daß er mehr Zeit mit seinem Vater braucht, obwohl nur wenige Teenager dies gern zugeben würden.

Wenn die Eltern-Sohn-Beziehung wieder besser ist, die Konsequenzen gewirkt haben und der Sohn die Mauern immer respektiert hat, kann man seine Grenzen wieder auf die flexiblere Gummiwand zurücksetzen. Dies sollte jedoch nicht übereilt geschehen, denn sonst tauchen bei dem Jungen vielleicht in anderen Bereichen seines Lebens Probleme auf. Vielleicht ist er ein guter Schüler und besucht regelmäßig den Unterricht, weigert sich aber, seinen häuslichen Pflichten nachzukommen oder mit seiner Familie angemessen zu kommunizieren. Man muß individuell auf jeden Jungen und jeden Bereich in seinem Leben eingehen. Elterliche Geduld, gepaart mit der Verpflichtung, dem

Sohn die nötige Zeit zuzugestehen, machen die Entwicklung ihres Kindes zu einem selbstmotivierten und verantwortungsbewußten Menschen wahrscheinlicher und verringern die Notwendigkeit, Mauern zu errichten.

Mauern sind die besten Grenzen für kleine Kinder, wenn es um ihre Sicherheit geht. Wir haben für unseren fünfjährigen Sohn viele Mauern errichtet. Er darf ohne die Aufsicht eines Erwachsenen nicht im Garten vor dem Haus spielen. Er darf nicht auf der Straße spielen. Er darf nicht mit Streichhölzern spielen. Er darf den Herd in der Küche nicht anschalten. Er darf nicht zu Fremden ins Auto steigen. Bis ein Kind sieben oder acht Jahre alt ist, kann es sich solche Grenzen nicht selbst setzen, so daß wir dies für das Kind tun müssen. Bei manchen Kindern werden Eltern viel Zeit darauf verwenden müssen, diese Grenzen zu überwachen. Dafür sind wir da. Aber zum Glück wissen wir, daß unser Sohn schließlich das Alter erreichen wird, in dem er sich seine eigenen Grenzen und Beschränkungen setzen kann.

### Eisengitter:
*wenn ein Kind sich selbst oder andere gefährdet*

Dabei handelt es sich um die stärksten Beschränkungen, die eine 24stündige Überwachung durch Elternoder Jugendamtspfleger erfordern. Eisengitter werden dann errichtet, wenn ein Sohn mit dem Gesetz in Konflikt gekommen ist oder ein Vormund oder eine andere Autoritätsperson es für richtig halten. Das Verhalten des Jungen zeigt eine kriminelle Absicht, wobei es keine Rolle spielt, ob er selbst es so sieht oder nicht. Seine Bewegungsfreiheit muß eingeschränkt werden. Vielleicht wird er einem Amtspfleger zur Aufsicht unterstellt oder zeitweise in ein Heim oder eine unter amtlicher Aufsicht stehende Wohngemeinschaft für Jugendliche eingewiesen.

Mitch, 14, verbrachte drei Wochen in einem Heim, nachdem er verhaftet worden war, weil er 3000 Dollar gestohlen hatte, um für seine Münzsammlung seltene Münzen zu erwerben. Danach war er drei Monate auf Bewährung zu Hause, leistete 3 000 Stunden Sozialarbeit ab und arbeitete über einen Zeitraum von zwei Jahren für die Wiedergutmachung seines Schadens. Wenn er diesen Auflagen nicht nachgekommen wäre, hätte er in das Heim zurückkehren müssen. Mitchs Eltern arbeiteten gewissenhaft mit den betreffenden Gemeinschaftseinrichtungen zusammen, um ihren Sohn wieder in das normale Familienleben zu integrieren. Sie erklärten sich auch bereit, der Anordnung des Gerichts nach einer Familientherapie und einer Einzeltherapie für ihren Sohn nachzukommen. Dort unterzog sich Mitch psychologischen Untersuchungen, mit deren Hilfe festgestellt werden sollte, ob seine Tat ihren Ursprung in tiefer liegenden psychischen Störungen hatte, oder ob er eine schwierige Lektion hatte lernen müssen und man ihm nun die Chance geben sollte, seine Freiheit und seine persönlichen Rechte zurückzuerhalten.

Bei verschiedenen Familien kann so ein Prozeß zwischen drei Monaten und mehreren Jahren dauern. In dieser Zeit müssen Eltern und Söhne sich auf eine eingehende Suche nach ihren Seelen einlassen und einander verzeihen; und sie müssen darauf achten, daß die festgelegten Beschränkungen strikt eingehalten werden. Diese Phase ist außerordentlich wichtig, um den Sohn an eine positive Rolle innerhalb der Familie wie auch der größeren Gemeinschaft heranzuführen.

Grenzen und Konsequenzen bezüglich des Verhaltens festzulegen, ist für uns Eltern von Söhnen eine sehr schwierige Aufgabe, der wir unsere volle Aufmerksamkeit widmen müssen. Gute Zäune sind immer altersgerecht, was voraussetzt, daß wir unseren Sohn gut beobachten. Sein Verhalten signalisiert uns, welchen seinem Reifegrad entsprechenden Zaun wir errichten sollen. Die wirksamsten Konsequenzen stehen in einem logischen Zusammenhang mit dem Fehlverhalten, so daß wir gründlich überlegen müssen, bevor wir das »Urteil« verhängen. Unsere Söhne lernen nur dann, uns zu vertrauen, wenn wir das, was wir ankündigen, auch einhalten. Über die Folgen von »Dann wird nichts mit Disneyland!« sollten wir uns im klaren sein. Sowohl Grenzen als auch Konsequenzen erfordern sorgfältige Überwachung, und die kostet uns oft viel Zeit, weit mehr, als es eigentlich unsere Pflicht wäre. In einigen der schrecklichsten Momente im Leben unseres Sohnes müssen wir Liebe und Mitleid aufbringen. Und wir müssen in der Lage sein, unsere Fehler hinter uns zu lassen, und dafür danken, daß unsere Söhne so unverwüstlich sind. Unsere Herausforderung besteht darin, die positive Absicht hinter ihrem Verhalten zu finden, die Stimme ihrer Seelen zu hören.

## Zäune: Eine kurze Zusammenfassung

*Mündliche Richtlinien: abgesprochene Vereinbarungen werden eingehalten*
Mündlich vereinbarte Abmachungen zwischen Eltern und Sohn, die keine Konsequenzen bergen, werden eingehalten. Selten sind Ermahnungen vonnöten, beide Seiten bemühen sich, die Vereinbarung einzuhalten. Wenn sie gebrochen wird, erfolgen unverzüglich Wiedergutmachung und Entschuldigung. Die Motivation, eine mündliche Vereinbarung einzuhalten, kommt von innen heraus, so daß solche Vereinbarungen am ehesten bei Kindern ab neun Jahren funktionieren.

*Holzzäune: Ermahnungen reichen aus*
Eine Ermahnung reicht aus, um diese zur Gewährleistung eines reibungslosen Haushaltsablaufs gesetzte Grenze zu festigen. Wahrscheinlich wird ein Junge die Grenze ab und zu mißachten, so daß kleinere Konsequenzen und Verhandlungen erforderlich sind.

*Gummiwand: Grenzen können nicht selbst gesetzt werden*
Der Junge ist nicht in der Lage, für sich selbst die Grenzen zu setzen, so daß dies für ihn getan werden muß. Er braucht etwas, von dem er abprallen kann, um sich sicher zu fühlen und zu lernen, Verantwortung zu übernehmen. Die Konsequenzen haben schon stärkeres Gewicht.

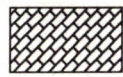

*Mauern: schwerwiegende Konsequenzen sind erforderlich, um die Grenzen durchzusetzen*
Schwerwiegende Konsequenzen sind erforderlich, um die Aufmerksamkeit eines Sohnes zu erregen. Er muß wieder »Form annehmen«, sonst bringt er sich selbst in Schwierigkeiten oder Gefahr. Ziel ist es, das Problem innerhalb der Familie in den Griff zu bekommen; sonst muß eine außenstehende Autorität intervenieren.

*Eisengitter : wenn ein Kind sich selbst oder andere gefährdet*

Wenn ein Sohn sich selbst oder andere gefährdet, wird eine 24-Stunden-Überwachung seitens der Eltern oder des Jugendamtes notwendig. Der Sohn ist mit dem Gesetz in Konflikt gekommen. Seine Bewegungsfreiheit wird eingeschränkt. Er muß die aufrichtige Absicht zeigen, sich zu bessern, bevor ihm wieder uneingeschränkte Freiheit, Vergünstigungen, Vertrauen und Verantwortung gewährt werden.

# 8

# Die positive Absicht: Die Seele treffen

Sei vorsichtig, wenn du deine Dämonen vertreibst, es könnte sein, du vertreibst dabei deine stärksten Seiten.[1]

*Joseph Campbell*

Betty brauchte drei Jahre, bis sie es geschafft hatte, mitten in East Los Angeles ein Zentrum für die Behandlung von Drogensüchtigen aufzubauen. Sie war eine kleine Frau, die sich einer großen Aufgabe verschrieben hatte. Sie mußte gegen viele widrige Umstände kämpfen, aber schließlich trug sie mit ihrer Hartnäckigkeit und Menschenkenntnis den Sieg davon. Sie arbeitete selbst viel mit Jugendlichen, die in diesem Zentrum landeten. Die folgende Geschichte handelt vom Bruder einer ihrer jungen Klientinnen, einem 13jährigen Mädchen, das sich sehr darum bemühte, von den Drogen loszukommen. Eines Tages stürmte ein großer, muskulöser Mann, der eine schwere goldene Halskette trug, in das Zentrum und suchte »die kleine Frau, die mit meiner Schwester rummacht«. Sein Zorn ließ jeden vor ihm zurückweichen bis auf Betty. Sie ging geradewegs auf ihn zu und sagte: »Ihre Schwester liegt Ihnen wirklich am Herzen, nicht wahr? Mir geht es genauso. Kommen Sie in mein Büro, dort können wir uns über sie unterhalten.« Der junge Mann beruhigte sich auf der Stelle und folgte ihr in das Büro.

Betty scheint mit ihrer Arbeit Wunder zu bewirken; ihre Erfolge scheinen oft nicht von dieser Welt zu sein, aber ihre Methode ist so einfach, daß wir alle sie lernen können. Betty ließ sich von dem bedrohlichen Auftreten des Mannes nicht einschüchtern; sie suchte vielmehr nach der positiven Botschaft, die er ihr vermittelte: »Meine Schwester liegt mir am Herzen«. Sie verurteilte den Bruder nicht dafür, daß er wütend war. Statt dessen nahm sie an, daß seine Wut ein unreifer Ausdruck seines Gefühls der Fürsorge war. Betty kommunizierte mit ihm auf der Ebene der Fürsorge für seine Schwester, eine Ebene, die sie beide gemeinsam hatten.

Später erfuhr Betty, daß dieser Mann, der Anführer einer lokalen Jugendbande, auf sein Viertel und vor allem auf die Jugendlichen, die sich auf der Straße aufhielten, aufpaßte. Mit 19 betrachtete er sich als eine Art Vaterfigur für sie. Bald stand Bettys Drogenzentrum unter dem Schutz seiner Gang. Er vertraute ihr. Ohne negative Bewertung sprach sie zu seinem reifen Selbst; sie wandte sich an einen tiefer liegenden, starken Instinkt, den Beschützerinstinkt. Aus seiner Fürsorge entwickelte sich positives Handeln, als wäre sie ein Samenkorn, das zu sprießen beginnt, wenn es richtige Nahrung, Wasser und Sonnenschein bekommt.

Die Seele eines Jungen hat ein natürliches Bedürfnis zu wachsen, aber sie braucht die richtigen Bedingungen, um zur Blüte zu kommen. Wenn wir die schwierigen Gefühle und extremen Verhaltensweisen unseres Sohnes als »Samen« betrachten, die sorgfältiger Pflege bedürfen, gelingt es uns besser, unsere Wut, Enttäuschung und schlechte Meinung über Bord zu werfen und ihn mit Liebe und Festigkeit zu erziehen.

## Bedingungen, um die Anlagen eines Sohnes zu fördern

Zwischen einer reifen Senfpflanze und dem winzigen Samen, aus dem sie wuchs, liegen Welten. Bettys Methode, nach der positiven Absicht[2] zu suchen, gründet sich auf Prinzipien, die – wie richtiges Licht, richtige Erde, ausreichende Flüssigkeit und Schutz vor Ungeziefer, die ein Samen braucht, um zu grünen – für die Bedingungen sorgen, unter denen die Seele eines Jungen gedeiht, und die ihn auf seinem ihm bestimmten Weg zur Reife führen werden.

*Wir müssen ein Umfeld schaffen, in dem die natürlichen Begabungen unserer Söhne zu einem reifen Ausdruck gelangen können.*

Die meisten von uns sind sich sicherlich darüber einig, daß Jungen eine gute Erziehung und Ausbildung brauchen, außerdem aber auch gesellschaftliche Veranstaltungen, Freizeit und organisierte Aktivitäten für jedes Alter, wie sie Sportvereine, Pfadfindergruppen, kirchliche Jugendgruppen und Ferienjobs bieten. Aber es gibt ein Gesetz, das stärker ist als alle elterlichen Bemühungen, den Sohn auf den ihm bestimmten richtigen Weg zu führen: *Die Seele bewegt sich, wann sie will.* Egal, wie sehr wir drängen, schmeicheln oder beten, seine Seele wird ihn nur voranbringen, wenn sie dazu bereit ist, wenn seine, nicht unsere Bedingungen stimmen. Wann dieser Moment eintritt, läßt sich nicht vorhersagen, aber wenn er einmal eingetreten ist, werden wir es sicher merken.

Scotts Familie hatte ihn immer für einen »liebenswerten, aber faulen Burschen« gehalten, der zwar »ein flottes Mundwerk, aber keinerlei Durchhaltevermögen« besitzt. Seine Eltern steckten viel Geld in seine Schulbildung, aber mit 22 konnte er kaum selbst für sich aufkommen. Er hatte verschiedenste Jobs ausprobiert, aber nichts hatte ihm zugesagt. Schließlich trat er die Stelle eines Hausmeisters in einem Altenheim an. Dort machte er sich mit seinem »flotten Mundwerk« schnell beliebt bei den Heiminsassen. Er hielt nicht nur das Haus sauber, sondern man bat ihn auch, den Heimbewohnern behilflich zu sein, weil er die wunderbare Fähigkeit hatte, sie zur Mitwirkung an ihrer Pflege zu motivieren.

Scotts Gabe, Trost zu spenden, war dann auch der Grund dafür, daß er eine Hausmeisterstelle in einer Nervenheilanstalt annahm. Wieder fiel dem Pflegeteam die Leichtigkeit auf, mit der er eine Beziehung zu den Patienten fand und ihr Vertrauen gewann. Bald machte man ihn zum Assistenten, der den Patienten half, sich an die Krankenhausumgebung und -routine zu gewöhnen. Die Ärzte, Schwestern und Psychologen schätzten ihn bald als Teammitglied, und Scott stieg in die Patientenaufnahme auf. Dort hatte er zwar offiziell die Funktion eines Hausmeisters, aber er sollte vor allem mit den neuen Patienten reden und ihnen ein Gefühl von Sicherheit und Verständnis vermitteln, wenn sie in das Krankenhaus kamen.

Schließlich entschloß sich Scott, in gefährlicheren Situationen mit Menschen zu arbeiten. Er ging zur Feuerwehr, und man rief ihn immer dann, wenn es galt, Menschen in Notsituationen zu beruhigen und zu trösten. Inzwischen hat er eine Ausbildung als Sanitäter und als Taucher bei der Wasserwacht hinter sich gebracht und erwägt, sich als Polizist ausbilden zu lassen.

»Er ist nicht der Bruder, mit dem ich aufgewachsen bin«, sagt seine Schwester heute. »Er arbeitet hart, ist sehr ordentlich und kümmert sich wirklich um andere Menschen, nicht nur um sich selbst.« Scott ist jedoch noch immer der Bruder, mit dem sie aufgewachsen ist. Sein »flottes Mundwerk« war eine unreife Form seiner Fähigkeit, sich um andere zu kümmern und sie in Notsituationen zu trösten. Scott war wie ein Samen; aus der »herumgammelnden Schlafmütze« wurde ein sehr effektiv arbeitender Fachmann, der in der Lage ist, Leute in Not zu retten und zu trösten. In der Seele eines jeden Jungen wohnt der Drang, seine groben Anfänge zu einer produktiven, lebensspendenden Form werden zu lassen. Wie die Therapeutin Edith Schutz feststellt: »Man will den Menschen helfen, weiterzukommen, und zwar nicht, indem man den Punkt, an dem sie sich momentan befinden, leugnet, sondern vielmehr, indem man darauf aufbaut.«[3]

*Suchen Sie nach der positiven Absicht, ohne die unreifen Aktionen oder Worte zu verleugnen.*
Betty, die Leiterin des Drogenzentrums, von der wir vorhin sprachen, verstand die bedrohliche Art und die wütenden Worte des Bruders als Signale, die auf eine positive Absicht seines Besuchs hinwiesen. Wenn sie ihn wegen seines Verhaltens hinausgeworfen oder die Polizei gerufen hätte, hätte sie diese ausgezeichnete Gelegenheit verpaßt, sich einen wichtigen Verbündeten zu schaffen. Wir Eltern verpassen oft solche Gelegenheiten, eine tiefere Verbindung zu unseren Söhnen herzustellen, weil wir durch ihre Worte oder ihr Verhalten verletzt oder beleidigt sind.

Ich komme hierher, um meine Wut an Ihnen auszulassen, weil meine Mutter immer ausflippt. Wenn ich die Wut losgeworden bin, kann ich klarer denken; ich kann herausfinden, was ich ihr sagen oder mit ihr tun soll. Aber wenn ich versuche, das zu tun, bevor ich meine Wut losgeworden bin, klickt etwas in meinem Kopf, und ich werde nur noch wütender.

*Bobby, 15, seinem Gesprächstherapeuten gegenüber*

Alle Gefühle sind die Samen enormer Möglichkeiten. Wenn man sie leugnet, welken unsere Söhne entweder dahin, oder sie wachsen sich zu wildem Unkraut aus, das unser ganzes Heim überwuchern kann. Wenn wir sie akzeptieren und uns auf die positive Absicht konzentrieren, können unsere Söhne gesund heranwachsen und reifen.

*Sohn:* (laut) Ich bin sauer, weil du mich nicht gehen läßt.
*Vater:* Dieses Konzert ist dir wohl wirklich wichtig.
*Sohn:* (ruhiger) Natürlich. Deswegen bin ich ja so sauer auf dich.
*Vater:* Ich würde dich schon gehen lassen, aber es ist zu spät für dich. Freitag abend sind zu viele betrunkene Autofahrer unterwegs.
*Sohn:* Und wenn ich mit den anderen mit der U-Bahn fahre?
*Vater:* Ich wußte nicht, daß man auch mit der U-Bahn hinkommt.
*Sohn:* Die Haltestelle ist gleich neben der Konzerthalle. Ich wollte doch nur mit dem Auto hin, weil Auto fahren mehr Spaß macht.

Der Vater verstand die Wut seines Sohnes als Signal, daß es wahrscheinlich um mehr ging, als er ursprünglich angenommen hatte. Wenn er sich auf die Wut konzentriert hätte, wäre das Gespräch wahrscheinlich in gegenseitiges Anbrüllen ausgeartet, wobei einer schließlich wütend davongestürmt wäre. Indem er sich auf den brennenden Wunsch seines Sohnes, in das Konzert zu gehen, konzentrierte, nicht auf seine Wut, gelangte dieser Vater geradewegs zum Kern des Problems. Der Austausch wurde ruhiger, und jeder war in der Lage, andere Möglichkeiten in Betracht zu ziehen. Der Sohn wollte unbedingt in das Konzert, der Vater hingegen wollte seinen Sohn in Sicherheit wissen. Von dieser reifen Warte des Wollens aus fanden sie eine Lösung.

*Manchmal muß die Bewegung der Seele eines
Jungen kühn und wagemutig sein.*

Das »Fehlverhalten« eines Sohnes kann notwendig sein, damit er sich wach hält oder seine Eltern aufweckt, einen besseren Lebensweg zu finden. Wir kennen alle das Klischee vom »braven Mädchen«, das zuckersüß ist, allen Regeln gehorcht und nichts im Kopf hat. Korrektes Verhalten kann zwar nach außen hin alles in Ordnung erscheinen lassen, aber auch ein völlig ödes Inneres verbergen; niemand scheint zu Hause zu sein. Wenn man die Gefühle eines Sohnes leugnet oder vernachlässigt, kann es zu einem solchen Zustand kommen. Auch wenn das Leben etwas weniger ruhig wirken mag, wollen wir doch, daß unsere Söhne lebendig und leidenschaftlich sind, Ungerechtigkeiten nicht hinnehmen, ihren eigenen Weg gehen und der Welt ihren positiven Stempel aufdrücken. Dies erfordert ein ständiges Probieren und Korrigieren, und so mancher Zaun wird dabei übersprungen, gegen so manche Gummiwand wird angerannt werden.

Beim Erwachen und Reifen ihrer Seelen kommt uns die Aufgabe zu, ihnen die Grenzen in Erinnerung zu rufen und die positive Absicht hinter ihrem »Fehlverhalten« zu loben. Anders ausgedrückt: Wir müssen dasein, um an ihre Seelen zu rühren. Dabei ist es hilfreich, sich an die Menschen in unserem Leben zu erinnern, die uns berührt haben – diejenigen, die uns in den Sinn kommen, wenn wir uns schlecht und mutlos fühlen. Sie zeigten uns den Schatz in unserem Inneren, weil sie erkannten, daß er da war. Wir können unseren Söhnen helfen, den Schatz ihrer unbändigen Naturen zu finden, damit sie ihr Leben in die Hand nehmen und ihre Leidenschaften auf ein sinnvolles Ziel richten können.

**DON:** Barry, 15, wurde zur Therapie überwiesen, weil er an das Haus seines Lehrers ein riesiges »Happy Birthday« gesprüht hatte. Sein Vater machte sich hauptsächlich darum Sorgen, ob sein Sohn kriminell veranlagt wäre. Ein unwahrscheinlich witziger junger Mann, ja, ein Krimineller, nein. Barry sprach zwar bereitwillig mit mir, aber alle paar Minuten produzierte er komische Geräusche und lenkte damit unsere Aufmerksamkeit vom Thema ab. Schließlich wurde ich ungeduldig und sagte: »Jetzt habe ich verstanden – du bist ein Künstler!« Er sah mich fragend an. »Nein, ich bin kein Künstler.« Ich erwiderte: »Ich meine nicht so einer wie Rembrandt. Du gehörst auf eine Bühne. Ich habe ein Photo von deinem Gemälde auf dem Haus deines Lehrers gesehen, und es war wirklich witzig. Die Frage ist nur: Wie kannst du witzig sein, ohne damit ständig in Schwierigkeiten zu geraten?« Daraufhin öffnete sich Barry und ließ mich an seinem Traum teilhaben, bei einer Punk-Rockband mitzumachen. Er zeigte mir seine Liedertexte. Einige waren voller Empörung, andere sehr ernst. Er sagte: »Ich will nicht nur einfach rebellieren. Ich sehe so viel an der Welt, was nicht in Ordnung ist; ich will ein Ziel haben, etwas zu sagen haben.«

## Die Macht der Aufmerksamkeit

Wenn die Kinder noch klein sind, lernen Mütter, ihre Aufmerksamkeit zu streuen. Eine Mutter kann sich eine kleinere Aufgabe – Geschirrspülen, Bügeln, Backen – vornehmen und gleichzeitig Augen und Ohren darauf richten, was ihr Kleinkind tut und wo es sich befindet. Das Kind wird völlig zufrieden längere Zeit vor sich hin spielen. Sobald die Mutter sich jedoch auf eine anspruchsvollere Aufgabe konzentriert, etwa die Haushaltsabrechnung oder ein Telephongespräch, braucht das Kind sofort

Hilfe, weil ein Puzzleteil einfach nicht an seinen Platz will, ein Schnürsenkel lose ist, ein Bauklötzchen verlorengegangen ist oder sonst etwas nicht stimmt. Das Kind spürt, daß es die Aufmerksamkeit seiner Mutter verloren hat.

Unsere Söhne brauchen und verdienen in jedem Stadium ihres Wachstums unsere Aufmerksamkeit. Wir Eltern dienen als Spiegel, in dem sich die Wirkung ihres Verhaltens oder ihrer Worte reflektiert. Diese Aufmerksamkeit vermittelt ihnen eine klare Sicht von sich selbst und nährt das Selbstvertrauen, das sie brauchen, um ihren Platz in der Welt einzunehmen.

Wenn wir nach der positiven Absicht ihres Verhaltens suchen und uns darauf konzentrieren, heißt das nicht, daß wir uns von unseren Söhnen überrennen lassen sollen.

> Ich war stinksauer auf meinen Sohn. Er hatte am Freitag abend mein Auto benutzt, Coladosen und Hamburgertüten auf dem Vordersitz liegen lassen, den Tank leer gefahren und nicht wieder aufgetankt. Wir hatten abgemacht, daß er das Auto sofort saubermacht, wenn er es benutzt hat, weil ich morgens meistens früh aus dem Haus muß. Ich rüttelte ihn ziemlich grob wach und fragte ihn: »Was ist eigentlich los? Das Auto ist ein Chaos!« Verschlafen antwortete er: »Oh je, ich hab's vergessen. Ich war gestern nacht so müde, daß ich mich entschlossen habe, heute früher aufzustehen, um sauberzumachen. Das war wohl ziemlich dumm, denn ich stehe ja nie früh auf. Es tut mir leid, Dad. Kann ich es jetzt wiedergutmachen?« Ich war hin und hergerissen – sollte ich ihm Saures geben oder noch einmal ein Auge zudrücken? Dies war das erste Mal, daß er so unzuverlässig war. Ich sagte: »Steh auf, mach's jetzt gleich sauber, und wir vergessen das Ganze. Meistens bist du recht zuverlässig, was unsere Autover-

einbarungen anbelangt.« Ich merkte, daß es ihm sehr wichtig war, daß ich seine Bemühungen, sein Wort zu halten, anerkannte.

*James, ein Vater bei einem monatlichen Eltern-Treff*

Bei der Kommunikation mit unseren Söhnen müssen wir unbedingt flexibel reagieren. Wenn der Vater in der oben erzählten Geschichte sich nur auf die Unordnung konzentriert hätte, hätte er die Gelegenheit verpaßt, die Aufmerksamkeit auf die Bemühungen seines Sohnes, Wort zu halten, zu richten. Der Vater hätte die vielen Erfolge seines Sohnes negiert, wenn er dieses eine Versäumnis zu sehr beachtet hätte.

**JEANNE:** Unser Sohn hat unter anderem die Aufgabe, nach dem Abendessen seinen Teller in die Küche zu tragen und ihn auf die Ablage neben das Spülbecken zu stellen. Mit fünf muß er sich noch ziemlich anstrengen, zur Ablage hochzureichen, aber seinen Teller kriegt er ganz gut hoch. An diesem Abend räumte er auch seinen Becher ab, der noch randvoll war mit Traubensaft. Äußerst konzentriert hievte er die Tasse auf die Ablage, sie kippte jedoch um, und der ganze Saft lief auf sein Hemd und auf den frisch gewischten Fußboden.

Früher hätte ich ihm bei so etwas mit lauter, wütender Stimme eine Standpauke gehalten, warum er denn versucht habe, seinen Becher dahin zu stellen, obwohl er es doch besser wissen müßte, und hätte dann ärgerlich die Unordnung weggewischt. Diesmal holte ich jedoch tief Luft, sah ihm in die Augen und sagte: »Du wolltest beim Tischabräumen unbedingt mehr helfen, stimmt's?« »Ja«, sagte er, »aber ich habe den Saft verschüttet.« Ich lächelte. »Mach dir nichts draus. Nächstes Mal wird es schon klappen. Hier ist ein Tuch. Wischen wir's zusammen auf.« Sein Selbstvertrauen war wiederhergestellt, und ich erkannte, auf welch schmalem Pfad ich eben gewandert war. Ich sah, wie leicht ein Triumph sich in eine Niederlage verwandeln kann und umgekehrt.

## Übung:
## Wie man lernen kann,
## die positive Absicht zu erkennen

Für Eltern kann es eine ziemliche Herausforderung sein, hinter den wütenden Worten oder Verhaltensweisen ihres Sohnes die positive Absicht aufzuspüren. Meistens sind wir so tief in die Interaktionen mit unseren Söhnen verstrickt, daß uns der Abstand fehlt, um klar zu sehen, was zu tun ist; und bevor wir es recht merken, stecken wir bis zum Knie im Chaos. Zur Übung, wie man lernt, die positive Absicht wahrzunehmen, haben wir eine Liste mit Bemerkungen aufgestellt, die wir oft von unseren Söhnen zu hören bekommen. Lesen Sie sich jede einzelne durch und schreiben Sie darunter eine mögliche Erwiderung, die die positive Absicht hinter den Worten erkennt. Der ersten Bemerkung haben wir eine mögliche Reaktion beigefügt, um Ihnen zu helfen, auf die richtige Spur zu kommen.

*Aussage:* Ich hasse dich, wenn du mir immer sagst, was ich tun soll!
*Positive Absicht:* *Du willst mehr Kontrolle über dein Leben haben.*

*Aussage:* Es ist mir egal, ob das sicher ist oder nicht. Ich *will* gehen!
*Positive Absicht:* _____

*Aussage:* Das Schloß an deinem Werkzeugkasten ist mir kaputtgegangen, als ich versucht habe, ein Werkzeug rauszunehmen, um den Rasenmäher zu reparieren.
*Positive Absicht:* _____

*Aussage:* Ich räume mein Zimmer nie wieder auf!
*Positive Absicht:* _____

*Aussage:* Ich bin ein Vollidiot!
*Positive Absicht:* _____

*Aussage:* An allem gibst du mir die Schuld.
*Positive Absicht:* _____
**Du hörst mir nie zu.**

Wie fanden Sie es? Wie bei jeder Fertigkeit braucht man auch beim Heraushören der positiven Absicht Übung und Geduld. Zur Verdeutlichung des Prozesses wollen wir zuerst einmal die Arten elterlicher Reaktionen betrachten, die das Chaos nur noch vergrößern; danach folgen unsere Vorschläge, wie man die positive Absicht, die hinter diesen Reaktionen steckt, doch noch herausfindet.

## Kommt Ihnen das bekannt vor?

Die nachfolgenden Erwiderungen haben wir vielleicht schon einmal selbst verwendet, aber im nachhinein bedauert, weil die Kommunikation sich entweder verschlechterte oder völlig zusammenbrach. Manchmal ertappen wir uns vielleicht dabei, daß wir genau das gleiche sagen, was wir von unseren eigenen

Eltern zu hören bekommen haben. Solche Reaktionen sind häufig daran schuld, wenn wir Gelegenheiten verpassen, Verbindung mit unseren Söhnen aufzunehmen und an ihre Seelen zu rühren. Anstatt von Schuldgefühlen übermannt zu werden, wenn uns solche Sätze rausrutschen, sollten wir uns verzeihen und noch einmal nach der positiven Absicht suchen, um schließlich einen besseren Erziehungsstil zu finden.

Ich hasse dich, wenn du mir immer sagst, was ich tun soll!
*Rede nie wieder so mit mir, sonst wasch' ich dir den Mund mit Seife aus!*
Es ist mir egal, ob das sicher ist oder nicht. Ich *will* gehen!
*Nun, das tust du nicht, und damit Schluß! Geh in dein Zimmer!*

Das Schloß an deinem Werkzeugkasten ist mir kaputtgegangen, als ich versucht habe, ein Werkzeug rauszunehmen, um den Rasenmäher zu reparieren.
*Was hast du gemacht? Wie oft habe ich dir gesagt, du sollst die Finger von meinen Sachen lassen! Das gibt zwei Wochen Hausarrest!*

Ich räume mein Zimmer nie wieder auf!
*Das wirst du wohl, junger Mann! Du marschierst jetzt augenblicklich in dein Zimmer und kommst erst wieder raus, wenn es aufgeräumt ist.*

Ich bin ein Vollidiot!
*Sag so was nicht von dir!*

An allem gibst du mir die Schuld.
*Nun, so sieh dir doch mal die Unordnung an, die du gemacht hast.*

Du hörst mir nie zu.
*Wenn du freundlicher reden würdest, könnte ich dir vielleicht besser zuhören.*

Wir alle können uns vorstellen, welche Ergebnisse wir mit obigen Reaktionen erzielen. Es folgen nun Erwiderungen, die, wie wir festgestellt haben, der Kommunikation und dem Verständnis zwischen Eltern und Söhnen zuträglicher sind:

Ich hasse dich, wenn du mir immer sagst, was ich tun soll!
*Du willst an dieser Entscheidung stärker beteiligt sein.*
Oder: *Du möchtest mir signalisieren, daß du langsam in der Lage bist, mehr Entscheidungen selbst zu treffen.*

Es ist mir egal, ob das sicher ist oder nicht. Ich *will* gehen.
*Das ist dir offenbar wirklich wichtig.*

Das Schloß an deinem Werkzeugkasten ist mir kaputtgegangen, als ich versucht habe, ein Werkzeug rauszunehmen, um den Rasenmäher zu reparieren.
*Es ist wirklich mutig von dir, mir die Wahrheit zu sagen.*

Ich räume mein Zimmer nie wieder auf!
*Du möchtest mehr Mitsprache haben bei dem, was hier passiert.*

Ich bin ein Vollidiot!
*Du willst weiter sein, als du bist.*

An allem gibst du mir die Schuld.
*Ich treibe dich zu sehr an.*

Du hörst mir nie zu.
*Meine Aufmerksamkeit ist dir wichtig.*

An dieser Stelle ist es sicherlich hilfreich, übungshalber diesen Prozeß auf Ihre eigene Familiensituation zu übertragen. Wir laden Sie nun ein, in die folgenden Leerräume typische Bemerkungen Ihres Sohnes und Ihre frühere Erwiderung zu schreiben. Schließlich sollten Sie Ihre neuen Erwiderungen eintragen, durch die die positive Absicht hinter den Worten Ihres Sohnes anerkannt wird.

Mein Sohn sagt: _____

So reagierte ich früher darauf: _____

Meine neue Reaktion: _____


Mein Sohn sagt: _____

So reagierte ich früher darauf: _____

Meine neue Reaktion: _____


Mein Sohn sagt: _____

So reagierte ich früher darauf: _____

Meine neue Reaktion: _____

Mein Sohn sagt: _____

So reagierte ich früher darauf: _____

Meine neue Reaktion: _____


Mein Sohn sagt: _____

So reagierte ich früher darauf: _____

Meine neue Reaktion: _____


Mein Sohn sagt: _____

So reagierte ich früher darauf: _____

Meine neue Reaktion: _____


Mein Sohn sagt: _____

So reagierte ich früher darauf: _____

Meine neue Reaktion: _____

Wenn wir gerade in einer schmerzerfüllten, depressiven, verwirrten Phase sind oder einen Verlust erlitten haben, dann fällt es uns vielleicht sehr schwer, etwas anderes als das Negative zu sehen. Es ist traurig, daß viele Eltern und ihre Söhne der Gewohnheit verfallen sind, bei dem jeweils anderen nur das

Negative zu sehen. Unsere Söhne leiden darunter genauso wie wir selbst.

Aber wenn wir genau hinsehen, finden wir hinter den meisten Dingen, die in unserem Leben passieren, eine positive Absicht, und das gilt auch für das Leben unserer Söhne. Wir können uns in der Tat angewöhnen, hinter den Worten und Taten unserer Söhne die positive Absicht zu suchen. Langfristig gesehen werden diese vielleicht unserem Beispiel folgen und das gleiche bei uns tun. Nach jahrelangen Schuldzuweisungen für jede Widrigkeit in ihrem Leben, nach jahrelangem Widerstand gegen unsere Fürsorge wird vielleicht der Tag kommen, an dem *sie* nach der positiven Absicht hinter den Worten suchen, die wir im Zorn geäußert haben. Können wir Eltern uns einen schöneren Lohn vorstellen als den, eine seelenvolle Verbindung zu unserem Sohn geschaffen zu haben und dann zu fühlen, wie auch er unsere Seelen trifft?

# TEIL III

# Von der Wiege
# bis ins Berufsleben

# 9

# Die Kolumbus-Jahre: Null bis sieben

Babys sind eine so nette Art, das Menschsein zu beginnen.[1]
*Don Herold, Autor und Humorist*

## Entwicklungsaufgaben

Die Entwicklung eines Jungen von seiner Geburt bis zum Alter von sieben Jahren konzentriert sich auf die Entdeckung und das Verständnis der Außenwelt. Durch Berühren, Greifen, Saugen, Sitzen, Krabbeln, Schleichen, Gehen, Klettern, Rennen, Beobachten und Zuhören gebraucht ein Junge seinen Körper, um etwas von der Welt um ihn zu erfahren. Dies ist das Alter der Entdeckung, Nachahmung und Wiederholung. Von dem Moment an, wo er seine Finger und Zehen entdeckt, wird selbst das kleinste Fitzelchen genauestens untersucht. Niemals wieder wird es in der Welt so viel Vergnügliches geben. Erstaunliche Leistungen gelingen ihm zum ersten Mal – nach der Rassel zu greifen, einen Ball zu werfen, auf einem Fuß zu hüpfen, zu pfeifen –, und er wird so etwas unzählige Male wiederholen, bis es Teil seines Selbst geworden ist.

**JEANNE:** Eines Tages dachte ich: »Ich schreie gleich, wenn ich ›Chicken Little‹ noch einmal lesen muß!«

Jeden wachen Moment verbringt ein Sohn damit, sich selbst und alles, was in die Reichweite seines unstillbaren Forscherdrangs gerät, genauestens zu untersuchen. Diese frühen sensorischen Botschaften hinterlassen einen bleibenden Eindruck auf die körperliche und emotionale Entwicklung eines Jungen, wie der Daumenabdruck des Töpfers auf Ton. In seinen ersten Lebensjahren unterscheidet ein Junge noch nicht zwischen gut und böse; ihm erscheint deshalb alles geeignet zur Aufnahme und Nachahmung.

Wenn er anfängt, die Namen der Dinge, die er entdeckt, zu lernen, entwickeln sich Gedächtnis, Sprache und Denken. Damit vergrößert sich sein Forschungsvermögen sogar noch, denn er nimmt die Bilder, die er sieht, auf und läßt sie in seiner Phantasie und beim Spielen wieder heraus. Sein Spiel ist sein »Lebenswerk«; ihm gebührt Respekt und ungestörte Zeit. Dies ist äußerst wichtig, weil ein Junge durch Spielen all die Verwirrung, die Enttäuschung und die starken Gefühle, die er im täglichen Zusammenleben mit seiner Familie erlebt, ausagiert. Wie oft unterbrechen Eltern – in bester Absicht – notwendiges Spielen dadurch, daß sie Anregungen geben, die dem Bedürfnis eines Erwachsenen nach Abwechslung entstammen, und verstehen dabei nicht, daß es eben die oft wiederholten und bekannten Spiele und Phantasien sind, die ihrem Sohn am besten bekommen.

Auch grundlegende emotionale Lektionen werden in diesen ersten Jahren gelernt. Babys und Kleinkinder beginnen, etwas über Vertrauen, Schuld und Autonomie zu lernen. Der Psychologe Erik Erikson, der sich intensiv mit der kindlichen Entwicklung beschäftigte, stellte fest, daß einer der ersten Grundkonflikte etwas mit Vertrauen und Mißtrauen zu tun hat.[2] Wenn Babys immer warm, trocken und satt sind, lernen sie, ihrer Welt und den Menschen um sie herum zu vertrauen. Wenn die Betreuungspersonen unbeständig sind oder ihre Pflegeaufgaben vernachlässigen, entwickeln Babys ein Mißtrauen sich selbst und anderen gegenüber.

Im Alter zwischen eineinhalb und drei Jahren steht das Kleinkind nach Erikson vor dem Konflikt Autonomie versus Scham oder Zweifel.[3] Seine ungelenken Versuche, neue Aufgaben alleine anzugehen, können Eltern sehr strapazieren, aber die Art und Weise, wie wir diese Versuche anerkennen, beeinflußt die Entwicklung seines Vertrauens in seine Fähigkeit, das zu erreichen, was es erreichen will. Wenn Eltern ihr Kind ermutigen und es verstehen, kann es zuversichtlich neue Erfahrungen sammeln. Wenn Eltern seine Versuche zügeln oder nicht gutheißen, fühlt das Kind sich beschämt und zweifelt an seinen Fähigkeiten.

Eine weitere emotionale Lektion der ersten Lebensjahre besteht darin, ob und wie ein Junge seine Gefühle zeigen darf oder nicht. Die Gefühlskästchen, die wir im 6. Kapitel besprochen haben, zeigen, wie intensiv und dauerhaft diese grundlegenden Lernerfahrungen sind. Wenn ein Junge lernt, daß Traurigkeit in seiner Familie nicht zugelassen ist, wird er als Mann seine Trauer hinter übermäßiger Arbeit, Wut oder sonst einem Gefühl verstecken, das in seiner Familie ausgedrückt werden durfte.

Jungen von vier bis sieben lernen auch zu teilen und zu kooperieren. Babys sind von Anfang an soziale Lebewesen, aber unsere Söhne können das Konzept des teilenden und kooperativen Spiels nicht wirklich verstehen, bis sie etwa fünf Jahre alt sind.[4] Eltern sollten ihre Söhne zwar in jedem Alter zum Teilen auffordern, aber bis zu ihrem fünften Lebensjahr verfügen Kinder noch nicht über genügend soziale Reife, um ohne behutsame Ermahnungen von sich aus teilen und kooperieren zu können.

Selten werden Entwicklungsphasen in diesen Jahren reibungslos durchschritten. Bevor unser Sohn ein neues Entwicklungsstadium erreicht, etwa einen größeren Wortschatz beherrscht, eine neue motorische Fertigkeit erworben hat oder mit stärkeren Gefühlen zurechtkommt, macht er oft erst einen Schritt zurück. So braucht er etwa wieder Hilfe beim Anziehen, nachdem er es schon recht gut alleine geschafft hatte; vielleicht möchte er, daß man mehr mit ihm schmust, oder er braucht Beistand, um mit einem Freund zurechtzukommen. Dann macht er plötzlich einen Entwicklungssprung nach vorne. Eine Mutter beschrieb dieses Wachstumsmuster passenderweise als »Schleuderphänomen«. Ein Junge zieht sich auf ein früheres Entwicklungsstadium zurück, dann läßt er plötzlich los und schießt mit neuen Fertigkeiten und Fähigkeiten vorwärts. Wir sollten also das Zurückziehen unseres Sohnes nicht als »Babygetue« oder »zimperlich« abtun, sondern es als Signal eines neuen Wachstumsschubs erkennen. Es liegt in der Natur des Jungen, sich zurückzuziehen und einen Sprung nach vorne zu machen. So einen kleinen Kolumbus zu erziehen bedeutet, daß man sich sehr bemüht, gesunde und angemessene Lernerfahrungen zu ermöglichen, daß man unendlich viel Geduld aufbringt, bereit ist, Fehler zu machen und trotzdem weiterzugehen, starke Zäune errichtet, altersangemessene Konsequenzen erteilt und immer da ist.

### Bedürfnisse

*Am Anfang brauchen Jungen Nähe.*
Die alte Annahme, daß wir ein Baby verwöhnen, wenn wir auf jeden Schrei reagieren, es herumtragen und bei uns schlafen lassen, ist keineswegs richtig. Wir empfehlen eben dies – reagieren Sie auf jeden Schrei, tragen Sie das Kind so oft wie möglich herum, und lassen Sie es bei sich schlafen. Die ersten 12 bis 14 Lebensmonate sind für uns eine Zeit, in der das Baby wie ein Kleidungsstück getragen werden sollte. Idealerweise existiert

das Baby in seinen ersten Lebensmonaten in einem warmen Feld von Glückseligkeit, getröstet durch den ständigen Kontakt mit dem Körper seiner Mutter oder seines Vaters. Wenn es älter wird, lernt es, den körperlichen Kontakt zu unterbrechen, indem es die Welt um sich herum erforscht, mit dem Wissen, daß es in die trostspendenden Arme zurückkehren kann, wann immer es eine Rückversicherung braucht.

Stellen Sie sich zwei große, schlanke, braune Frauen vor, die eine staubige Straße entlanggehen. Jede Frau balanciert einen großen Tonkrug voll Wasser auf ihrem Kopf. Unter einem Arm tragen beide ein großes Bündel, auf der anderen Hüfte sitzt ein nacktes Baby. Sie unterhalten sich angeregt über das Dorfleben. Mit einer anmutigen Bewegung vollzieht eine der Mütter etwas, das uns wie eine enorme Leistung vorkommen würde. Sie schwingt ihren Körper nach links und hält ihr Baby über den Straßengraben, wo es schnell seinen Darm entleert. Danach setzt sie sich das Kind wieder auf ihre Hüfte. All dies geschieht, ohne daß ein Tropfen Wasser verschüttet, das Bündel fallengelassen oder ein Wort in der Unterhaltung mit ihrer Freundin verpaßt wird. Das Baby kuschelt sich zufrieden in die Armbeuge seiner Mutter und schläft ein.

*Nachempfundene Geschichte aus dem heutigen afrikanischen Dorfleben*

Die Bindung zwischen Mutter und Kind, die wir in dieser Geschichte beschreiben, ist so stark, daß das Baby nur einen besonderen Laut von sich zu geben braucht, damit die Mutter weiß, was es braucht. Dieses Szenario beschreibt ein Gefühl des Verbundenseins, das sich »moderne« Eltern kaum vorstellen können, aber eben dieses Maß an Nähe braucht ein Junge zu seiner Mutter oder seinem Vater, damit er gedeihen kann. Diese Bindung zwischen Säugling und Elternteil ist das Fundament, auf dem ein Junge die positive Vorstellung von sich selbst und seinem Platz in der Welt gründen kann.

Die bemerkenswerten Beobachtungen der Autorin und Therapeutin Jean Liedloff, beschrieben in ihrem Buch *Auf der Suche nach dem verlorenen Glück*, verdeutlichen, wie wichtig körperliche Nähe für die Entwicklung eines Kindes ist. In ihrem Erlebnisbericht über die Völker der Yequana und Sanema im südamerikanischen Urwald beschreibt Liedloff immer wieder die natürliche, instinktive Gewohnheit der eingeborenen Mütter, ihre Babys ständig herumzutragen, bis sie zu krabbeln beginnen, und das natürliche Bedürfnis des Menschenbabys, ständig getragen zu werden. Sie schreibt: »Ich würde mich schämen, den Indianern gegenüber zuzugeben, daß dort, wo ich herkomme, die Frauen sich nicht imstande fühlen, ihre Kinder großzuziehen, bevor sie nicht ein Buch mit den von einem fremden Mann geschriebenen Anleitungen dazu gelesen haben... Ein Blick auf unzählige andere Eltern in der dritten Welt, die nicht das ›Glück‹ hatten, beigebracht zu bekommen, wie man seine Kinder nicht mehr versteht, ihnen nicht mehr vertraut, zeigt Familien, die in Frieden leben; jedes Kind, das älter als vier ist, bedeutet eine eifrige und nützliche Vermehrung der Arbeitskraft der Familie.«[5] Viele von uns würden alles für den häuslichen Frieden und für Kinder geben, die bereitwillig Aufgaben innerhalb der Familie übernehmen.

Die Vorstellung, daß man ein Baby verwöhnt, indem man sein natürliches Bedürfnis nach Nähe befriedigt – das, was Liedloff »Getragenwerden« nennt –, käme diesen freundlichen Urwaldbewohnern völlig absurd vor. Tatsächlich trifft das Gegenteil zu. Das Baby wird geradezu verletzt, wenn es nicht ständig von Mutter, Vater oder einem älteren Kind getragen wird.

Die Symptome der neuzeitlichen Versagung des Getragenwerdens sind vielfältig und unterschiedlich, treten jedoch bei den von Liedloff untersuchten Urwaldkulturen nicht auf. Sie schreibt: »Die Versagung des Getragenwerdens drückt sich vielleicht am gewöhnlichsten als ein unterschwelliges Gefühl von Unwohlsein im Hier und Jetzt aus. Man fühlt sich aus der Mitte geworfen, als fehle etwas; es besteht ein vages Gefühl des Verlustes, ein Gefühl, etwas zu wollen, was man nicht näher bezeichnen kann. Das Wollen heftet sich häufig an einen Gegenstand oder ein Ereignis in mittlerer Entfernung; in Worten würde man sagen: ›Es ginge mir gut, wenn nur erst...‹ – worauf irgendein Vorschlag der Veränderung folgte, wie z. B. einen neuen Anzug zu bekommen, ein neues Auto, eine Beförderung oder Gehaltserhöhung, eine neue Stellung, eine Gelegenheit, in Ferien oder auf Dauer wegzufahren oder auch eine Frau, einen Ehemann oder ein Kind zum Liebhaben, falls man sie bzw. ihn noch nicht hat.«[6] Neben unserer materiellen Verhaftung sind weitere Symptome dieser Versagung, die in unserer Kultur unschwer festzustellen sind, die hohe Rate von Drogenabhängigkeit, Selbstmord, Kindesmißhandlung, Gewaltverbrechen und Scheidung.

Ein Junge muß von seiner Mutter oder seinem Vater getragen werden, bis er alt genug ist, die Welt durch Krabbeln, Kriechen und schließlich Gehen zu erforschen. In den Armen seiner Eltern lernt ein Junge, sich selbst und der Außenwelt zu vertrauen. Er entwickelt ein Gefühl für die Richtigkeit seines Seins, ein Gefühl, daß er in der Ordnung der Dinge einen Platz hat, der ihm für den Rest seines Lebens erhalten bleiben wird. Diese frühen Lernerfahrungen sind entscheidend für seine Fähigkeit, Liebe zu geben und zu empfangen, Beziehungen zu anderen einzugehen und sich den Anforderungen der Arbeit und des Dienstes an der Gemeinschaft zu stellen.

Den Eltern wird in dieser Zeit enorm viel abverlangt; wenn wir uns vor Augen führen, wie hart diese Phase ist, scheinen die Anforderungen schier unerträglich zu sein. Mütter und Väter müssen Wege finden, die Zeit, in der sie ihren Sohn mit sich herumtragen, in ihre Arbeitszeit zu integrieren. Das kann bedeuten, daß ein Partner zu Hause bleibt, während der andere außer Haus arbeitet, daß einer oder beide Partner das Baby mit in die Arbeit nehmen oder daß die Eltern sich zu Hause einen Arbeitsplatz schaffen, in Schichten arbeiten oder Job-sharing erwägen usw. Wenn wir auf die ersten Jahre unseres Sohnes zurückblicken, wundern wir uns, wie schnell die Zeit vergangen ist. Wir opferten Schlaf, Karriere, die Zeit, die wir allein verbringen wollten, Sex, gemeinsame Abendaktivitäten außer Haus und Annehmlichkeiten, die ein zweites Einkommen ermöglicht hätte. Es war eine schreckliche, zugleich aber auch kraftspendende und wunderbare Zeit.

*Ein Junge braucht Schutz vor negativen kulturellen Einflüssen.*
Der erste beschützende Akt, den Eltern in unserer Kultur unternehmen müssen, besteht darin, eine passende Umgebung für die Geburt auszusuchen, in der die anwesenden Geburtshelfer der Eltern-Kind-Bindung einen angemessenen Stellenwert einräumen. Eltern müssen darauf bestehen, daß das Baby nach der Geburt mit seiner Mutter Hautkontakt aufnehmen kann, daß es saugen kann, daß es sich an die unterschiedlichen Temperaturen, Geräusche und Lichtverhältnisse in dieser neuen Welt gewöhnen kann; daß sich die Bindung, die ihren Anfang nahm, als das Kind im Bauch seiner Mutter heranwuchs, fortsetzen kann. Das Baby, das in den Armen seiner Mutter ruhen kann und nicht sofort weggenommen wird, um gewogen, gemessen, getestet, gebadet und eingewickelt zu werden, wird still liegen und der Mutter tief in die Augen blicken, als wollte es sagen: »Aha, hier bist du also endlich!«

Der zweite Akt zum Schutz ihres Kindes besteht darin, daß sich die Eltern überlegen, ob eine Beschneidung ihres Sohnes notwendig ist. Für diesen Eingriff gibt es unterschiedliche medizinische und religiöse Gründe (s. den Abschnitt »Hilfe« am Ende dieses Kapitels), aber wie wir schon im 4. Kapitel festgestellt haben, halten wir diese frühe Verletzung eines Jungen für einen barbarischen Akt, der einen Präzedenzfall von Gewalt schafft. Wir plädieren für den Einsatz von Wasser und Seife anstatt eines Chirurgenmessers.

Streß ist der dritte negative kulturelle Einfluß, vor dem ein Sohn geschützt werden muß. Heutzutage ist es üblich, das neue Baby überall mit hinzunehmen, und tatsächlich waren Säuglinge auch früher bei den meisten Stammesaktivitäten dabei. Der Urwald und die Felder waren jedoch keinesfalls vergleichbar mit dem Einkaufszentrum, dem Kino, dem Vergnügungspark oder dem Supermarkt. Das Bombardement mit Neonlicht und Leuchtreklame, grellen Farben, künstlichen Geräuschen, abgestandener oder durch Färbemittel, Parfüm, Chemikalien, Kunststoffe, Reinigungsmittel etc. verpesteter Luft stellt für das empfindliche Nervensystem eines Säuglings eine Überreizung dar. Selbst ein Kinderzimmer kann ein Baby durch grelle Farben, aufgeregte Bilder, Plastikdinge und Polyesterstoffe schier überwältigen. Manche Babys reagieren auf diesen technologischen Ansturm, indem sie einfach einschlafen. Andere ertragen den Angriff still, bis sie wieder zu Hause sind, und lassen dann die Spannung durch ein »gutes« Weinen ab. Unser Sohn reagierte mit lang anhaltendem und lautem Weinen, und es fiel uns schwer, dies als »gutes« Weinen zu sehen, da diese Reaktion uns, seinen wohlmeinenden Eltern, Streß und Schuldgefühle verursachte. Wir lernten es, übermäßig stimulierende Ereignisse und Orte zu vermeiden, bis er alt genug war, den Streß zu bewältigen oder ihn durch aktives und kreatives Spiel loszuwerden.

Vorschläge, wie man Kindern eine friedliche und gesunde häusliche Umgebung einrichten kann, finden sich in vielen der Bücher, die wir im Abschnitt »Hilfe« am Ende dieses Kapitels aufgeführt haben. Wir haben beobachtet, daß es unserem Sohn – bisher unabhängig von seinem Alter – am besten ging in Räumen mit sanftem Licht, Pastellfarben, natürlichen Stoffen und eher weniger Bildern oder anderen Verzierungen an den Wänden. Es war auch besser, am Anfang nur wenige einfache Spielsachen aus natürlichem Material zu haben. Jetzt, mit fast sechs Jahren, geht es ihm noch immer am besten, wenn er in einem Zimmer spielen kann, in dem alle Spielsachen ihren Platz haben und dorthin auch immer wieder zurückgelegt werden. Kinder wie Erwachsene brauchen Ordnung und Schönheit in ihrem Leben.

Im 4. Kapitel untersuchten wir den am weitesten verbreiteten negativen kulturellen Einfluß, den unser technologisches Zeitalter hervorgebracht hat – den Fernseher. Jungen sollten von der Geburt bis zu ihrem siebten Lebensjahr wie auch durch die »Tom-Sawyer-Jahre«, also von acht bis zwölf, vor seinem schädlichen Einfluß geschützt werden. Lassen Sie sich nicht durch das scheinbar entspannte Äußere Ihres Sohnes – glasige Augen, leicht geöffneter Mund, unbeweglicher Körper – täuschen. Seine Sinne wirken vielleicht gedämpft, während er fernsieht, aber jedes Detail prägt sich seinem ganzen Wesen ein. Die Bilder, die er sieht – die Bösen, die die Guten erschießen, Bugs Bunny, der Elmer Fudd mit einem Schläger auf den Kopf haut, die Ninja Turtles, die Rock Steady und BeBop in die Luft sprengen; subtile Diskriminierung von anderen Rassen, dem anderen Geschlecht, einer anderen Religion oder philosophischen Ideen; Werbung, die Glück durch Spielzeug, Müsli, schnelle Autos, modische Kleidung verspricht –, tragen zu den Werten bei, mit denen er sein Leben leben wird. Laura Kennedy, Therapeutin und Mutter von drei Kindern, stellt fest, daß Eltern früher von der Gesellschaft die Verantwortung übertragen bekommen hatten, kulturelle Werte zu vermitteln, so daß ihre Kinder später kulturelle Normen und Wertvorstellungen respektierten. »Jetzt«, sagt sie, »ist die Kultur so weit unserer Kontrolle entglitten, daß wir unsere Kinder vor diesen Werten *schützen* müssen.«[7]

Untersuchungen früherer Jägerkulturen ergaben, daß Jungen und Mädchen bis zur Pubertät kaum unterschiedlich erzogen wurden, bis man sie dann trennte, damit sie ihre geschlechtsspezifischen Rollen lernten. Die spezifischen Initiationsrituale, mit denen Jungen zu Männern gemacht wurden, ermöglichten ihnen eine freiere Kindheit, als wir sie heute haben. Die Rollen der männlichen Erwachsenen in unserer Kultur sind so zweideutig und unklar, der Übergang von der Jugend zum Erwachsenenalter so undifferenziert, daß unsere Kultur von den Eltern erwartet, daß sie Jungen von Anfang an in ihre männlichen Rollen drängen. Babys männlichen Geschlechts werden hellblau angezogen, auf keinen Fall rosa; sie bekommen Bälle zum Spielen, auf keinen Fall Puppen. Dieses frühe Drängen in männliche Klischees höhlt die emotionale, verletzliche Seite eines Jungen und seine kreative Vorstellungskraft aus; beides ist für seine Liebesfähigkeit enorm wichtig. Jungen müssen sich als Kinder innerhalb einer Struktur entfalten können, die ihre männlichen Kräfte lenkt und sie nicht einzwängt.

> Ich war schockiert, als mein dreijähriger Sohn sich zu Weihnachten eine Küche wünschte. Er wollte alles – das ganze Plastikessen, das Geschirr, das Spülbecken. Ich dachte, du meine Güte, er wird verweiblichen. Trotzdem bekam er zu Weihnachten seine Küche, und zuallererst baute er sich damit ein Restaurant auf. Ein Jahr lang

bekamen wir nun Plastikeier und Gummitoast serviert! Inzwischen weiß ich, daß er es nachahmt, wie unsere Familie im Restaurant und zu Hause ißt. Jetzt verstehe ich das Ganze vollkommen.

*Jonathan, Vater von Chris, 4*

Das Nachahmen von Ereignissen, die in der Welt um sie herum stattfinden, ist die hauptsächliche Spielaktivität des Zwei- bis Siebenjährigen. In Nachahmungsaufgaben entwickelt ein Junge kreative Vorstellungskraft, motorisches Geschick und die Grundlage, Beziehungen herzustellen. Wir müssen unsere Söhne vor kulturellen Geschlechtsklischees schützen, die vorschreiben, wie unsere Söhne zu spielen haben und welches Spielzeug sie erhalten sollen.

Das vielleicht verletzendste Verbot für Jungen in unserer Gesellschaft ist die Verweigerung des Fühlens. »Große Jungen weinen nicht!« »Du hast dir doch nicht weh getan! Steh schnell wieder auf! So schlimm war dein Sturz auch wieder nicht!« »Sei nicht wütend!« »Sei ein großer Junge!« »Da, nimm den Keks!« »Das ist doch nicht weiter schlimm!« Bob, ein Geschäftsmann und Junggeselle, wunderte sich, als sein Freund Rich seinen kleinen Sohn in die Arme nahm, nachdem dieser sich mit dem Hammer auf einen Finger gehauen hatte. Später gestand er Rich: »Als wir uns über Football unterhielten, fiel mir auf, wie dein Junge ganz selbstverständlich zu dir kam, als er sich weh getan hatte. Er hüpfte auf deinen Schoß, und du hast dich anders hingesetzt, um ihn festzuhalten, hast seinen Rücken gestreichelt, ihn sich ausweinen lassen, bis er soweit war, wieder weiterzuspielen. Das alles hast du getan, ohne unsere Unterhaltung zu unterbrechen. Du hast mit ihm kein Wort geredet, und er war trotzdem getröstet. Das ist mir sehr fremd. Meine Eltern haben mir beigebracht, smart zu sein, aber sie haben mich nie so getröstet. Bis heute lenke ich mich mit irgendwelchen intellektuellen Dingen ab, wenn ich mich verletzt fühle.«

Bis vor kurzem gab es in dem kulturellen Bett des Prokrustes keinen Platz für Gefühle. Jetzt entdecken Männer diese verlorenen Teile ihrer selbst wieder, indem sie ihre schmerzhaften Geschichten erzählen, weinen und ihren Verlust betrauern. Jeder Junge hat ein Recht auf seine Gefühle – der Balsam, der seine tiefsten Schmerzen lindert, der Funke, der seine kreativen Feuer entzündet, der Ausgleich für seinen Intellekt, sein Barometer für Ungerechtigkeit, eine Tür, durch die er zu anderen in Verbindung treten kann.

## Das innere Leitsystem

Von der Geburt bis zum vierten Lebensjahr besteht ein Junge hauptsächlich aus Gefühlen. Der Hungerschmerz des Babys, der angestoßene Zeh eines Kleinkindes machen sich im ganzen Körper bemerkbar, der ganze Körper schreit auf vor Schmerz. Schon im nächsten Augenblick windet sich das ganze Kind kichernd vor Freude über den Anblick des Gesichts der Mutter. Der kleine Junge reagiert auf Gefühle, ohne die Konsequenzen in Betracht zu ziehen: Er schlägt ohne Nachdenken zu und wundert sich dann über die Wirkung, gerade so, als hätte sein Arm sich von alleine bewegt. Selten lenkt er seine Energie gegen jemand aus einem tiefen persönlichen Motiv heraus. Er hat kein Bedürfnis, seine Gefühle und Reaktionen intellektuell zu verstehen, und entwicklungsmäßig ist er dazu ohnehin nicht in der Lage. Seine Gefühle wollen nur anerkannt, sein Verhalten in altersangemessener Weise gesteuert werden. Im nachfolgenden Abschnitt über Zäune werden wir dazu Vorschläge anbieten.

Im Alter von vier bis sieben Jahren beziehen sich die Gefühle eher auf Ereignisse. Wut kann bedeuten: »Das ist mir sehr wichtig.« Tränen können bedeuten: »Ich will mehr tun, als ich kann.« Traurigkeit kann bedeuten: »Ich will nicht von dir loslassen.« Zorn kann bedeuten: »Ich brauche dich, damit du mich vor mir selbst schützt.«

Die häusliche Umgebung ist entscheidend dafür, wie wirksam das innere Leitsystem eines Jungen ist. Welche Gefühle seine Eltern zulassen, wird, zusammen mit den Gefühlen, die sie entweder bewußt oder unbewußt ablehnen, sein Gefühlskästchen bilden. Kennys inneres Leitsystem funktionierte gut. Wenn er auf seine Mutter wütend war, sagte er ihr das. Sein Gefühlskästchen sah folgendermaßen aus:

Kenny

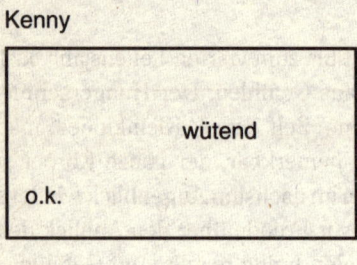

nicht o.k.

**Abbildung 10**

Als Kenny etwas älter wurde, begann seine Mutter, sich bei seiner Wut unwohl zu fühlen. Ihre Reaktion: »Du hast dieses Gefühl eigentlich gar nicht« machte Kenny nur noch wütender, so daß sie ihn für eine Weile zu einem »Time-out« in sein Zimmer verbannte. Schließlich lernte Kenny, daß er vorgeben mußte, nicht wütend zu sein, wenn er seine Zeit zum Spielen haben wollte. Er merkte, daß seine Mutter Traurigkeit ertragen konnte, und so

# DIE KOLUMBUS-JAHRE: NULL BIS SIEBEN

lernte er mit der Zeit, traurig zu wirken, wenn er wütend war. Wut ist meist ein Zeichen, daß etwas nicht stimmt; weil aber Wut außerhalb des Gefühlskästchens seiner Mutter stand, verlor er diesen wichtigen Hinweis aus seinem inneren Leitsystem. Wenn jetzt etwas nicht stimmt, fühlt sich Kenny traurig und wird von seiner Mutter getröstet, aber er ist sich nicht bewußt, daß sich etwas ändern müßte. Sein Gefühlskästchen nahm eine seiner Mutter entsprechende Form an und sieht nun folgendermaßen aus:

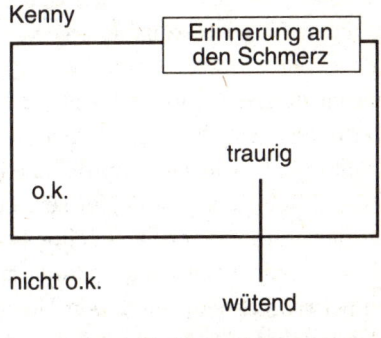

**Abbildung 11**

Im folgenden nun ein Gefühlskästchen für Ihren Sohn. Tragen Sie die Gefühle, die Sie akzeptieren können, in das Kästchen ein und diejenigen, bei denen Sie sich unwohl fühlen, außerhalb des Kästchens.
Oft sind wir uns nicht bewußt, welche Auswirkungen die Bedingungen unserer inneren Natur, das heißt unser inneres Leitsystem, unsere Gefühlskästchen usw. auf unsere Söhne haben. Bestimmte Lebenserfahrungen haben uns verletzt und außerstande gesetzt, uns unseren Söhnen klar, auf eine ihre gesunde Entwicklung unterstützende und fördernde Weise mitzuteilen. Bob, ein Therapeut und von uns sehr geschätzter Freund,

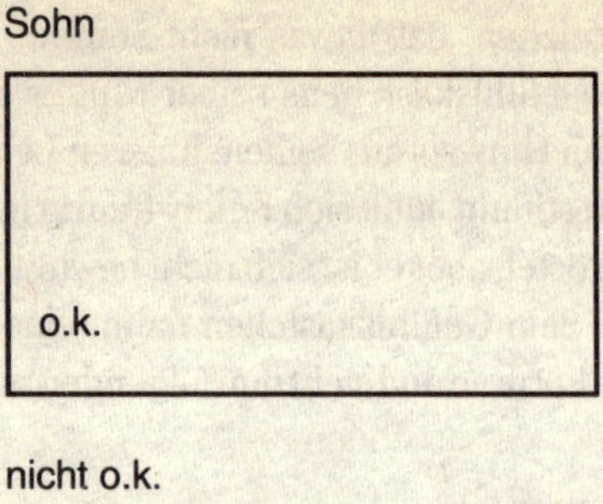

Sohn

o.k.

nicht o.k.

**Abbildung 12**

erzählte uns einmal, daß seine Mutter alles für ihn getan hatte, ihm alles zur Verfügung gestellt hatte, von dem sie glaubte, daß sie es als gute Mutter tun sollte. Die übertriebene Fürsorge seiner Mutter hinderte Bob jedoch daran, für seine Überzeugungen einzustehen, ließ ihn an seinen Fähigkeiten zweifeln, machte ihn unfähig, einen passenden Lebenspartner zu finden und hinterließ ein überwältigendes Gefühl von Unzulänglichkeit. Die Mutter gab ihre unbewußte Angst vor der Welt und ihr mangelndes Selbstwertgefühl an ihren Sohn weiter.

Unsere vorrangige Erziehungsverantwortung unseren Söhnen gegenüber besteht darin, uns aufrichtig auf die Suche nach unserer inneren Natur zu machen. In seinem hilfreichen Werk *Inner Work* schreibt der bekannte Autor und Jungsche Analytiker Robert A. Johnson: »Jeder Mensch muß sein Innenleben in der einen oder anderen Form leben. Bewußt oder unbewußt, freiwillig oder unfreiwillig wird die Innenwelt ihre Forderungen an uns stellen und ihre Rechte einfordern. Wenn wir uns bewußt diesem Bereich annähern, geschieht dies durch innere Arbeit: Gebete, Meditationen, Traumarbeit, Zeremonien und Phantasiereisen. Wenn wir versuchen, die Innenwelt zu ignorieren, wie es die meisten von uns tun, wird sich das Unbewußte seinen Weg in unser Leben durch Krankheiten bahnen: unsere psychosomatischen Symptome, Zwänge, Depressionen, Neurosen.«[8] Wir sollten noch hinzufügen, daß unser Unbewußtes seinen Weg in unser Leben *durch unsere Söhne* finden wird, weil sie für uns oft eben das »ausagieren«, was wir bei uns ignorieren oder dessen wir uns bei uns selbst nicht bewußt sind. Je mehr wir uns unseren eigenen Traumata, Verlusten, Gefühlen, Freuden und Errungenschaften öffnen können, desto eher werden unsere Söhne zu ganzheitlichen, liebevollen menschlichen Wesen heranwachsen können.

## Zäune

*Ein Junge ist kein kleiner Erwachsener.*
Am häufigsten machen Eltern bei ihren Kindern in deren ersten sieben Lebensjahren den Fehler, sie als kleine Erwachsene zu behandeln. Sobald unsere Söhne zu reden anfangen, beginnen wir, ihnen zu erklären, warum sie etwas tun oder lassen sollen, stellen sie vor Alternativen, ermahnen sie logisch, ihr Verhalten zu ändern und überhäufen sie mit rationalen, auf Zeit und Raum bezogenen Argumentationen. Das kleine Kind sieht Raum und Zeit ganz anders, als es der Erwachsene tut. Deshalb kann ein Vierjähriger so viel Zeit auf das Zähneputzen verwenden – er verliert sich in dem wunderbaren Gefühl des Wassers, das zwischen seinen Fingern hindurchrinnt. Und deshalb fällt es ihm auch so schwer, zu verstehen, wie lange es noch dauern wird, bis Papa von der Arbeit nach Hause kommt. Zwei Stunden erscheinen ihm genauso lang wie zwei Tage. Wenn man ihm erklärt, daß es so lange dauert wie die Fahrt zur Großmutter, kann er in Weinkrämpfe ausbrechen, denn die

halbstündige Fahrt zum Haus der Großmutter kann ihm viel länger vorkommen. Für einen Jungen in diesem Alter ist es viel besser, von dem Erwachsenen zu einem Spiel oder zur Mithilfe im Haushalt angeregt zu werden oder eine Geschichte erzählt zu bekommen, damit die Zeit für ihn vergeht, als zu versuchen, ihm zu erklären, wie lange es dauern wird, bis Papa endlich zur Tür hereinkommt.

*Der kleine Junge braucht Führung, keine Alternativen.*
Wir alle kennen die folgende Szene: Mutter ist in der Küche, in der ihr dreijähriger Sohn gerade in sein Spiel vertieft ist. Sie fragt: »Möchtest du Müsli oder Pfannkuchen zum Frühstück? Was für ein Müsli – Corn Flakes, Corn Snacks, Haferflocken oder Knuspermüsli? Möchtest du Joghurt, Milch oder halb und halb auf dein Müsli? Möchtest du Zucker oder Honig? Weißen oder braunen Zucker?« usw. usf. Der Waldorf-Erzieher und international bekannte Vortragsredner Eugene Schwartz behauptet: »... Ein Kind, das nicht das lebendige Beispiel eines selbstsicheren und es führenden Erwachsenen hat, wird später im Leben um seine innere Sicherheit und Führung kämpfen müssen... Aus einem Kind, das vor zu viele Alternativen gestellt wird, wird ein Erwachsener werden, dem es schwerfällt, Entscheidungen zu treffen.«[9]
In seinen ersten sieben Lebensjahren ist ein Junge von seinen Eltern abhängig, die ihm Raum zum Wachsen schaffen, ihm einen Tagesrhythmus vorgeben und Rituale festlegen, die seiner Existenz eine eigene Form und eine sichere Kontinuität gewähren. Es ist wichtig für ihn zu wissen, daß er nach dem Aufwachen mit Papa badet, seine Kleider ausgebreitet vorfindet und sich anziehen kann; daß die Familie das gemeinsame Frühstück damit beginnt, daß man sich an den Händen faßt und für das Essen Dank sagt, daß er dafür verantwortlich ist, seine Müs-

lischüssel in die Küche zurückzutragen, wenn er mit dem Essen fertig ist, daß er sich die Zähne putzt und die Hände wäscht und daß danach die Zeit zum Spielen beginnt.

Diese einfachen Routinen werden unter Anleitung der Eltern festgelegt. Das heißt, daß wir den Jungen bei der Hand nehmen und sagen: »Jetzt ist es Zeit für unser Bad« und ihn sodann in die Wanne mitnehmen. Oder: »Jetzt ist es Zeit, die Spielsachen aufzuräumen. Diese Bausteine sind Autos, die sich verfahren haben. Laß *uns* die Garage (den Kasten, in den sie hineingehören) suchen!« Machtkämpfe um zu erledigende Sachen wie anziehen, Zähne putzen und Spielsachen aufräumen ließen sich verringern, wenn man bestimmte Routinen festlegen würde und dem Kind dabei helfen würde, sie auch durchzuhalten. In diesem Alter ist es stolz, wenn es uns bei jeder Aufgabe, die es zu lösen gilt, nachahmen kann. Wir dürfen jedoch auf keinen Fall von ihm erwarten, daß es von sich heraus Verantwortung für das, was wir es zu tun bitten, übernehmen wird. Dies ist das Alter der Wiederholung, und geduldige und nachhaltige Vorbildfunktionen sind erforderlich, bis das Kind in der Lage ist, den routinemäßigen Ablauf aus eigener Initiative heraus zu bewerkstelligen.

*Der kleine Junge braucht Mauern.*
Für seine körperliche und emotionale Sicherheit braucht jeder Junge je nach seinem Wesen etwa bis zu seinem fünften Lebensjahr Mauern. Kleine Jungen erwarten von ihren Eltern, daß sie ihr Leben ordnen, damit sie frei sind, ungehindert ihrem Entdeckerdrang zu folgen. Spiele auf der Straße, in der Nähe von fließenden Gewässern oder dem Küchenherd sollten verboten werden, und zwar absolut; darüber sollte es gar keine Diskussion geben. Die ersten fünf Jahre sollten Jungen nach Möglichkeit in großen, umzäunten Gärten mit einer fest verschlossenen Tür

spielen. Dort, wo wir wohnen, mußte unser Sohn lernen, daß er ohne einen Erwachsenen nicht im Vorgarten spielen durfte.
Jetzt ist er fast sechs, und diese feste Regel gilt noch immer, aber andere Mauern wurden durchlässiger. Er darf inzwischen mit seinem Freund Sean, der neun Jahre alt ist, über die Straße gehen. Er hilft – unter unserer Aufsicht – beim Kochen am Herd. Allmählich können die Mauern für ihn durch Holzzäune ersetzt werden, was sich durch seine Bereitschaft andeutet, die Verantwortung für das Füttern der Katze zu übernehmen und den Tisch zu decken. Oft vergißt er es, macht seine Sache aber meist gut, wenn man ihn daran erinnert.

*Konsequenzen müssen der Situation und dem Jungen angemessen sein.*

Nichts in dieser Welt wird unberührt, unprobiert und unentdeckt bleiben. Das heißt, daß die Kristallvase der Urgroßmutter und die Streichhölzer am Herd aus seiner Reichweite entfernt werden müssen. »Ja, ich habe ihm einen Klaps gegeben«, sagte eine gestreßte Mutter, die das Gefühl hatte, ihren Zweijährigen nicht mehr unter Kontrolle zu haben. »Er muß lernen, meine Sachen nicht anzufassen.« Das Problematische an der Sache ist, daß der Sohn sich nur verletzt fühlte und schockiert war, als ihn seine Mutter schlug. Der Schmerz auf seiner Hand stand in keinem Zusammenhang mit dem wundervollen, glänzenden Ding, das ihm so großen Spaß gemacht hatte. Keine strengen Worte, Erklärungen oder Klapse nützen so viel, wie das zerbrechliche oder gefährliche Objekt außer Reichweite zu bringen, bis der Junge alt genug ist, pfleglich damit umzugehen oder zu verstehen, daß man es zwar bewundern, nicht jedoch berühren darf. Pawlow bewies, daß wir Tiere durch Belohnung und Bestrafung konditionieren können, das zu tun, was wir wollen. Das gleiche können wir auch bei einem Kind erreichen, aber nur auf Kosten seines und unseres emotionalen Wohlbefindens. Ein Sohn befindet sich auf einer Entdeckungsreise, und wir sind die Führer, die dafür Sorge tragen müssen, daß seine Reise so glatt wie möglich verläuft.

Wir haben im folgenden etwas Platz gelassen, damit Sie sich einmal die Zäune, die Sie für Ihren Sohn errichtet haben, genau betrachten können. Denken Sie an drei Gebiete, bei denen er eine Umzäunung braucht. Wählen Sie einen Zaun aus, der seinem Alter und seinen entwicklungsmäßigen Bedürfnissen entspricht. Beschreiben Sie dann, wie Sie diesen Zaun aufbauen können, damit Ihr Sohn sicher ist und sich, ohne überfordert zu werden, auf seinem optimalen Lernniveau aufhalten kann.

| Alter | Problem | Zaun | Beschreiben Sie den Zaun |
|---|---|---|---|
| 2 | Rennt auf die Straße | Mauer | Ständige Überwachung durch Erwachsene, wenn im nicht umzäunten Bereich |

Wenn die Zäune nicht funktionieren, muß man überprüfen, ob sie nicht zu eng- oder zu weitmaschig sind. Passen Sie sie immer wieder neu an, bis Sie ein Muster finden, das für Sie und Ihren Sohn stimmt. Er wächst ständig und braucht mehr Raum. Eine regelmäßige Überprüfung, ob seine entwicklungsmäßigen Bedürfnisse der Stärke Ihrer Zäune entsprechen, wird sein Wachstum lenken und Ihre geistige Gesundheit bewahren.

## Sexualität

*Eltern müssen sich über ihre eigenen
sexuellen Werte im klaren sein.*

Was ängstigt uns so an der Sexualität unseres Sohnes? Sobald das Thema in einer Elterngruppe zur Sprache kommt, winden wir uns auf unseren Stühlen, stöhnen, richten den Blick gen Himmel und grinsen verlegen. Die Antwort ist, daß in Amerika kaum jemand ohne Schuldgefühle und Scham seine Sexualität entwickeln kann. Die Sexualität unserer Kinder läßt sich nur schwer von unserer eigenen trennen, und natürlich wollen wir ihnen die Erniedrigung, den Mißbrauch oder die Schuldgefühle, denen wir ausgesetzt waren, ersparen.

Sex ist in unserer Kultur viel zu oft mit Gewalt verbunden, was verwirrend und furchteinflößend ist. Oft wird auf Reklametafeln, in Liedertexten und Zeitschriftenwerbungen, im Fernsehen und im Kino Sex als eine Möglichkeit, »cool«, mächtig, geliebt und erfolgreich zu sein, verkauft. Die Worte und Bilder sagen »Tu es! Tu es! Tu es!« Kirchen, manche Lehrer und viele Eltern sagen »Tu es nicht! Tu es nicht! Tu es nicht!« Wie können wir mit diesen zwiespältigen kulturellen Wertvorstellungen sexuell verantwortungsvolle, gesunde Söhne erziehen?

Die Aids-Epidemie hat so gut wie alles über Sexualität an die Öffentlichkeit gebracht. Die Tatsache, daß wir nun freier über alle Aspekte der Sexualität sprechen können – unsere Ängste, Bedürfnisse, Wünsche, Vorurteile, Phantasien und Probleme, ist vielleicht eine positive Folge davon. Aids hat Eltern einen Anlaß gegeben, mit ihren Kindern über Sex zu reden.

Am besten fängt man damit an, mit seinem Erziehungspartner über die Sexualität des Sohnes zu sprechen. Es ist hilfreich, sich gegenseitig die folgenden wichtigen Fragen zu beantworten:

Wie geht es uns mit unserer eigenen sexuellen Beziehung?
Welche sexuellen Werte haben wir?
Welche Einstellung haben wir zur Masturbation?
Wie halten wir es mit Nacktheit und Intimsphäre in unseren eigenen vier Wänden?
Wie sprechen wir mit unserem Sohn über Sex?
Wer sollte mit ihm reden – Vater oder Mutter?
Wann reden wir mit ihm?
Was geht in uns vor, wenn unser Sohn mit anderen Kindern sexuelle Spielchen spielt?
Was tun wir, wenn dies der Fall ist?
Wie schützen wir unseren Sohn vor sexuellem Mißbrauch?

Die sexuelle Beziehung der Eltern sagt einem Sohn viel mehr, als es Worte tun können. Die gesunde Sexualität eines Jungen basiert darauf, wie sich seine Eltern aufeinander beziehen – sich berühren, sich Zeit füreinander nehmen, sich für die Gefühle des anderen interessieren, die gegenseitigen Bedürfnisse achten, sich die häuslichen Aufgaben teilen, die Vorstellungen des jeweils anderen respektieren, miteinander lachen und bei Familienprojekten zusammenarbeiten. Schon vor der Geburt unseres Sohnes ist es an der Zeit, sich mit seiner Sexualität zu beschäftigen, oder aber jetzt sofort.

*Unsere Söhne sind von Geburt an sexuelle Lebewesen.*
Ein Baby hat großes Vergnügen an den sinnlichen Gefühlen des Saugens und Gehaltenwerdens, wenn seine winzigen Finger die weiche Decke grapschen, wenn es gekitzelt wird, wenn sich seine Windel gleich nach dem Urinieren warm anfühlt. Auch Eltern haben Vergnügen an diesem köstlichen, weichen, klei-

nen, knuddeligen Wesen. Durch körperlichen Kontakt bringen wir unseren Söhnen die Grundlagen der Liebe und Zuwendung bei und bereiten sie auf ihre künftigen sexuellen Beziehungen vor. Die bekannten Autoren und Sexualerzieher Sol und Judith Gordon stellen in ihrem hilfreichen Buch *Raising a Child Conservatively in a Sexually Permissive World* fest, daß sich unsere sexuellen Gefühle und Einstellungen in den ersten fünf Lebensjahren bilden.[10] Welche Einstellung ein kleiner Junge zu seinem Körper entwickelt, beeinflußt seine sexuelle Entwicklung positiv oder negativ. So kann die Sauberkeitserziehung zum Beispiel, wenn sie zu früh ansetzt oder zu strikt ist, Gefühle von Schuld, Selbstzweifel und Scham bezüglich des Körpers und seiner Fähigkeit der Selbstkontrolle hervorrufen. Ein Junge wird lernen, auf seinen Körper stolz zu sein, anstatt sich dessen zu schämen, wenn sich seine Eltern von ihm leiten lassen und seiner natürlichen Neugierde sexuellen Themen gegenüber sowie seinen Fragen mit Verständnis begegnen und sie bereitwillig erklären.

Da Jungen in den ersten sieben Lebensjahren körperorientiert sind, erfordern ihre vielleicht nicht so einfachen Fragen zur Sexualität einfache Antworten. Sie sind noch nicht in der Lage, technische Informationen darüber, woher sie kamen und wie sie dorthin gelangten, zu verarbeiten. Wir sollten jedoch unbedingt versuchen, herauszufinden, was sie wirklich wissen wollen, und bei unseren Antworten die korrekte Terminologie benutzen. Wenn ein Drei- oder Vierjähriger fragt, wie das Baby in seine Mami hineingekommen ist, wird unsere Antwort anders ausfallen, als wenn der Junge schon sechs oder sieben ist. Bei beiden Altersgruppen sollte man jedoch unbedingt so direkt wie möglich antworten. Das Ehepaar Gordon versichert uns, daß »Eltern viel seltener etwas ›falsch‹ machen, wenn sie auf die Fragen ihrer Kinder detaillierter eingehen, als sie glauben, daß das Kind es

verstehen kann, als wenn sie die Fähigkeiten des Kindes unterschätzen.«[11] Dem Dreijährigen könnten wir erklären: »Der Papa hat eine Samenzelle in den Körper der Mutter getan, wo sie ein Ei trifft. Wenn der Samen und das Ei sich treffen, wächst ein Baby.« Dem Siebenjährigen, der vielleicht mehr Information haben will, könnten wir sagen: »Papa tut mit seinem Penis eine Samenzelle in Mamas Vagina. Der Samen schwimmt so weit, bis er in Mamas Körper ein Ei trifft, und wenn sie sich treffen, wächst ein Baby in Mamas Uterus.«
Wie wir gesehen haben, ist der Körper das Werkzeug, mit dem der Junge die Welt erforscht, und weil sein Körper ein Teil der Welt ist, wird auch er genau erforscht werden. Mütter beunruhigt es oft, wenn ihre Söhne ständig am Penis ziehen und reiben.

> Vor allem in der Badewanne habe ich manchmal richtig Angst, daß er ihn sich abreißt! Und gestern, als Tante Mary zu Besuch war, schämte ich mich schrecklich, als Jeff die Hände kaum aus der Hose herausbekam. Ist das normal? Ich möchte nicht, daß er sich schämt oder sich wegen seines Körpers schlecht fühlt, aber ich kann es kaum aushalten. Heißt diese frühe Faszination etwa, daß er einen zu starken Sexualtrieb hat?
>
> *Susan, Mutter von Jeff, 2*

Die Intimsphäre ist ein wichtiger Aspekt unserer sexuellen Entwicklung. Die frühe Faszination am eigenen Körper und dem von anderen ist bei einem kleinen Jungen völlig normal. An Penis oder Skrotum zu ziehen, herumzufingern oder zu reiben ist lust- und trostspendend. Wenn wir sein Verhalten als normal behandeln und nicht zum Anlaß von Beunruhigung oder Scham nehmen, ist es wesentlich weniger wahrscheinlich, daß er zu dem wird, was wir immer befürchten – daß er zuviel onaniert, pervers wird oder einen übermäßig starken Sexualtrieb entwickelt. Grundsätzlich sollten wir unserem Sohn zu verstehen geben, daß uns klar ist, daß es sich gut anfühlt, wenn er an seinem Penis reibt, und daß er das durchaus auch machen kann, aber er sollte dazu allein sein – im Bett, in seinem Zimmer, wenn sonst niemand da ist, also nicht vor Tante Mary oder seinen Freunden. Die Gordons versichern uns: »Masturbation ist eine ganz normale sexuelle Ausdrucksform für alle Menschen, egal, in welchem Lebensabschnitt oder Alter sie sich befinden – Kinder, Teenager, junge Erwachsene, Erwachsene mittleren Alters und auch ältere Menschen, Alleinstehende und Verheiratete.«[12]

Wenn wir unseren Jungen beibringen, was Intimsphäre und der Intimbereich bedeuten, können wir auch besser mit ihren unvermeidlichen sexuellen Forscherspielchen umgehen. Kaum ein Elternteil ist nicht schon einmal bei einem »Doktorspiel« oder dabei, wenn die Kinder »ihren zeigen, wenn du mir deinen zeigst« ins Kinderzimmer geplatzt. Die Kinderexpertin Eda LeShan bietet in ihrem Buch *When Your Child Drives You Crazy* folgende sinnvolle Reaktion an: »Ich weiß, daß ihr etwas über eure Körper lernen wollt, aber ihr wißt doch, wenn Erwachsene sich besuchen, ziehen sie sich auch nicht die Kleider aus.«[13] Wenn Sie Ihren Sohn wissen lassen, daß Sie sein Interesse verstehen und daß Sie ihm gerne alle seine Fragen beantworten, aber daß man sich nicht in Gesellschaft auszieht, setzen Sie eine Regel fest und schaffen auch eine Gelegenheit, über sexuelle Themen zu sprechen, die ihn vielleicht beschäftigen.

**JEANNE:** Wenn ein kleiner Junge stärker auf der Achtung seiner Intimsphäre besteht, gibt uns dies einen Hinweis darauf, daß er eine neue Ebene des sexuellen Verständnisses und der sexuellen Entwicklung erreicht hat. Als unser Sohn vier Jahre alt war, verlangte er, daß ich nicht mehr hinsehen sollte, wenn er sich abends auszog, und wollte auch nicht mehr, daß ich ihm auf der Toilette half. Er fühlte sich nicht mehr wohl, wenn er sich vor mir nackt zeigen sollte. Zuerst fühlte ich mich ausgeschlossen und dachte, da hab' ich dich nun jahrelang saubergemacht und gewickelt und kenne jeden Zentimeter deines Körpers – was soll das also, nicht mehr hinsehen zu dürfen? Aber es war ein wichtiges Signal, daß er ein klares Gespür, er selbst zu sein, entwickelte, also einer von mir getrennten Person, die für ihren Körper selbst verantwortlich ist. Indem ich seiner Aufforderung nachkam, ließ ich ihn wissen, daß ich seine Bedürfnisse respektierte, daß er wichtig ist und daß es völlig in Ordnung ist, wenn er mich um etwas bittet, was er als ein persönliches Bedürfnis empfindet. So lernt er, seine eigenen Bedürfnisse und Wünsche und die seines zukünftigen Partners zu respektieren – eine Grundvoraussetzung für gesunde Sexualität.

## Die positive Absicht

*Ein Junge ist nicht mit seinem schlechten Verhalten identisch.*
Es ist sehr wichtig, daß wir verstandesmäßig zwischen unseren Söhnen und ihrem Fehlverhalten unterscheiden. LeShan macht eine sehr richtige Feststellung über Jungen in dieser Altersgruppe: »Kleine Jungen sind nicht schlecht. Sie sind nur klein.«[14] Hinter einem Großteil der Untaten unseres Sohnes stecken als positive Absicht sein Forschungsdrang und das Bestreben, aus erster Hand etwas über das Leben zu erfahren (wie Sie die positive Absicht Ihres Sohnes erkennen können, können Sie noch einmal im 8. Kapitel nachlesen). Die meisten von uns haben vergessen, wie an- und aufregend eine neue Erfahrung sein kann; wir nehmen zuviel für selbstverständlich. Unser Sohn bleibt bei

jeder sich bietenden Gelegenheit stehen und riecht an den Rosen, dem Gras, den Steinen, der Raupe und allem anderen, was ihm vor die Füße gerät. Sein scheinbares Nicht-Gehorchen ist oft nur ein Mittel, mit dem er uns sagen will: »Ich bin lebendig!« »Ich will es wissen!« »Ich brauche deine Hilfe!«

*Schlechtes Verhalten wird durch Beachtung verstärkt.*
Am besten reagiert man auf manche Verhaltensweisen, zum Beispiel verletzende Sätze oder »schmutzige« Worte, indem man sie ignoriert. Wenn wir den Mund des Jungen tatsächlich oder im übertragenen Sinn mit Seife auswaschen, lenken wir ungebührliche Aufmerksamkeit auf eine an sich unwichtige Bemerkung und verleihen ihr erst dadurch Bedeutung. Jetzt weiß der Junge, wie er unsere Aufmerksamkeit erregen und unser Verhalten steuern kann. Vielleicht liegt eben darin die positive Absicht seiner Bemerkung – daß er unsere Aufmerksamkeit braucht oder sie ihm wichtig ist. Vielleicht steckt hinter der Verwendung eines obszönen Wortes die positive Absicht, daß er uns auffordern will, ihm zu helfen, einen versäumten Teil seiner Sexualerziehung zu verstehen. Vielleicht bietet dies eine perfekte Einleitung zu einem Gespräch über Sexualität, das wir bis zu diesem Zeitpunkt vermieden hatten. Bevor wir auf ein Fehlverhalten mit einer Konsequenz reagieren, die wir vielleicht später bereuen, müssen wir nach der positiven Absicht suchen und dem Kind auf dieser Ebene begegnen.
Im folgenden haben wir ein paar Sätze und Taten angeführt, die bei Jungen bis zum Alter von sieben Jahren weitverbreitet sind. Bevor Sie unsere Vorschläge zur positiven Absicht lesen, sollten Sie für sich selbst entscheiden, welche positive Absicht Sie dahinter sehen würden.

## Säuglinge (Geburt bis zum Laufalter)

*Verhalten:* Weint, wenn Sie ihn in sein Bettchen oder in die Wippe legen. Es scheint jedoch alles in Ordnung zu sein (Windel ist trocken, er hat soeben getrunken, er ist ausgeschlafen usw.)
*Positive Absicht: Um zu gedeihen, brauche ich es, daß du mich herumträgst, damit ich an deinen aufregenden Tagesaktivitäten teilnehmen kann. Ich brauche den Körperkontakt zu dir. Du bist wichtig für mein Wohlbefinden.*

*Verhalten:* Weigert sich, beim Wickeln still zu liegen oder stehen zu bleiben.
*Positive Absicht: Ich habe für diesen Unsinn keine Zeit mehr. Es wartet zuviel Welt auf mich, die erforscht werden will!*

## Kleinkinder (Laufalter bis vier Jahre)

*Verhalten:* Nimmt die saubere, gefaltete Wäsche aus dem Wäschekorb, zerrt sie über den klebrigen Küchenfußboden und stopft sie in den Trockner.
*Positive Absicht: Ich will so sein wie du. Ich will helfen.*

*Feststellung:* »Nein!« zu allem, was Sie von ihm wollen.
*Positive Absicht: Ich übe gerade, ein eigenständiger Mensch zu werden.*

## Kleine Jungen (vier bis sieben Jahre)

*Verhalten:* Pinkelt in den Garten, anstatt hereinzukommen und die Toilette zu benutzen.

*Positive Absicht: Mein Spiel ist mir zu wichtig, um es jetzt zu unterbrechen.*

*Feststellung:* »Ich hasse meine Schwester Kate. Ich wünschte, sie wäre nie zu uns gekommen.«
*Positive Absicht: Auch ich brauche deine Liebe. Ich bin mir nicht sicher, wie wichtig ich dir bin. Welchen Platz habe ich in der Familie?*

## Aktivitäten

Der Eltern-Job kann ermüdend sein und einsam machen, und manchmal erscheint es einem viel zu mühselig, wenn nicht gar unmöglich, sich aufzuraffen, um andere Menschen zu kontaktieren oder neue Familiengewohnheiten zu schaffen. Der erschrockene Ausdruck, der sich auf den Gesichtern von Eltern abzeichnet, wenn wir vorschlagen, den Fernseher ganz auszuschalten oder die Fernsehzeit zu reduzieren, wäre komisch, wenn er nicht echte Angst und Panik widerspiegeln würde bei dem Gedanken, das abzustellen, was für viele Familien zum Rettungsseil geworden ist, das sie miteinander verbindet. Sobald der erschrockene Ausdruck verflogen ist, kommt als erstes die Frage: »Aber was machen wir dann?« Im folgenden ein paar Antworten darauf. Wenn Sie unsere Vorschläge ausprobiert haben, werden Sie vielleicht überrascht sein, was Ihnen selbst noch einfällt. Wir können Sie nur dazu ermutigen, die Aufmerksamkeit gezielt zu lenken und die gemeinsame Zeit Ihrer Familie wieder selbst zu gestalten.

*Lernen Sie die Kunst des Geschichtenerzählens.*
Das Geschichtenerzählen war schon immer eine hochgeschätzte Kunstform, der Geschichtenerzähler immer ein willkomme-

ner Gast. Sorgfältig ausgewählte Geschichten dienten dazu, den Kindern die Regeln und Werte ihrer Kultur beizubringen und sie in den mythologischen und geistigen Traditionen zu unterweisen, mit denen ihr Volk lebte. Geschichten waren dazu da, wichtige Ereignisse herauszustellen und sich ihrer zu erinnern, große Errungenschaften zu ehren, sich gegenseitig zu unterhalten, zu belustigen und dazu aufzurufen, aktiv zu werden.

**Lesen Sie:**
*Märchen erzählen und Märchen spielen. Mehr Lebensfreude für Kinder und Erzieher.* Von Helga Hoff. Freiburg: Herder, ²1991,
ein sehr vergnüglicher Elternleitfaden zu den Märchen, Fabeln, Liedern und Gedichten, die wir alle in unserer Kindheit gehört, aber zweifellos zum Großteil vergessen haben. Darin werden Sie genau die Anregungen finden, die Sie brauchen, um selbst loszulegen. Danach können Sie sich vielleicht einem Kreis anschließen, in dem das Geschichtenerzählen geübt wird, oder sogar selbst einen ins Leben rufen, um Ihre Fähigkeiten zu verbessern. Selbst kleinere Kinder können beim Erzählen mitmachen, abgesehen davon hören sie natürlich gern gebannt den Geschichten zu. Weitere Buchvorschläge:

*Das große Buch der Kinderreime.* Hg. u. illustriert von Janosch. Zürich: Diogenes, 1984. Voller vergnüglicher Verse und Gedichte.
*Wie mag das wohl weitergehen?* Geschichten zum Erzählen und Weiterlesen. Von Barbara Schwindt. Ravensburg.
*Mutti – Bitte eine Geschichte!* Ein Hilfebuch für junge Mütter. Von Helene Plohn. Wien: Perlen Reihe, 1978. Alle alten Lieblingsgeschichten in Fassungen, die so kurz sind, daß man sie gut erzählen lernen kann.

**Lernen Sie, miteinander zu spielen.** Diana Whitemore's Buch *Kreativitätsspiele mit Kindern.* München: Kösel, 1992.
enthält so viele Ideen für vergnügliche Familienunternehmun-

gen, daß man mehrere Kindheiten damit ausfüllen könnte. Ihre Familienangehörigen werden schnell ihre Lieblingsspiele herausgefunden haben und sie immer wieder spielen wollen.

### *Lesen Sie vor.*

Schon lange wissen wir, wie wichtig es ist, Kindern regelmäßig vorzulesen, und zwar bereits ab ihrem sechsten Lebensmonat. Spaß und Spannung, die gute Literatur bietet, beflügelt die Vorstellungskraft auch der Jüngsten. Vorlesen fördert die Konzentrationsfähigkeit sowie die Disziplin des Zuhörens; Kinder lernen dadurch, ihre ungeteilte Aufmerksamkeit auf etwas zu richten, und es unterstützt auch ihre Sprachentwicklung. Außerdem gibt es zur Festigung der Familienbande kaum etwas Schöneres, als sich aneinanderzukuscheln und sich einem guten Buch hinzugeben. Gute Anregungen finden Sie bei:

*Kinder brauchen Märchen*. Von Bruno Bettelheim. Stuttgart: Deutsche Verlags-Anstalt, 1977. Erklärt, wie wichtig Märchen für die kindliche Entwicklung sind.

### *Machen Sie gemeinsam Musik.*

Kinder sind von Natur aus musikalisch, und selbst die kleinsten singen und trommeln gern zu einfachen Rhythmen. Die ersten musikerzeugenden Hilfsmittel können Schlaginstrumente sein, die die Familie selbst herstellt, zum Beispiel Trommeln aus runden Waschpulverkartons, Stöcke, die man gegeneinanderschlägt, Löffel, Glocken und Rasseln, die man aus diversen Gefäßen herstellen kann und die man mit Bohnen oder Maiskörnern füllt. Sie können eine Familienband ins Leben rufen, die sich an manchen Abenden vielleicht sogar zu einer Jam Session ausweitet, bei der die ganze Nachbarschaft mitmacht. Es gibt eine ganze Reihe von Büchern, in denen die Herstellung einfacher Musikinstrumente beschrieben wird. Hier ein paar empfehlenswerte Werke:

*Das große Liederbuch.* 204 deutsche Volks- und Kinderlieder – mit 156 bunten Bildern von Tomi Ungerer. Hg. von Anne Dieckmann. Zürich: Diogenes, 1976.
*Märchen erzählen und Märchen spielen.* Siehe S. 255.
*Singen macht Spaß. Singen für Vorschulkinder.* Von Annina Hartung. Frankfurt a. M.: Luchterhand, ³1991. Diese Lieder kommen bei allen gut an.
*Das große Buch der schönsten Kinderlieder und Kinderreime.* Von Birgit Hack. Bindlach: Gondrom, 1991. Lauter beliebte Kinderlieder und -reime.
*Komm – wir spielen. Kinderlieder zum Mitmachen mit Spielanregungen und Gitarre – Akkorden.* Von Wolfgang Hering. Boppard: Fidula Toncassetten, 1984.

## *Schaffen Sie ein Familienmeisterwerk.*

Wer weiß, vielleicht versteckt sich ja ein aufstrebender Picasso oder Renoir unter dem T-Shirt und den Jeans Ihres Jungen. Er hat doch sicher schon großartige Bilder mit seinem Schokoladenpudding geschaffen, oder? Verborgene Talente lassen sich wunderbar fördern, wenn sich die ganze Familie gemeinsam beim Malen, Spielen mit Ton, bei Pappmachéarbeiten, einfachen Webarbeiten, Nähen und Stricken vergnügt. Viele große Chirurgen hielten ihre Finger dadurch geschmeidig, daß sie ihre Anzüge selbst nähten, der Ex-Footballspieler Rosey Greer stickt begeistert, und das Stricken wurde vor langer Zeit von Seeleuten erfunden. Die folgenden sehr guten Kunsthandwerksführer können Ihnen als Einstiegshilfe dienen:

*The Ark,* Katalog. Hier werden Kreiden, Bienenwachs und Malsachen sowie Bücher und Spielzeug in der erzieherischen Tradition von

Steiner angeboten. Schreiben Sie an: 4245 Crestline Avenue, Fair Oaks, CA 95628.

*The Children's Year.* Von Stephanie Cooper. Stroud, U.K.: Hawthorn Press, 1988. Einfache Spielsachen, Puppen und Tiere. Erhältlich bei: St. George Book Service, P. O. Box 225, Spring Valley, NY 10977.

*Face Painting.* Von den Herausgebern der Klutz Press. Palo Alto, CA: Klutz Press, 1990.

*Festivals, Family and Food.* Von Diane Carey und Judy Large. Stroud, U.K.: Hawthorn Press, 1987. Bestellbar bei *HearthSong* (s. u.).

*Hanky Panky.* Von Elizabeth Burns. Selbstverlag, 1973. Wird zusammen mit einem weißen Taschentuch und der Anleitung geliefert, wie sich witzige Kreationen durch Falten und Knoten herstellen lassen. Erhältlich bei: Informed Birth & Parenting Books, P.O. Box 3675, Ann Arbor, MI 48106.

*HearthSong*, Katalog. Hier gibt es Kunsthandwerksmaterialien und wunderbare Kinderbücher, Spielsachen und Musikinstrumente. Schreiben Sie an: P. O. Box B, Sebastopol, CA 95473.

*Kunst- und Gestaltungstherapie.* Eine praktische Einführung. Von Gertraud Schottenlohner. München: Kösel, ³1992.

*Farbspiele mit Kindern.* 4 verschiedene Farb- und Maltechniken für Kinder. Von Karin Wölfel und Ulrike Schrader. München: Kösel, ³1993.

*Zehn kleine Krabbelfinger.* Spiel und Spaß mit unseren Kleinsten. Von Marianne Austermann und Gesa Wohlleben. München: Kösel, ⁷1993.

## Hilfe! – Wo sie zu finden ist

Die folgenden Bücher, Zeitschriften und Organisationen waren uns auf unserer Suche nach Unterstützung bei unseren elterlichen Aufgaben sehr nützlich. Sie sind nicht alphabetisch geordnet, sondern nach dem Grad ihrer Nützlichkeit. Wir wollen sie an Sie weitergeben in der Hoffnung, daß Ihr anstrengender Eltern-Job durch sie etwas einfacher wird.

## Zum Thema »Entwicklungsaufgaben«

### Bücher

*Kinder sind Gäste, die nach dem Weg fragen.* Ein Elternbuch von Irina Prekop und Christel Schweizer. München: Kösel, ⁷1993.

*Die zweite Geburt: Die ersten Lebensjahre des Kindes.* Von Louise J. Kaplan. München; Piper, 1981. Faszinierende Erkenntnisse zur Entwicklung von Neugeborenen bis in ihr viertes Lebensjahr hinein.

*Wenn Eltern zuviel fordern.* Von David Elkind. Hamburg: Hoffmann und Campe, 1989. Erörtert, welche Art von Erziehung kleinen Kindern guttut, und warum Eltern und Kindergärten sie »fehlerziehen«.

*Kinderspiel – lebensentscheidend.* Von Heidi Britz-Crecelius. Stuttgart: Urachhaus, 1987. Ein wundervolles, einfühlsames Buch mit praktischen Anleitungen für Eltern im technologischen Zeitalter.

*Über die geistige Entwicklung des Kindes.* Von Hans Aebli. Frankfurt a. M: Fischer, 1992.

*Kinder zeigen, was sie brauchen.* Von Judith S. Kestenberg und Janet Kestenberg-Aigler. Freiburg: Herder, 1993. Zeitablauf der geistigen wie auch der psychischen Entwicklung kleiner Kinder.

*Die ersten Jahre deines Kindes.* Von Penelope Leach. Stuttgart und Bern: Hallwag, 1989. Ein praktischer Leitfaden für alles.

## Zum Thema »Bedürfnisse«

### Bücher

*Auf der Suche nach dem verlorenen Glück.* Von Jean Liedloff. München: Beck, 1991. Eine bemerkenswerte Theorie zur kindlichen Entwicklung.

*Trouble mit Teenies.* Ein Ratgeber für Eltern von Sheila Dainow. München: Kösel, 1993. Hilft Eltern, Vertrauen zu sich als Eltern zu entwickeln.

*Schwangerschaft und Geburt.* Von Sheila Kitzinger. München: Kösel, ⁷1993. Ein hilfreicher Leitfaden für werdende Eltern, in dem Schwangerschaft, Geburt und Wochenbett angesprochen werden.

*Der sanfte Weg ins Leben.* Von Frédérick Leboyer. München: Kösel,

1974. Ein wunderbarer Führer für eine Geburt ohne Angst, Schmerz und Verwirrung.

*Erziehung als Lebenshilfe.* Von Bettina Schubert. Frankfurt a. M: Fischer, 1993. Betrachtet auch die geistigen Aspekte des Elterndaseins.

*Wir spielen mit unseren Schatten.* Von Gerd Haehnel, Georg Sauerland und anderen. Reinbek: Rowohlt, 1993. Viele wunderbare Ideen, an denen die ganze Familie Spaß haben wird.

*Four Arguments for the Elimination of Television.* Von Jerry Mander. New York: Morrow, 1978. Betrachtet auf provokative Weise die Hintergründe des Programminhaltes und die Auswirkungen auf den Zuschauer.

*Growing a Business.* Von Paul Hawken. New York: Simon and Schuster, 1987. Ein nützlicher Leitfaden zum Aufbau eines eigenen Geschäfts.

*Do What You Love, the Money Will Follow: Discovering Your Right Livelihood.* Von Marsha Sinetar. New York: Paulist Press, 1987. Unsere Arbeit kann unsere Familien finanziell und auch emotional unterstützen.

*Growing a Business/Raising a Family.* Hg. von Jan und Charlie Fletcher. Fayetteville, NC: NextStep Publications, 1988. Eine Sammlung von Aufsätzen, verfaßt von Eltern, die zu Hause arbeiten. Erhältlich bei: NextStep Publications, P.O. Box 41108, Fayetteville, NC 28309.

### *Zeitschriften, Broschüren und Informationsblätter*

*Mothering,* eine vierteljährlich erscheinende Zeitschrift voller kluger, wunderbarer Ratschläge für Eltern. Schriftliche Bestellung: P.O. Box 1690, Santa Fe, NM 87504, telefonisch: (800) 424-3308.

*Circumcision Booklet,* Nachdruck ausgewählter Artikel aus *Mothering.* Bestellen Sie es, indem Sie 12 Dollar an Mothering, P.O. Box 1690, Santa Fe, NM 87504 schicken.

*Welcome Home,* eine Veröffentlichung, die Mütter unterstützen will, die sich entschieden haben, zu Hause zu bleiben. Schreiben Sie an: P.O. Box 2208, Merrifield, VA 22116.

*Home Business Advisor,* ein Informationsblatt, das Eltern helfen will, flexible und sinnvolle Arbeit zu finden. Schreiben Sie an: NextStep Publications, 6340 34th SW, Seattle, WA 98126-3148.

*The Whole Work Catalog*, ein Katalog, der eine Reihe von befriedigenden Tätigkeiten sowie Möglichkeiten, sich selbständig zu machen und zu Hause ein Geschäft zu eröffnen, vorstellt. Schreiben Sie an: The New Careers Center, 6003 North 51st Street, P.O. Box 297, Boulder, CO 80306.

### *Netzwerke*

The Liedloff Continuum Network
P. O. Box 1634
Sausalito, CA 94965

Ein weltweites Netzwerk von Eltern, die das Kontinuum-Konzept bei ihrer Familie anwenden wollen. Für eine Mitgliederliste und das Rundschreiben wenden Sie sich an obige Adresse.

Mothers Home Business Network
P.O. Box 423
East Meadow, NY 11554

Schreiben Sie, wenn Sie den *Homeworking Mothers Newsletter* erhalten wollen.

National Organization of Circumcision Information Resource Centers (NOCIRC)
P.O. Box 2512
San Anselmo, CA 94979
(415) 488-9883

Schreiben Sie, wenn Sie Informationen zur Beschneidung und das Mitteilungsblatt dieser Organisation erhalten wollen.

## Zum Thema »Inneres Leitsystem«

### *Bücher*

*Ich schreibe mir die Seele frei.* Von Robert A. Johnson. Freiburg: Herrmann Bauer, 1990. Ein praktischer Leitfaden, wie man Träume und Phantasiereisen für das persönliche Wachstum einsetzen kann.

*Das Drama des begabten Kindes.* Von Alice Miller. Frankfurt a. M.: Suhrkamp, 1979. Wertvolle Einsichten in die Erfahrungen, die wir als Kinder gemacht haben.

*Familienleben.* Hg. von Gudrun Davy und Bons Voors. München: Kösel, 1986. Eine Sammlung wunderbarer, erkenntnisreicher Aufsätze von Eltern zu Familienfragen.

*Töchter und Väter.* Von Linda Leonard. Frankfurt a. M.: Fischer, 1991. Persönliche Erkenntnisse zur Heilung der Vater-Tochter-Beziehung.

*Tief unter unserer Haut.* Von Emily Hancock. Hamburg: Kabel, 1991. Ein hilfreicher Leitfaden, um die weibliche Psyche zu verstehen.

*Göttinnen in jeder Frau.* Von Jean Shinoda Bolen. Basel: Sphinx, 1991. Spinnt den alten Mythos der Göttin weiter zum besseren Verständnis der modernen Frau.

*Man(n) bleib Mann!* Von Herb Goldberg. Reinbek: Rowohlt, 1992. Ein praktischer und persönlicher neuer Blick darauf, wie Männer sich verändern.

*Eisenhans.* Von Robert Bly. München: Kindler, 1991. Ein mythisch-poetisches Werk über Männer, verfaßt vom führenden Vertreter der Männerbewegung.

*Götter in jedem Mann.* Von Jean Shinoda Bolen. Basel: Sphinx, 1991. Einsichten über die heutigen Männer, gewonnen aus der Betrachtung der alten Götter-Mythen.

*Focusing.* Von Eugene Gendlin. Salzburg: Müller, 1981. Ein Leitfaden, um die Weisheit von Gefühlen zu verstehen und ihr folgen zu lernen.

## Zum Thema »Zäune«

### Bücher

*Kinder sind Gäste, die nach dem Weg fragen.* Siehe S. 259.

*Versteh mich doch bitte!* Über die alltäglichen Mißverständnisse zwischen Eltern und Kindern. Von Katharina Zimmer. München: Kösel, ⁴1993.

*Kinder fordern uns heraus.* Von Rudolf Dreikurs und Vicky Soltz. Stuttgart: Klett-Verlag, 1970. Hilfreiche Anleitung, wie man in der Kindererziehung die Balance findet zwischen dem Lockerlassen und dem Anziehen der Zügel.

## Zum Thema »Sexualität«

### *Bücher*

*Junge Leute – Sex und Liebe.* Von Theodor Bovet. Tübingen: Katzmann Verlag, ⁴1984. Ein klarer, unmißverständlicher Ratgeber, wie wir mit unseren Kindern über sexuelle Themen sprechen sollten.

*Fragen zum Sex.* Antworten für junge Leute. Von Reinert Hanswille. München: Kösel, ²1993.

*Unser Körper, Unser Leben.* The Boston Women's Health Book Collective. Reinbek: Rowohlt, 1980. Ein einfühlsames und umfassendes Handbuch für Frauen.

*Die Sehnsucht nach dem siebten Himmel.* Von Carol Cassell. Reinbek: Rowohlt, 1990. Eine einfühlsame persönliche Erforschung der weiblichen Sexualität.

*Männliche Sexualität.* Von Bernie Zilbergeld. Tübingen: DGVT, 1988. Ein sehr praktisches und menschliches Buch, das die Mythen über männliche Sexualität zerstört.

*Freude am Sex.* Hg. von Alex Comfort. Berlin: Ullstein, 1976. Ein Sexualkundeführer für Erwachsene.

*Trotz allem: Wege zur Selbstheilung für sexuell mißbrauchte Frauen.*
Von Ellen Bass und Laura Davis. Berlin: Orlanda Frauenverlag, 1990. Dieser Führer für Frauen, die als Kinder sexuell mißbraucht wurden, hat eine ausführliche Bibliographie mit Vorschlägen für zusammenlebende Eltern, Kinder, Lesben, alleinerziehende Eltern, Opfer sexuellen Mißbrauchs und viele mehr.

### *Netzwerke*

Beratungsstellen für geplante Elternschaft haben Materialien für Eltern und Kinder aller Altersgruppen zu allen Aspekten der Sexualität zusammengetragen. Sie können auch schreiben an oder anrufen bei:

Planned Parenthood Federation of America, 810 Seventh Avenue, New York, NY 10019, (212) 541-7800.

## Zum Thema »Positive Absicht«

*Bücher*

*Versteh mich doch bitte!* Siehe S. 262.

*Nun hör doch mal zu! Elternsprache – Kindersprache.* Von Adele Faber und Elaine Mazlish. München: Droemer Knaur, 1989. Praktische Ratschläge, wie man Kindern zuhören und mit ihnen sprechen kann.

# 10

# Die Tom-Sawyer-Jahre: Acht bis zwölf

Ich höre
und ich vergesse.
Ich sehe
und ich erinnere mich daran.
Ich tue
und ich verstehe.

*Altes chinesisches Sprichwort*

## Entwicklungsaufgaben

Die Jahre zwischen acht und zwölf können als das Alter des Tuns bezeichnet werden. Dem bekannten Forscher und Psychologen Erik Erikson zufolge findet in diesen Jahren ein ständiger Kampf zwischen Eifer und Minderwertigkeitsgefühl statt.[1] Ein Junge ist einerseits aufmerksam, arbeitet hart, ist sorgfältig und fleißig; andererseits fühlt er sich jedoch genausooft träge, nutzlos und destruktiv, gerade so, als könne er nichts richtig machen. Die männliche Kraft fängt an, ihn heftig in beide Richtungen zu drängen, und alles ist entweder schwarz oder weiß. In diesem Alter gibt es kein »vielleicht«. Er fragt sich einerseits, ob er für seine Familie wichtig und produktiv, andererseits, ob er völlig nutzlos und destruktiv ist.

Die Entwicklung des Selbstwertgefühls basiert nun vor allem auf dem Tun. Wie ein Junge die Herausforderungen, die er an sich stellt, bewältigt, ist entscheidend für sein Selbstwertgefühl und die Art, wie er die Aufgaben in der Welt der Familie und der Arbeit angeht. Dr. Erikson erklärt: »Indem Kinder eifrig versuchen, alle Fertigkeiten, die in ihrer Gesellschaft geschätzt werden, zu meistern, entwickeln sie ein Bild von sich selbst als kompetent oder inkompetent... als entweder fleißig und produktiv oder minderwertig und unzulänglich.«[2]

Anders als ein Fünfjähriger, der mit der Aussicht auf ein neues Spielzeug motiviert werden kann, zieht der Acht- bis Zwölfjährige einen Lustgewinn aus der erfolgreichen Bewältigung einer Aufgabe. Oft reicht ihm das als Belohnung. Die psychologische Kraft drängt ihn dazu, eine Aufgabe gut zu erledigen.

Wir haben Sean, einen Jungen aus der Nachbarschaft, dabei beobachtet, wie er mit seinem Vater im Garten arbeitete. Das Lob seines Vaters unterstützte ihn nicht nur beim Rasenmähen, er machte den Rasenmäher auch sauber, als er fertig war, und räumte ihn auf, ohne dazu aufgefordert worden zu sein. Auf Seans Gesicht konnte man alles lesen, was man braucht, um einen Jungen von neun Jahren zu verstehen – die Entschlossenheit, etwas zu lernen und richtig zu machen, und dem Vater zu gefallen.

Wie Tom Sawyer wird er sich jedoch auch bemühen, Wege zu finden, den Job leichter und schneller zu erledigen. Erinnern Sie sich daran, daß Tom nicht nur eine Methode entwickelt, seine Freunde den Zaun streichen zu lassen, nein, er bringt sie auch noch dazu, es gern zu tun. Ned, ein alleinerziehender Vater, beobachtete sowohl diesen Tatendrang als auch ein aufkeimendes Organisationstalent an seinem neunjährigen Sohn Franklin. Ned arbeitet nachts als Koch, und vor seinem üblichen Nachmittagsschläfchen bat sein Sohn ihn um fünf Dollar. »Ich sagte ihm, daß er das Geld bekäme, wenn er mein Auto waschen würde«, berichtete Ned. »Ich fuhr das Auto vor das Haus, schloß den Gartenschlauch an, legte Eimer, Seife und Lappen bereit und sagte ihm, daß er fertig sein sollte, wenn ich aufwachte. Als ich später noch einmal nachsah, wartete eine große Überraschung auf mich. Das Auto war gewaschen, aber Franklin hatte drei seiner Freunde aus der Nachbarschaft dazugeholt, um ihm dabei zu helfen. Um das Ganze lustiger zu gestalten, hatten sie Fahrräder und Gartenstühle als Wall für eine Wasserschlacht neben dem Auto aufgetürmt. Mein Auto war nicht beschädigt, aber das Kratzen von Metall auf Metall jagte mir Schauer über den Rücken. Zur Krönung des Ganzen und als zusätzlichen Anreiz für seine Freunde hatte Franklin Snacks aus der Küche geplündert. Der Festschmaus war unter einem schattigen Baum ausgebreitet, wo mein Sohn für alle Riesensandwiches zusammenstellte. Ich rannte nach draußen, entriß den Jungen Snickers, Limonadedosen, Kekspackungen und was Sie sich sonst noch vorstellen können und schickte sie nach Hause. Nachdem ich mich wieder beruhigt hatte, erklärte ich Franklin, daß ich seinen Unternehmungsgeist durchaus respektierte und daß er seinen Job gut gemacht hätte. Dann sprachen wir über die Regeln, die er unwissentlich verletzt hatte. Ich gab ihm die fünf Dollar. Das nächste Mal werde ich ihn allerdings besser überwachen.«

Jean Piaget, einer der Hauptvertreter der Entwicklungspsychologie, nennt diese Jahre die Zeit des »konkreten operationalen Denkens«.[3] Der Junge hat zwar noch Schwierigkeiten beim abstrakten und hypothetischen Denken, beginnt jedoch einfache, logische Denkvorgänge zu verstehen und auf konkrete Situationen und Probleme seines Lebens anzuwenden. Er versteht jetzt auch mehr von den Bedürfnissen und den Wertvorstellungen der Leute, die er zu überreden oder denen er zu helfen versucht, und interessiert sich für ihre Meinungen. Ein Junge entwickelt in diesen Jahren auch die Fähigkeit zu verhandeln und wendet an, was er bei anderen beobachtet hat. Er kann Gegenargumente anführen, um die Einwände seiner Eltern zu entkräften, bevor sie überhaupt gefallen sind.

> Als mein Sohn Nathan fünf war, bat er mich einfach um Erlaubnis, etwas zu tun, etwa so: »Mama, darf ich malen?« Jetzt ist er acht und sagt: »Mama, ich habe das Spielzeug aus der Küche geräumt. Kann ich jetzt malen?« Er reagiert auch anders auf ein Nein. Als er kleiner war und ich sagte: »Nein, du kannst jetzt nicht malen, weil dein Spielzeug überall in der Küche herumliegt«, weinte er und schrie mich an. Jetzt überredet er mich mit etwas, von dem er weiß, daß ich es gerne mag oder ihn dafür loben werde.
>
> *Jill, Mutter von Nathan, 8*

## Bedürfnisse

*Söhne brauchen es, daß Eltern ein Auge auf sie haben und sich engagieren.*

Der Zeitraum zwischen dem achten und dem zwölften Lebensjahr stellt Eltern vor besondere Herausforderungen, denn der Junge gibt sich nicht länger mit freiem Spiel zufrieden. Er will weiterkommen, körperliche Herausforderungen meistern, Sachen herstellen, etwas mit einem Ziel vor Augen bauen. Seine Eltern müssen sich verstärkt um Planung, Überwachung und Bereitstellung von Aktivitäten zu Hause und in der Welt draußen bemühen, bei denen er die Fähigkeiten entwickeln kann, die er dringend entwickeln will. Eltern werden zu Taxifahrern, um ihre Söhne zum Musikunterricht, zu Aikidostunden, zum Fußballtraining usw. zu fahren und sie wieder abzuholen. Sie finden sich wieder als Jugendtrainer, Fußballschiedsrichter, Assistenten beim Bau von Modellautos und -flugzeugen und in vielen anderen Funktionen, die das jeweilige Interesse momentan erfordert.

### *Jungen suchen nach Rollenvorbildern und Führern.*

Es kann Eltern in den Wahnsinn treiben, wenn ihr Junge dem schlimmstmöglichen Vorbild nacheifert. Einer von Dons jungen Klienten wurde gefragt, warum er so haßerfüllt mit seiner Mutter spräche. »Ach, ich übe gerade, ein Teenager zu sein«, erklärte er stolz. »Bobby von nebenan (16) spricht ständig so mit seiner Mutter.« Jungen in diesen mittleren Jahren ahmen auch Verhalten nach, das ihrem Selbstbild und der Entwicklung moralischer Wertvorstellungen zuträglich ist. Deshalb lassen sie sich stark von Spielgefährten, elterlichen Aktionen und den Geschichten, die sie im Kino, auf Video und im Fernsehen sehen, beeinflussen.

> Wenn mein Sohn James mit Timmy, einem Nachbarjungen, spielt, macht er mir den Rest des Tages nur Probleme. Er ist frech, unkooperativ und nicht zu bändigen. Zur Zeit lasse ich James nur zwei Stunden pro Woche mit Timmy spielen, so lange, bis sich sein Verhalten mir gegenüber bessert. James gelingt es besser, Timmys Vorbild nicht nachzueifern, wenn er weiß, daß es etwas ist, was er nicht tun sollte. Letzten Monat durfte James drei Wochen lang nicht mit Timmy spielen, als es Timmy eingefallen war, unser Garagenfenster mit Steinen zu bewerfen. Jetzt wissen sie, daß es mir ernst ist, und seitdem ist so etwas nicht mehr vorgekommen. Aber James fühlt sich zu männlicher Energie hingezogen; ist die Schule aus und sein Vater nicht da, so muß es eben Timmy sein, auch wenn sich dieser manchmal entsetz-

lich aufführt. Ich weiß, daß ich nach anderen männlichen Rollenvorbildern für meinen Sohn suchen muß.

*Carol, Mutter von James, 9*

Eltern sind die ersten Rollenmodelle für einen Jungen. Unsere Taten hinterlassen *immer* einen tieferen Eindruck als unsere mündlichen Lektionen. Dies traf auch für Marty zu, der inzwischen elf Jahre alt ist und nicht mehr den eigentlichen »Tom-Sawyer-Aktionsdrang« hat. In seiner Freizeit sitzt er inzwischen Süßigkeiten essend vor dem Fernseher. Das war aber nicht immer so. Martys Eltern sind beide berufstätig; als er acht war, begrüßte er die beiden, wenn sie von der Arbeit heimkamen, oft voller Eifer mit der Idee, ein neues Modellauto zu basteln oder ein Spiel zu spielen. Leider waren Martys Eltern meist zu müde, um viel mit ihm zu unternehmen, und setzten sich am Abend vor allem vor den Fernseher. Martys Mutter erinnert sich an einen Abend, an dem er alleine ein Modellflugzeug gebastelt hatte und es seinem Vater zeigte, der gerade fernsah. »Ich werde nie den Blick auf Martys Gesicht vergessen, als sein Vater nur einen Blick auf das Flugzeug warf, beifällig grunzte und sich wieder dem Fernseher zuwandte. Ich glaube, an diesem Abend hat Marty einen Teil von sich verloren. Ich fühle mich schuldig, daß ich damals nichts getan habe. Es war so klar, daß er uns brauchte, vor allem seinen Vater. Jetzt wirkt er ziemlich depressiv, und seine Lehrer fragen uns, was für ein Problem er zu Hause hat. Das Problem ist, daß wir arbeiten, fernsehen und essen, und Marty ist jetzt genau wie wir.«

*Jungen brauchen Unterstützung, um ihre besonderen Talente herauszufinden.*

Söhne zwischen acht und zwölf brauchen ein äußerst breitgefächertes Angebot an Projekten, Spielen, Aufgaben, Unterrichtsstunden und Kunstformen, um ihren unersättlichen Appetit nach Erfolgen zu befriedigen. Durch Ausprobieren findet ein Junge heraus, was er am besten kann, denn jeder Junge hat seine besonderen Gaben. Unsere Kultur vermittelt Jungen widersprüchliche Botschaften, welche Werte und Fertigkeiten sie sich aneignen müssen. In diesem Alter ist es besonders wichtig, herauszufinden, was jeder Junge selbst als Erfolg bewertet. Leicht kann man den Fehler machen, sich auf das zu konzentrieren, was er gut kann, und nicht auf das, was ihm wirklich Spaß macht.

So wußte zum Beispiel jeder, daß Manley, zehn Jahre alt, ein begeisterter Baseballspieler war. Er sammelte Karten, wußte die Daten der Spieler und war in seiner Jugendmannschaft ein ausgezeichneter Werfer. Er war so gut, daß jeder außer Manley selbst die Tatsache übersah, daß er den Ball nicht treffen konnte. Oft war er böse auf sich selbst, weil er so schlecht traf. Manleys Onkel, der früher fast professionell Baseball gespielt hatte, sah das Problem sofort, als er einmal eines seiner Spiele besuchte. »Dreimal mußte er raus an diesem Abend, weil er keinen guten Ball getroffen hatte, und obwohl kein gegnerischer Spieler seine Bälle getroffen hatte, fühlte sich Manley mies«, erzählte sein Onkel. Nach zwei Tagen mit seinem Onkel und einem Korb voller Bälle auf dem Baseballfeld gelang es Manley zum ersten Mal in dieser Saison, einen Ball zu treffen. Nach dem Spiel stürzte er sich mit Freudentränen in den Augen in die Arme seines Onkels. Das Photo dieses Onkels steht nun auf seinem Nachttisch, ein kleiner Altar für den Mann, der tief in die Gefühle eines kleinen Jungen geblickt hatte.

Wir Eltern haben die Aufgabe, unseren Söhnen beizubringen, wie man Verantwortung übernimmt, indem wir ihnen Aufgaben im Haushalt übertragen; wir müssen ihnen die Feinheiten der

Kommunikation beibringen, indem wir sie dazu anhalten, den einzelnen Familienmitgliedern respektvoll und höflich zu begegnen. Genauso wichtig ist es jedoch, daß wir das Selbstwertgefühl und Selbstvertrauen unserer Söhne fördern, indem wir sie dabei unterstützen, ihre besonderen, aus ihrer Seele kommenden Interessen herauszufinden – dem Zentrum ihrer Lebenslust.

*Jungen müssen Erfolge erleben können.*
Pfadfindergruppen, Schwimmannschaften, Abenteuerferien, Bibelschulen und Sportvereine überleben alle aufgrund der Bereitschaft der Acht- bis Zwölfjährigen, hart zu arbeiten, etwas zu erreichen und erfolgreich zu sein. Wir meinen damit nicht die Art von Erfolg, bei der man unbedingt der Beste sein muß, und auch nicht die Erfolge der Erwachsenenwelt, sondern den Erfolg, der entsteht, wenn ein Junge gelernt hat, seine Hände, seinen Verstand und seinen Körper richtig einzusetzen.
Wenn es einem Vierjährigen nicht gelingen will, die Bausteine so aufzubauen, wie er sie haben will, versucht er es wieder und immer wieder. Der Zehnjährige neigt eher dazu, sich entmutigen zu lassen und es nicht mehr zu versuchen, wenn ihm etwas wiederholt mißlungen ist. Diese Altersgruppe neigt dazu, in etwas, das Erikson »erlernte Hilflosigkeit« nennt, festzusitzen.[4]
Wenn ein Junge selten Erfolge vorweisen kann, entwickelt er ein Minderwertigkeitsgefühl und hat ein trübes Bild von sich selbst.

> Robbie rappelte sich immer wieder schnell hoch und versuchte es munter ein weiteres Mal, wenn er etwas Neues lernte. Als er mit dem Laufen, Schlittschuhlaufen, Dreiradfahren anfing, versuchte er es wieder und wieder, bis es klappte. Jetzt ist er neun, und selbst der

kleinste Mißerfolg geht ihm schrecklich nahe. Ich sah ihm zu, als er ein Bild für seinen Vater malte. Er machte ein paar rote Linien, radierte sie wieder aus, knüllte das Papier zusammen und fing von vorne an. Das tat er dreimal, und schließlich gab er frustriert auf. Danach bastelte er ein äußerst kompliziertes Papierflugzeug und war sehr stolz, als sein Vater ihn lobte.

*Maria, Mutter von Robbie, 9*

In diesem Alter kann ein Junge entweder extrem versessen auf Wettbewerb sein oder sich auch überhaupt nicht mit anderen messen wollen. Am sinnvollsten ist Wettbewerb dann, wenn ein Junge sich bemüht, seine eigene Leistung zu verbessern, und nicht versucht, so gut oder besser zu sein wie die anderen. Eltern können helfen, indem sie für ihren Sohn Erlebnismöglichkeiten schaffen, bei denen er erfolgreich sein kann. Ihn dazu zu bewegen, eine bestimmte Sportart auszuüben, bevor zum Beispiel die Koordination zwischen Augen und Händen voll entwickelt ist, könnte ihm unnötige Mißerfolge einbringen. Sicher kann ein Junge aus einem Rückschlag oder Mißerfolg auch lernen, aber wiederholte Mißerfolge, die darauf beruhen, daß er für seine Fähigkeiten und sein Alter überfordert wurde, können verheerende Folgen haben. Abe, ein kleiner Freund von uns, machte mit seinem Vater eine Wanderung ins Hochgebirge, als er elf war. Sein Vater war bekannt dafür, ein ehrgeiziger Bergsteiger zu sein, einer, der selten eine Rast einlegte und niemals sein flottes Tempo verlangsamte. Abe war begeistert, daß er mit seinem Vater losziehen sollte, und stolz auf seine neue Wanderausrüstung. Nach ihrer Rückkehr weigerte er sich jedoch, mit seinem Vater jemals wieder zu wandern. Wir erfuhren Jahre später, daß sein Vater nicht bereit gewesen war, langsamer zu gehen oder Abe eine Pause zu gönnen; er war vorausgegangen und hatte

Abe, der fürchtete, daß sein Vater ihn verlassen hatte, stundenlang alleine gehen lassen. Die Qual, in den Augen seines Vater zu versagen, war für Abe zu groß gewesen, und er weigerte sich, sich jemals wieder in eine solche Lage zu begeben. Weil sein Vater auf einer Leistung bestanden hatte, zu der sein Sohn noch nicht fähig gewesen war, hatte er ihn verloren. Mit 19 ist Abe extrem kritisch sich selbst und seinen Leistungen gegenüber, obwohl er ein kluger und durchaus fähiger junger Mann ist.

Manchmal müssen Eltern auswählen und die Aktivitäten ihrer Söhne auf solche Sportarten lenken, bei denen die Verletzungsgefahr möglichst gering ist. In Chucks Familie wurde darüber diskutiert, welche Sportart er ausüben sollte. Chuck war immer ziemlich sportlich gewesen; seine Familie dachte sogar, er würde einmal Ballettänzer werden, weil er so gerne über die Möbelstücke sprang. Er war durchschnittlich breit gebaut und mittelgroß. Seine Eltern entschieden sich gegen Football, weil sie Angst hatten, er könne sich in den Wachstumsjahren verletzen. Eine Weile war Chuck sehr erbost darüber, aber seine Eltern unterstützten ihn bei jeglichen anderen sportlichen Interessen; sie kauften ihm eine Eishockeyausrüstung, ließen ihn am Schwimmunterricht teilnehmen usw. Das Ergebnis davon ist, daß Chuck, inzwischen Anfang 30, körperlich noch immer sehr aktiv ist. Er geht regelmäßig in ein Sportstudio, beschäftigt sich mit Bogenschießen und anderen Sportarten und ist in bester Form.

*Jungen sehnen sich danach, Zeit mit ihrem Vater zu verbringen.*
Wenn ein Junge älter wird, läßt er sich nicht mehr so leicht zum Schmusen oder zu Dingen bewegen, die seine Mutter gerne hätte. Meistens fängt ein Junge mit neun oder zehn Jahren an, sich weniger mit ihr zu identifizieren. Die Welt seines Vaters ruft ihn, und für die Mutter wird es schwer, mit ihm fertig zu werden.

Er signalisiert diese Veränderung dadurch, daß er bei Aufgaben, die von der Mutter beaufsichtigt werden, immer weniger kooperativ handelt. Wenn Väter in diesen Übergangsjahren abwesend sind, haben die Mütter einen schweren Stand dabei, die Zügel fest in der Hand zu halten.

> Meine Jungen sind wie Hund und Katze. Ihr Vater wohnt in der Nähe, aber er sagt, daß er nicht weiß, was er mit ihnen machen soll, und lädt sie meistens schnell wieder bei mir ab. In einer Elterngruppe lernte ich etwas, das mir das Leben gerettet hat. Statt mit ihnen zu sanft umzugehen – etwa immer wieder zu fragen: »Was habt ihr zwei denn für ein Problem? Können wir darüber reden?« –, lernte ich, das Kommando zu übernehmen, indem ich klare Grenzen zog und strenge Konsequenzen in Aussicht stellte. Ich muß dabei nicht brutal sein, sondern eben nur Regeln festlegen, die ich auch durchsetzen kann. Es ist nicht einfach. Die Rolle der bestimmenden Mutter ist mir nicht so ohne weiteres zugefallen, aber sie hat das Chaos in unserer Familie kontrollierbar gemacht.
>
> *Sheila, Mutter von Ryan, 8, und Shawn, 11*

Väter sind in dieser Übergangszeit extrem wichtig. Wenn sie sich um ihre Söhne kümmern, ihre Erfolge loben, ohne zu übertreiben, und Grenzen und Begrenzungen fest in der Hand haben, blühen Jungen auf wie gut gedüngte Pflanzen. Unser kleiner Nachbar, Jason, zehn Jahre alt, ist ganz erpicht darauf, mit seinem Vater zusammen zu sein. Sie gehen miteinander zelten und fischen, und Jasons Vater genießt es genauso wie er. Der Schlüssel für ihre erfolgreiche Beziehung liegt darin, daß sowohl Jason als auch sein Vater ihre gemeinsamen Unternehmungen sehr schätzen.

Dies war nicht immer so bei Gilberto, einem geschiedenen Vater, der seinen achtjährigen Sohn Jamie jedes zweite Wochenende vier Tage lang sieht und gelegentlich ein bis zwei Nächte zum Übernachten bei sich hat. Die übrige Zeit ist Gilberto für seine Firma unterwegs. Jamie freute sich immer sehr, seinen Vater zu sehen, wurde aber meistens kurz vor dem Ende seines Besuchs traurig und bockig. Seine Mutter beschwerte sich, daß er auch zu Hause die meiste Zeit zurückgezogen und böse sei. Er schrie sie an und weigerte sich, seine Schulaufgaben oder Arbeiten im Haushalt zu erledigen.

Gilberto erzählte einem Kollegen von seinen Schwierigkeiten; dieser fragte ihn, was er und Jamie denn zusammen unternehmen würden. »Ich bin so müde von meiner Arbeit, daß wir nur Videos anschauen und Pizza essen«, sagte er. »Das, was er gerne spielt, langweilt mich meistens.« Der Freund sagte Gilberto, daß er das Problem darin sähe, daß er und Jamie nichts zusammen unternähmen, zum Beispiel Sachen zu bauen oder sich etwas vorzunehmen. »Er sagte, da müsse etwas nicht stimmen, wenn ich mich langweile; ich sollte Aktivitäten für uns finden, die auch mir Spaß machen würden. Nun, ich habe es versucht, und es ist großartig! Ich nahm Jamie auf eine Geschäftsreise mit, und wir besuchten eine Flugzeugfabrik. Wir hatten einen Riesenspaß zusammen. Jetzt zelten und fischen wir auch gemeinsam. Zu Hause bauten wir ein Terrarium für die häßlichen Käfer, die seine Mutter so haßt. Wir machen jetzt lauter Dinge, die ich gerne tue, für die ich mir aber nie die Zeit genommen habe. Jetzt sehe ich zu, daß wir auch wirklich etwas unternehmen, wenn wir zusammen sind. Wenn wir unterwegs sind, suchen wir uns ein kleines Andenken, das er sich in sein Zimmer stellen kann, um ihn an unsere gemeinsame Zeit zu erinnern. Er hat sich schier unglaublich verändert.«

## Das innere Leitsystem

Der entwicklungsmäßige Schwerpunkt verlagert sich bei einem Jungen im Grundschulalter von der physischen auf die emotionale Ebene. Das leidenschaftliche Auf und Ab seiner Gefühle reift in dieser Zeit; der ältere Junge ist freier, sich verstärkt um Beziehungen und soziale Fertigkeiten zu kümmern. Er lernt mehr über das Leben – wie er in seine Familie paßt, was die Familienmitglieder an ihm schätzen, welche besonderen Fähigkeiten er innerhalb der Familie hat. Für Eltern ist dies eine verwirrende Zeit, denn unsere Söhne fordern mehr Unabhängigkeit. »Rob und John dürfen die Straße zum Schwimmbad aber schon alleine überqueren! Warum darf ich das nicht?« Wir werden daran erinnert, daß sie noch klein sind und unsere Hilfe brauchen. Denn sie müssen erst lernen, die Grundlagen des Menschseins – zum Beispiel Fragen der Sicherheit, den Umgang mit Geld oder der Wahrheit sowie Beziehungen zu anderen – zu meistern.

Es macht einen Zehn- bis Zwölfjährigen sehr wütend, wenn er zu hören bekommt: »Warte, bis du älter bist!« Wenn Ihnen das Überqueren der vielbefahrenen Straße zum Schwimmbad zu gefährlich erscheint, beharren Sie auf Ihrem Standpunkt. Sie sollten ihm jedoch etwas anderes Angemessenes anbieten, wofür er die Verantwortung übernehmen kann – im Idealfall etwas, das sein Selbstvertrauen fördert, während er gleichzeitig lernt, für seine Sicherheit selbst verantwortlich zu sein. So ist möglicherweise der nahe gelegene Park zwar ein paar Häuserblocks entfernt, jedoch durch ruhigere Straßen gut zu erreichen. Vielleicht radeln Sie erst mal gemeinsam mit ihm dorthin und besprechen noch einmal die Regeln des sicheren Fahrradfahrens. Danach darf Ihr Junge dann allein fahren, um mit Freunden dort zu spielen.

Wenn Jungen selbständiger werden und mehr Zeit außerhalb

ihres Elternhauses verbringen, entstehen in manchen Familien Konflikte, wenn es darum geht, die Wahrheit über ihre Aktivitäten oder auch über andere Dinge zu sagen. Hierzu ein Beispiel: Luke, neun Jahre alt, rief seinen Vater vom Haus eines Freundes aus an und fragte ihn, ob sie zu einem Spielplatz in der Nähe gehen dürften. Sein Vater wollte wissen, ob denn ein Erwachsener mitkäme, und Luke versicherte ihm, daß die Mutter seines Freundes dabeisein würde. Später erfuhr Lukes Vater, daß die Mutter zu der Zeit gar nicht zu Hause war und die Jungen nicht begleitet hatte. Lukes Eltern behandelten diese Lüge wie jedes andere Fehlverhalten; sie stellten Zäune auf, indem sie das erwartete Verhalten klarstellten, in diesem Fall, die Wahrheit zu sagen; sie benannten die Konsequenzen – in diesem Fall durfte Luke eine Woche lang nicht mit seinem Freund spielen; sie versuchten, mit möglichst viel Freundlichkeit und Verständnis konsequent zu sein. Luke lernte dabei vor allem, daß er, hätte er die Wahrheit gesagt, zwar etwas verloren hätte, daß ihm mit seiner Lüge jedoch wesentlich mehr abhanden gekommen war einschließlich seines Selbstwertgefühls.

Hinter Lügen können auch andere Dinge stecken, so das Bedürfnis nach mehr Eigenleben. Für Jungen werden persönliche Angelegenheiten nach ihrem fünften Lebensjahr immer wichtiger, und im angemessenen Rahmen sollten wir von unseren Söhnen nicht erwarten, daß sie uns alles erzählen, was sie tun.

Es gibt noch ein weiteres Element der Wahrheit, das für die Entwicklung eines gesunden inneren Leitsystems wichtig ist, eines, das vor allem unsere Beziehung zu anderen betrifft. Um »nett« zu sein, haben viele von uns den Kontakt zu unseren inneren Botschaften, die uns die Wahrheit über unsere Erfahrungen sagen, verloren. Kinder sind berüchtigt dafür, mit der Wahrheit einfach herauszuplatzen, etwa so: »Du hast aber einen dicken Bauch!« Oder: »Ich hasse dein grünes Hemd!« Wenn wir unseren Söhnen beibringen, die Wahrheit netter, weniger verletzend zu formulieren, müssen wir darauf achten, daß sie dabei nicht ganz und gar unter den Tisch fällt. Der Ausspruch »Das meinst du doch nicht im Ernst« vermittelt die Botschaft, daß Jungen ihren Gefühlen nicht trauen können. Die Kunst, die Wahrheit zu sagen, ist in Beziehungen sehr wichtig, so auch im Fall mit dem grünen Hemd. Die Wahrheit so zu formulieren, daß sie in der Mitte liegt zwischen: »Ich hasse dein grünes Hemd«, und: »Ich finde es wundervoll«, ist eine Fertigkeit, die ein Junge zwischen acht und zwölf Jahren durchaus lernen kann. Man könnte eine Aussage etwa folgendermaßen formulieren: »Ich stehe nicht besonders auf Grün. Dein gelbes Hemd gefällt mir besser.« Wenn es dann später in schwierigeren Situationen um die Wahrheit geht, etwa der Ehefrau oder einem guten Freund gegenüber wahrheitsgetreu Auskunft über sein Befinden zu geben, werden unsere Söhne gelernt haben, ihren inneren Gefühlen zu vertrauen und sie der Wahrheit entsprechend kundzutun.

Vielen Eltern fällt es auch schwer, ihren Söhnen beizubringen, wie sie mit Geld umgehen und seinen Wert richtig einschätzen sollten. Jungen in diesen mittleren Jahren beginnen sich damit auseinanderzusetzen, wie sich Gleichaltrige anziehen, welches Spielzeug sie besitzen und was sich die Familien leisten können. Die Erziehungspartner müssen sich über ihr eigenes Verhältnis zum Geld im klaren sein und darüber, was ihre Söhne über die finanzielle Situation der Familie wissen sollten. Ein Gespräch über folgende Punkte kann Eltern helfen, mit dem Thema Geld, das ihre Söhne unweigerlich auf den Tisch bringen werden, umzugehen:

> Welches Verhältnis habe ich zu Geld?
> Wie schätze ich die finanzielle Situation unserer Familie ein?

> Wie wichtig ist mir materieller Konsum?
> Wofür gibt unsere Familie Geld aus? Für materielle Güter, Erlebnisse wie Reisen, Unterhaltung, Erziehung?
> Wer regelt die Geldangelegenheiten in unserer Familie?
> Was sollte unser Sohn über unsere finanzielle Situation wissen?
> Welche Wertvorstellung sollte unser Sohn in bezug auf Geld haben?
> Sollte er Taschengeld bekommen? Wieviel? Sollte er es sich verdienen müssen? Wie?

Das, was wir unseren Söhnen über unsere Finanzen erzählen, und was wir ihnen nicht mitteilen, kann bleibende Eindrücke hinterlassen.

**JEANNE:** In meiner Kindheit hatte meine Familie sehr wenig Geld, da wir hohe Arztrechnungen zu begleichen hatten. Meine Eltern gaben mir zwar alles, was ich brauchte, und ziemlich viel von dem, was ich haben wollte, aber ihre Sorgen über ausstehende Rechnungen vermittelten doch Gefühle wie »Eigentlich sollte ich mir das nicht kaufen« und »Nie ist genug Geld da«, Gefühle, die ich mit in mein Erwachsenenalter genommen habe. In unserem Zeitalter der schwindenden Bodenschätze haben wir versucht, unserem Sohn Einfachheit, Schönheit, das Teilen und das Praktische nahezubringen. In der Welt der Legos, Ninja Turtles und Markentennisschuhe ist dies jedoch wahrlich ein schwerer Kampf!

Da das Selbstwertgefühl eines Jungen in direktem Zusammenhang steht mit seinen Gefühlen, etwas geleistet zu haben, kann der Weg vom neunten bis zum dreizehnten Lebensjahr oft wie die Fahrt mit einer Achterbahn sein – die eine Minute geht es aufwärts, die nächste wieder bergab. Kritik tut weh, vor allem, wenn ein Junge sein Bestes gegeben hat bei dem Versuch, eine Aufgabe zu meistern, es ihm aber nicht gelungen ist. Wir haben festgestellt, daß man einen Sohn am ehesten dazu ermuntern kann, sich größeren Herausforderungen zu stellen, wenn man zuerst seine Bemühungen anerkennt. Nichts ist entmutigender, als ihn auf seine mangelnden Fähigkeiten oder das, was er nicht gut gemacht hat, hinzuweisen, ohne das zu sehen, was er geschafft hat. Dans Vater beschwerte sich, daß sein Junge faul sei und seine Arbeit schlecht mache. Er fand immer gleich was daran auszusetzen, wenn Dan den Rasen mähte oder den Kirchenboden fegte. Der Vater lobte also nicht die Arbeit seines Sohnes, sondern konzentrierte sich nur auf das kleine Fleckchen Gras, das Dan übersehen hatte, oder den Kirchenstuhl in der dritten Reihe, der nicht ordentlich an seinem Platz stand. Die ständige Kritik seines Vaters wegen kleinerer Fehler brachte Dan dazu, sich vor jedem Job zu fürchten, den er für ihn erledigen sollte. Eltern sollten immer daran denken, daß ein Junge in den mittleren Jahren sich stets bemüht, sein Bestes zu geben, aber es wird immer das sein, was ein Neun- bis Elfjähriger als seine beste Leistung betrachtet, und nicht das, was ein Erwachsener leisten kann.

Die Aufgabe sollte dem Jungen auch liegen. Wenn er nicht das erforschen darf, was ihm Spaß macht, wenn er gezwungen wird, eine Aufgabe zu erledigen oder bei etwas mitzumachen, was ihm überhaupt nicht liegt, fühlt ein Junge sich hilflos und beginnt daraufhin, seinen wahren inneren Gefühlen nicht mehr zu trauen und seine Taten nicht mehr von ihnen lenken zu lassen. Mitchell, zehn Jahre alt, hatte zu Hause immer gerne geholfen, als er kleiner war. Er fütterte gerne das Haustier, eine Katze, und war stolz darauf, wenn er von selbst daran dachte. Sein Gefühlskästchen sah so aus:

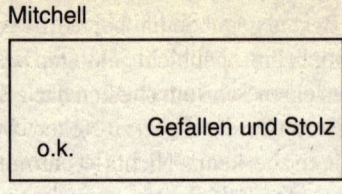

**Abbildung 13**

Als er älter wurde, beschloß seine Mutter, nun seinem jüngeren Bruder die Aufgabe, die Katze zu füttern, zu übertragen; Mitchell bekam die Aufgabe, die Mülleimer zu leeren. Als er sich über seinen neuen Job beschwerte, sagte seine Mutter: »Ach, eigentlich hast du doch nichts dagegen. Mach es doch einfach weiter.« Mitchell will zwar zu Hause helfen, ist jedoch mit dem Herzen nicht bei der Mülleimer-Aufgabe; er verschiebt sie immer wieder und findet statt dessen anderes zu tun. Die Aufgabe ist zum Machtkampf zwischen seiner Mutter und ihm geworden. Mitchell zweifelt an seinem Selbstwert und daran, daß er für seine Familie wichtig ist, weil er lernt, daß es für ihn nicht in Ordnung ist, Gefühle zu haben, die von denen seiner Mutter abweichen. Jetzt sieht sein Gefühlskästchen so aus:

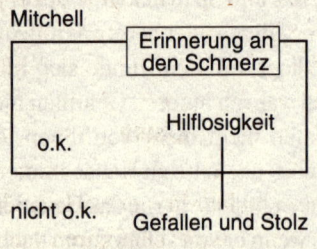

**Abbildung 14**

Weiter unten sehen Sie ein leeres Gefühlskästchen. Überlegen Sie sich, welche Probleme Sie mit Ihrem Sohn haben. Erforschen Sie die möglichen Gefühle Ihres »Tom Sawyer« und überlegen Sie, ob diese sich innerhalb oder außerhalb seines Gefühlskästchens befinden. Fallen Ihnen auch Verhaltensweisen ein, die in dem Kästchen oder außerhalb davon stehen?

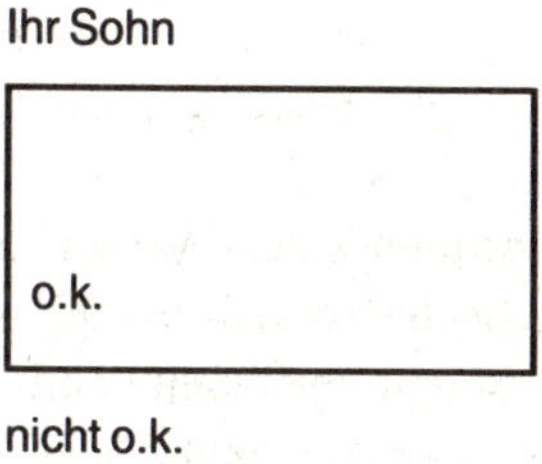

Ihr Sohn

o.k.

nicht o.k.

**Abbildung 15**

Als nächstes sollten Sie für sich und Ihre Familie eine Strategie entwickeln, die Ihnen hilft, das »Gefühls- oder Verhaltensproblem«, das Ihr Sohn in Ihrem Familiensystem darstellt, zu lösen. Zur Unterstützung können Sie sich noch einmal die Gefühlskästchenübungen am Ende des 6. Kapitels durchlesen sowie die Übungen, wie man die positive Absicht herauszufinden lernt, die gegen Ende des 8. Kapitels aufgeführt sind, und die Übung im Abschnitt des 9. Kapitels, in dem Zäune besprochen werden.

## Zäune

In den »Tom-Sawyer-Jahren« entwickelt der Junge einen Ehrenkodex. Er sucht nach Leitfiguren, die er respektieren kann, und nach gerechten Regeln. Geheime Klubs und Rituale

werden immens wichtig für ihn, und er ist entsetzt und enttäuscht, wenn Eltern oder andere ihr Wort nicht halten. Er beobachtet seine Eltern sehr genau und bemerkt schnell Diskrepanzen zwischen dem, was sie sagen, und dem, was sie tun. Er verpflichtet uns und sich selbst dazu, die Regeln einzuhalten. Die zweideutige Botschaft, daß bestimmte ethische Regeln nur für ihn, nicht jedoch für uns gelten, verwirrt ihn zutiefst und ruft Ablehnung hervor, die sich in den Teenagerjahren noch verstärkt. Wenn er stiehlt oder lügt, ist er durchaus bereit einzusehen, auf welche Weise dieses Verhalten für ihn und andere Probleme hervorrufen kann. Wenn er uns bei einer Lüge ertappt, und sei sie noch so trivial, können seine Gefühle, betrogen worden zu sein, sein Vertrauen in uns erschüttern. Wenn die Lüge in direktem Zusammenhang zu ihm steht, wird sein Vertrauen in unsere Liebe zu ihm untergraben.
Kenneth, Vater von Benji (9), kam diese Einsicht teuer zu stehen. Kenneth war vor zwei Jahren von Benjis Mutter geschieden worden. Er und Benji waren jedes Wochenende zusammen, was für beide die schönsten Tage der Woche waren. Vor kurzem traf Kenneth Jill, die er gerne näher kennenlernen wollte. Anfangs sah er sie nur dann, wenn Benji nicht da war. Dann begann er, Jill bei den Wochenendaktivitäten mitzunehmen. Benji war an diesen Wochenenden still und in sich gekehrt, aber Kenneth beschloß, daß Benji einfach mehr Zeit brauchte, um Jill kennenzulernen, bevor er sich ihr öffnete. Dann sagte Kenneth Benji einmal, daß dieser ihn am Wochenende nicht besuchen könnte, weil er arbeiten müßte. In dieser Woche belauschte Benji ein Telephongespräch seiner Mutter, in dem sie seinem Vater sagte, wie verärgert sie sei, weil er nicht die Wahrheit über den Wochenendausflug gesagt hatte, den er mit Jill zusammen unternehmen wollte. Benji zog sich noch weiter von seinem Vater zurück. Obwohl Kenneth sich entschuldigte,

brauchte Benji sehr lange, bevor er sich wieder sicher war, daß er seinem Vater so wichtig war wie früher.

In diesen Übergangsjahren möchte ein Junge wissen, wie die Regeln und die Konsequenzen für ihre Verletzung lauten. Wenn ihm dies deutlich gesagt worden ist, fühlt sich der Acht- bis Zwölfjährige sicher. Wenn er weiß, was er zu erwarten hat und was von ihm erwartet wird, hat er Bewegungs- und Handlungsspielraum.

Einige der Mauern, die für seine Sicherheit notwendig waren, als er noch kleiner war, sind auch in diesen Jahren noch angebracht. Noch beherrscht er die Fähigkeit nicht, klar zu überlegen, bevor er handelt; so kommt es vielleicht noch vor, daß er einem Ball hinterher auf die Straße stürzt, ohne auf die Autos zu achten, weshalb er vielleicht doch noch die Regel braucht, daß die Straße für ihn tabu ist, wenn kein Erwachsener zugegen ist.

Mauern können jetzt auch als Konsequenzen dienen, denn sein Verstand ist in der Lage, konkrete Zusammenhänge zwischen Ursache und Wirkung zu verstehen. Wenn zum Beispiel für einen Elfjährigen die Familienregel – oder Mauer – galt, von der Schule geradewegs nach Hause zu kommen – sei es zu Fuß oder auf dem Fahrrad –, könnten wir diese Regel in einen »Holzzaun« umwandeln, indem wir dem Jungen erlauben, bei seinem Freund Ted einen Zwischenstopp einzulegen, wenn er uns von dort aus anruft und uns Bescheid gibt, wo er steckt. Als Konsequenz, wenn er uns nicht anruft, sollte wieder die Mauer, von der Schule direkt nach Hause kommen zu müssen, gelten.

Bei dem Jungen unter acht Jahren mußten wir sofort auf sein Verhalten reagieren; sein Konzept von Zeit und Raum war zu begrenzt, als daß wir ein zukünftiges Ereignis als Konsequenz in Aussicht hätten stellen können. Der Acht- bis Zwölfjährige hingegen kann weiter in die Zukunft denken, kann Reaktionen von anderen (Mama wird sicher ziemlich sauer sein!) absehen und sich daran erinnern, was ihm passieren wird, wenn er sich nicht an seine Vereinbarungen hält.

Diese Vereinbarungen fallen noch in die Kategorie »Holzzaun« der Familiengrenzen, nicht in die der mündlichen Vereinbarungen, die später, in der Pubertät, angebracht sind. Aber in diesen mittleren Jahren braucht unser Sohn nach wie vor Ermahnungen und Ermunterungen, um sich an Vereinbarungen zu halten. Er ist noch immer von außen gesteuert, will uns gefallen und verlangt nach unserem Beifall und unserer Aufmerksamkeit, wenn er seine Sache gut macht; seine psychologische Kraft beginnt gerade erst, ihn von innen heraus zu motivieren, Aufgaben nur um ihrer selbst willen zu erledigen. Deshalb ist unser *ernstgemeintes* Lob äußerst wichtig. Wir betonen »ernstgemeint«, weil er wissen wird, wann wir übertreiben, und daran zweifeln wird, ob er das Lob verdient hat. Alles in allem braucht unser Tom Sawyer uns in seiner Nähe, um ihn zu leiten, zu führen, zu steuern, ihm Lob zu spenden, dabei zu sein und ihm mehr Weideraum zu geben, auf daß er beweisen kann, daß er fähig ist, er selbst zu sein.

Um angemessene Grenzen und Konsequenzen der Art »Holzzaun« aufzustellen, haben wir Ihnen etwas Platz gelassen, in dem Sie das Problem oder die Aufgabe, die Sie bei Ihrem Sohn ansprechen wollen, beschreiben können. Errichten Sie einen Zaun oder verhängen eine Konsequenz, die seinem Alter und seinen Fähigkeiten angemessen ist. Lesen Sie im 7. Kapitel über Zäune nach, wenn Sie Hilfe brauchen. Denken Sie daran, daß Sie Zäune und Konsequenzen häufig überdenken müssen, so daß Ihr Sohn sich sicher fühlt und auf seinem optimalen Lernniveau bleiben kann.

| Problem/Aufgabe | Zaun | Konsequenz bei Nicht-Befolgen |
|---|---|---|
| Räumt Werkzeug nicht auf, wenn er fertig ist | Gummiwand | Darf Werkzeug eine Woche lang nicht benutzen |
| 1. | | |
| 2. | | |
| 3. | | |
| 4. | | |

## Sexualität

Wenn Sie zu den Leuten gehören, die erst die Kapitel lesen, die sich direkt auf die Altersgruppe ihres Sohnes beziehen, schlagen wir vor, daß Sie auch den Abschnitt über die Sexualität im 9. Kapitel lesen. Viele der Gedanken, die wir dort wiedergegeben haben, gelten für unsere Söhne in der ganzen Zeit, in der sie heranwachsen. Auch wenn Sie bisher über die Sexualität Ihres Sohnes weder mit ihm noch mit Ihrem Erziehungspartner gesprochen haben, ist es niemals zu spät, damit zu beginnen.

*Dies ist die Latenzphase.*
Sexualität wird bei den Acht- bis Zwölfjährigen noch in Aktivität umgeleitet. Wir meinen damit nicht, daß seine Projekte und Aktivitäten die Stelle seiner sexuellen Interessen und Erforschungen einnehmen, aber er spürt noch nicht den biologischen Drang nach sexueller Aktivität, den der Jugendliche und ältere Teenager spürt. Er fordert nach wie vor seine Intimsphäre. Es ist sehr wichtig für ihn, Platz für seine Projekte und Besitztümer zu haben, vor allem, wenn er sein Zimmer mit Bruder oder Schwester teilt. Er braucht Schreibtisch, Schrank, Truhe und Regal für

sein Spielzeug. Ein verschließbares Kästchen für seine persönlichen Schätze ist unerläßlich, um sein aufkeimendes Verständnis davon, wer er in Beziehung zu anderen ist, zu fördern.

Seine Fragen zur Sexualität werden komplizierter und verlangen seinen Eltern mehr Nachdenken und Fakteninformation ab. Im folgenden haben wir einige Fragen aufgeführt, die Jungen in der sechsten Klasse, also im Alter von zehn bis zwölf Jahren, stellten, indem sie sie anonym auf Karteikarten schrieben. Sie schickten diese Kärtchen an Dr. Sol Gordon, einen bekannten Sexualerzieher, dessen Arbeit wir im 9. Kapitel vorstellten, im Anschluß an einen Vortrag, den er im Mai 1988 in einer Vorstadtschule in Ohio hielt.[5] Selbst diejenigen von uns, die mit der Sexualität unserer Kinder überhaupt keine Schwierigkeiten haben, werden wahrscheinlich bei einigen dieser Fragen schlucken.

> Was ist eine Erektion? (12 Jahre alt)
> Ist es normal, sich einen runterzuholen? (12 Jahre alt)
> Ich bin elf und habe zweimal Sex gehabt. Sollte ich deswegen Schuldgefühle haben? (11 Jahre alt)
> Ich habe noch keine Träume gehabt, in denen ich einen Samenerguß hatte. Warum? (12 Jahre alt)
> Was passiert, wenn unten an meinem Peenies (sic) Haare wachsen? (12 Jahre alt)
> Wie lange dauert es, bis man weis (sic), daß ein Mädchen schwanger ist? (11 Jahre alt)
> Was ist Forspiel? (sic) (12 Jahre alt)
> Warum mag ich Mädchen nicht? (12 Jahre alt)
> Wie funktioniert Masturbation? (12 Jahre alt)
> Muß man bumsen, damit ein Mädchen ein Baby haben kann? (10 Jahre alt)
> Meine Freunde unterhalten sich immer übers Kommen (sic). Was ist Kommen? (12 Jahre alt).

*Unsere Söhne verdienen wahrheitsgetreue Antworten.*
Seine Fragen allein bedeuten nicht, daß ein Sohn das ausprobiert hat, was er wissen will. Konservative Geister unter uns nehmen an, daß es Jungen zu sexueller Aktivität anspornt, wenn man ihnen Faktenwissen vermittelt. Wir sind auf jeden Fall der Ansicht, daß Unwissen in bezug auf Sexualität kein Segen ist. Wenn ein Junge über seinen Körper und das, was normal ist, nicht Bescheid weiß, führt dies zu Schuldgefühlen, Scham, Geheimnistuerei, Wut und möglicherweise ungewollten Schwangerschaften sowie Geschlechtskrankheiten, Aids, unbefriedigenden sexuellen Beziehungen im Erwachsenenalter und sogar zu Vergewaltigungen.

Wenn Söhne etwa zehn Jahre alt sind, sollten Eltern ihnen vor allem erzählen, was es mit »feuchten Träumen« bzw. dem nächtlichen Samenerguß auf sich hat: daß beinahe alle Jungen sie haben, daß sie je nachdem etwa zwischen dem elften und dem fünfzehnten Lebensjahr einsetzen und daß sie völlig normal sind. So eine reine Faktenvermittlung ist sehr wichtig, um dem Jungen zu versichern, daß er völlig gesund ist. Er sollte wissen, daß das, was sein Körper abgesondert hat, Sperma genannt wird und daß es eine angenehme Erfahrung ist. Um ihm Verlegenheit zu ersparen, kann es vielleicht angebracht sein, ihm zu sagen, daß »feuchte Träume« ihre Spuren auf seiner Bettwäsche hinterlassen werden und daß er diese selbst abziehen und in die Waschmaschine stecken kann. Wir teilen auch die Auffassung, daß man einem Jungen in diesem Alter etwas über die Menstruation erzählen sollte und über die Veränderungen im Körper eines Mädchens zwischen ihrem elften und fünfzehnten Lebensjahr. Wenn Eltern diese Veränderungen als normale, gesunde Anzeichen dafür erachten, daß ihre Kinder erwachsen werden, werden Jungen sie ohne viel Aufhebens als Teil ihrer Reise in die Männlichkeit annehmen.

*Eltern müssen über Masturbation sprechen.*
Zwischen zehn und zwölf wird Masturbation zum großen Thema für Jungen und ihre Eltern. Mary Calderone, bekannt als Expertin für Sexualerziehung, glaubt, daß Jungen, wenn ihre Eltern es ihnen in jüngeren Jahren nicht zugestehen können, ihren Körper als Quelle von Lust zu entdecken, später als Erwachsene in ihren sexuellen Beziehungen keine Befriedigung finden werden.[6] Eltern werden den richtigen Zeitpunkt für ein Gespräch über die Masturbation schon erkennen. Entweder wird Ihr Sohn Sie dazu befragen, oder Sie stolpern gerade zur rechten, vielmehr unrechten Zeit in sein Zimmer. Wenn er uns fragt, können wir ihm antworten, daß Masturbation bedeutet, den Penis zu reiben, damit es sich gut anfühlt, daß es etwas ganz Normales ist und daß man dies tut, wenn man allein ist. Wenn wir ihn zufällig dabei ertappen, können wir uns entschuldigen, daß wir ohne Vorwarnung in sein Zimmer gekommen sind, und ihm dann versichern, daß er sich nicht dafür schämen muß, daß es ganz normal ist und daß wir wissen, daß es sich gut anfühlt. Das einzige, was an der Masturbation schlecht ist, ist das Schuldgefühl, das unser Sohn verspüren wird, wenn er denkt, daß er etwas Schmutziges, Beschämendes oder Perverses tut. Wenn wir diese Einstellung dazu haben, wird er sie mit uns teilen.

*Die Kommunikation über sexuelle Themen*
*hängt von einer soliden, auf Vertrauen basierenden Beziehung*
*zwischen Sohn und Eltern ab.*
Wir sind der gleichen Meinung wie die Sexualerzieher Sol und Judith Gordon, daß es wichtigere Dinge gibt, über die unsere Söhne etwas von uns erfahren müssen, als die bloßen sexuellen Tatsachen. Aus dem Buch der Gordons, *Raising a Child Conservatively in a Sexually Permissive World*, entnehmen wir die

drei folgenden wichtigsten, das Selbstwert- und Verantwortungsgefühl der Kinder fördernden Botschaften, die Eltern ihren Kindern vermitteln sollten:

1. Versuchen Sie, Ihren Kindern klarzumachen, daß nichts, was ihnen jemals passiert, dadurch schlimmer wird, daß sie mit Ihnen darüber sprechen. Wir müssen die Kommunikation fördern. Natürlich wird es Konsequenzen haben, aber viele Kinder erzählen ihren Eltern niemals etwas Wichtiges, weil sie die Reaktion der Eltern fürchten.
2. Kinder sind nicht perfekt. Sie machen Fehler; es liegt an uns, aus ihren Fehlern etwas zu machen, aus dem sie lernen können.
3. Und schließlich: Versagen ist ein Ereignis, keine Person. Eine Person kann kein Versager sein. Eleanor Roosevelt sagte einmal: »Niemand kann einen anderen ohne dessen Zustimmung dazu bringen, sich minderwertig zu fühlen.« Kinder, die sich mögen, werden zu Erwachsenen, die sich mögen. Sie beuten andere nicht aus und lassen sich auch nicht ausbeuten.[7]

## Die positive Absicht

In den Übergangsjahren von acht bis zwölf ist ein Junge vor allem von dem Willen beseelt, neue Fertigkeiten zu erwerben, etwas zu leisten, Dinge herzustellen und mit seinem Körper Abenteuer zu erleben. Er möchte unbedingt auf ganz reale, konkrete Weise einen Beitrag zum Familienleben leisten. Er möchte zu etwas eigenem gehören – Familie, Team oder Geheimklub. Hinter seinem Fehlverhalten liegen seine Bemühungen, neue Fertigkeiten zu erwerben, etwas zu leisten und dazuzugehören. Im folgenden haben wir für dieses Alter typische Aussagen angeführt. Wir hoffen, daß unsere Interpretation Ihnen helfen wird, die positive Absicht hinter den Worten und dem Verhalten Ihres Sohnes zu entdecken. Wenn Sie die positive Absicht erkennen, können Sie auf eine Weise reagieren, die der Kommunikation dienlich ist und das Chaos verringert.

*Aussage:* Ich werde nie mehr Ball spielen!
*Positive Absicht:* *Ich will besser sein, als ich es bin.*

*Aussage:* Du bist nicht der Chef. Ich tue es, weil ich es tun will, nicht, weil du es mir befiehlst.
*Positive Absicht:* *Ich möchte mehr Mitsprache haben bei dem, was ich in meiner Familie tun soll.*

*Aussage:* Ja, ich habe meine Zähne geputzt. (Sie wissen, daß das nicht stimmt, weil die Zahnbürste trocken und die neue Zahnpastatube noch ungeöffnet ist.)
*Positive Absicht:* *Ich beschäftige mich mit dem Problem des Lügens.*

*Aussage:* Ich habe den Rasenmäher saubergemacht und aufgeräumt, Papa.
*Positive Absicht:* *Ich kann etwas zuwege bringen, ohne daß du es mir befiehlst.*

*Aussage:* Papa haßt mich.
*Positive Absicht:* *Ich brauche Papas Aufmerksamkeit.*

*Aussage:* Mama, du bist doof.
*Positive Absicht:* *Ich habe Angst daß ich nicht ohne dich leben kann.*

In die folgenden Leerräume können Sie vielleicht ein paar für Ihren Sohn typische Aussagen und Verhaltensweisen eintragen. Welche positive Absicht könnte sich hinter seinen Worten und Taten verbergen?

*Aussage:* _____

*Positive Absicht:* _____

*Aussage:* _____

*Positive Absicht:* _____

*Aussage:* _____

*Positive Absicht:* _____

*Aussage:* _____

*Positive Absicht:* _____

## Aktivitäten

Soweit noch nicht geschehen, empfehlen wir Ihnen, den Abschnitt »Aktivitäten« im 9. Kapitel zu lesen. Geschichtenerzählen, Spiele zusammen spielen, gemeinsam an einem Projekt arbeiten, gute Bücher vorlesen, musizieren und kunsthandwerkliche Gegenstände oder Kunstwerke schaffen – all dies sind hervorragende und für einen Jungen in den Übergangsjahren bestens geeignete Aktivitäten, und alles ist besser als fernzusehen. Im folgenden noch ein paar zusätzliche Vorschläge für Jungen zwischen acht und zwölf Jahren:

*Legen Sie Wert auf Musik.*
Da die emotionale Entwicklung sich hauptsächlich auf die Reifung der Gefühle konzentriert, die körperliche Entwicklung auf die Lungen und das Herz, wird Musik ganz besonders an die Seele des Jungen rühren. Um sowohl seinen Hang zur Aktivität als auch die Liebe zur Musik zu fördern, schlagen wir vor, daß Sie ihm Materialien und Ihre Hilfe anbieten, um einfache Musikinstrumente zu basteln. Ihre Bücherei oder ein Musikgeschäft werden Ihnen sicher behilflich sein.

*Jetzt ist die Zeit günstig, mit Musikunterricht anzufangen.*
Wenn der Junge Interesse zeigt, kann Instrumentalunterricht in dieser Wachstumsphase von großem Nutzen sein. Durch das Erlernen und das Verstehen eines Instruments wird sein Selbstwertgefühl gefördert und seine wachsende Seele genährt. Wichtig ist, daß Ihr Sohn ein Instrument spielt, das ihm gefällt, und Musik, die seine Seele nährt. Um Machtkämpfe wegen des Übens zu vermeiden und Ihnen Ausgaben für teure Musikstunden zu ersparen, empfehlen wir Ihnen, unbedingt darauf zu hören, was er wirklich gerne hat.

Schon als kleiner Junge spielte ich auf meinem Vorschulklavier Lieder, die mir gefielen, einfach nach Gehör, und deshalb arrangierten meine Eltern Musikstunden bei einem klassischen Konzertpianisten der alten Schule. Das Problem war nur, daß niemand die Wünsche meiner Seele in Betracht zog oder sich Gedanken darüber machte, ob der Unterricht mir Freude machte. Wenn man mir mit zwölf Jahren erlaubt hätte, Beatles-Musik zu spielen, anstatt nur klassische Musik, hätte ich mich vielleicht mit ganzem Herzen auf den Musikunterricht gestürzt. Stattdessen übte ich nur mechanisch und hörte damit fast ganz auf, sobald ich aufs College ging. Jetzt wünsche ich mir, ich hätte mir bei meinen Musikstunden mehr Mühe gegeben und meine Musik weiterverfolgt. Wenn ich mir Stücke ansehe, die ich früher einmal spielen konnte, kann ich mir kaum vorstellen, daß ich jemals so gut gespielt habe.

*Sam, 38*

### *Ermuntern Sie Ihren Sohn, Dinge zu bauen – je größer, desto besser.*

In diesem Alter findet ein Junge Gefallen daran, seine starken Muskeln beim Bau von Projekten spielen zu lassen, die nach ihrer Fertigstellung von Nutzen sind. Ein Baumhaus, ein Fort, ein geheimes Klubhaus sind ausgezeichnete Vorhaben, um seine Phantasie, Kreativität und Energie anzuregen. Es lohnt sich auf jeden Fall, ihm eigenes Schreinerwerkzeug zu schenken.

### *Inszenieren Sie Familiendramen.*

Vielleicht sagen Sie an dieser Stelle: »Oh nein! In dieser Familie gibt es schon genug Dramen!« Wir meinen ein Familienschauspiel. Ihr Sohn hat vielleicht ein großes Talent für die Schauspielerei und wird liebend gerne die Kulissen und die Requisiten herstellen. Wenn Sie sich überlegen, was Sie spielen wollen, gibt es eine ganze Reihe von Handlungen, für die sich ein Text finden ließe. Vielleicht möchte Ihre Familie ja auch eine eigene Geschichte verfassen, die dann dargestellt werden soll, oder Sie entscheiden sich für eine Lieblingsgeschichte Ihres Sohnes. Märchen und Legenden sind für Jungen in diesem Alter sehr wichtig, denn in ihnen kann er sich mit den heroischen Taten eines weißen Ritters oder Robin Hood identifizieren. Wenn eine Familie sich für Theater interessiert, sollte sie sich unbedingt folgendes Buch kaufen:

*Kindertheater*. Die Kunst des Spiels zwischen Phantasie und Realität. Von Ingrid Hentschel. Frankfurt a. M.: Brandes und Apsel (Wissen + Praxis), 1988.

In Ihrer Bücherei finden Sie sicher Vorschläge für Stücke und Kostüme, Requisiten und Bühnenausstattungen. Und sagen Sie uns Bescheid, wenn Sie mit Ihrer Show auf Tournee gehen!

## Hilfe! – Wo sie zu finden ist

Neben den inneren Einflüssen durch physische, emotionale und psychische Veränderungen sind unsere Söhne in den mittleren Jahren mehr denn je den äußeren Einflüssen durch Gleichaltrige, die Schule, das Fernsehen und gesellschaftliche Ereignisse ausgesetzt. Der schlechte Zustand des amerikanischen Erziehungswesens, vor allem für die Kinder einkommensschwacher und in den Städten lebender Familien, macht es erforderlich, daß die Eltern aktiv werden, wenn es um die Auswahl und die Gestaltung der Erziehung ihrer Söhne geht. Wir schlagen vor, daß Eltern alle Bücher des Erziehers John Holt lesen, sich damit befassen, was sie ihren Kindern zu Hause beibringen können, und sich mit der Erziehungsphilosophie von Rudolf Steiner beschäftigen. Wieder können wir nur von ganzem Herzen jedes einzelne der folgenden Werke empfehlen. Wir haben sie in den einzelnen Abschnitten nach ihrer Nützlichkeit geordnet, wobei wir immer mit dem uns am nützlichsten erscheinenden angefangen haben.

## Zum Thema »Entwicklungsaufgaben«

*So ist Lernen klasse.* Von Wolfgang Endres und Elisabeth Bernhard. München: Kösel, ²1993. Hilft Eltern, den persönlichen Lernstil ihrer Kinder zu entdecken und zu fördern.

*Was will das Kind denn bloß?* Kleine Kinder verstehen und mehr Erfahrungen ermöglichen. Von Inga Bodenburg und Gunhild Grimm. Reinbek: Rowohlt, 1993.

*Unser Kind geht auf die Waldorfschule.* Erfahrungen und Ansichten von Hildegard und Jochen Bußmann. Reinbek: Rowohlt, 1989.

*Das gehetzte Kind. Werden unsere Kleinen zu schnell groß?* Von David Elkind. Hamburg: Kabel, 1991. Wie der Druck, zu schnell erwachsen zu werden, sich auf unsere Kinder auswirkt.

*Reifungsprozesse und fördernde Umwelt.* Von D. W. Winnicott. Frankfurt a. M.: Fischer, 1992.

## Zum Thema »Bedürfnisse«

*Ich mag mein Kind – mein Kind mag mich.* Familie als ein Team von Partnern. Von Rüdiger Rogoll und Christa und Ulrike Marwedd. Freiburg: Herder, 1992. Hier wird auf die Bedürfnisse der Eltern wie die der Kinder eingegangen.

*Väter sind die besten Mütter.* Von Fitzhugh Dodson. München: Econ, 1991. Hilfreich für Väter, die sich ernsthaft mit ihren Söhnen befassen wollen.

*Mit Kindern unterwegs.* Vom Ausflug bis zur Fernreise. Gute Ideen und praktische Tips. Von Birgit von Maltzahn und Daniela Schetar-Köthe. München: Piper, 1991. Voller wunderbarer Vorschläge, was die ganze Familie zusammen unternehmen kann.

## Zum Thema »Inneres Leitsystem«

Siehe auch Vorschläge im 9. Kapitel.

*Aber keiner darf's erfahren.* Scham und Selbstwertgefühl in Familien. Von Merle A. Fossum und Marilyn J. Mason. München: Kösel, 1992. Ein praktisches Handbuch zur Förderung des Selbstwertgefühls aller Familienmitglieder.

*Selbstwert und Kommunikation.* Von Virginia Satir. München: Pfeiffer, 1989. Ein Klassiker zu Kommunikation und Selbstwertgefühl.

*Den Kindern das Leben zutrauen.* Von Emil Schmalohr. Frankfurt a. M.: Fischer, 1993. Praktische Hinweise, wie Sie das Selbstwertgefühl Ihres Kindes steigern können.

*Das neunte Lebensjahr.* Von Herrmann Koepcke. Dornach: Philosophisch-Anthroposophischer Verlag/KNO, 1991. Betrachtet das neunte Lebensjahr des Kindes auf sensible und kluge Weise in der Steinerschen Erziehungstradition.

*Stille – Übungen mit Kindern.* Ein Praxisbuch. Von Gerda und Rüdiger Maschwitz. München: Kösel, 1993. Beschäftigt sich mit der Kommunikation innerhalb der Familie, der Lösung von Problemen, der Entspannung, Meditation und Traumarbeit.

*Umgang mit dem kindlichen Gewissen.* Von Hans Zulliger. Frankfurt a. M.: Fischer, 1990. Ein praktischer Ratgeber zur geistigen Entwicklung des Kindes.

*Futsch – Mein Bruder schafft alle.* Von Judy Blume. München: Klopp, 1984. Eine Geschichte für Kinder, die erzählt, wie schwer es ist, zwölf zu sein.

## Zum Thema »Zäune«

*Unruhige Kinder.* Von Jirina Prekop und Christel Schweizer. München: Kösel, 1993.

*Kinder fordern uns heraus.* Von Rudolf Dreikurs. Stuttgart: Klett-Verlag, 1970. Eine hilfreiche Anleitung, wie man die Balance findet zwischen einer antiautoritären und einer festeren Erziehung.

*Familienkonferenz.* Von Thomas Gordon. Hamburg: Hoffmann und Campe, 1972. Ein guter Kommunikationsleitfaden.

*Hilfe, meine Kinder streiten.* Von Adele Faber und Elaine Mazlish. München: Droemer Knaur, 1990. Trägt den Untertitel: »Wie Sie Kindern helfen können, miteinander auszukommen, so daß auch Sie leben können.« Spricht uns aus der Seele!

## Zum Thema »Sexualität«

Siehe auch Vorschläge im 9. Kapitel.

*Was Sie Ihrem Kind schon lange über Sex und Liebe sagen wollten.* Von Lilly Canziani. Lausanne: Pro Juventute Editions, 1989. Gibt klare Anleitungen, wie wir mit unseren Kindern über Sexualthemen sprechen können.

*Eltern lernen Sexualerziehung.* Von Helmut Keutler. Reinbek: Rowohlt, 1990.

## Zum Thema »Positive Absicht«

*Nun hör doch mal zu! Elternsprache – Kindersprache.* Siehe S. 264.

*Männer sind anders, Frauen auch.* Von John Gary. München: Goldmann, 1991. Ein liebevoll geschriebener und praktischer Leitfaden, wie sich die Beziehungen zwischen Männern und Frauen verbessern lassen.

# 11

# Die Mister-Cool-Jahre: Dreizehn bis siebzehn

Es gibt bei Teenagern nichts, was durch gutes Zureden nicht noch verschlimmert würde.[1]

*Anonym*

## Entwicklungsaufgaben

In der Jugend findet der Großteil der Entwicklung im Kopf statt, das Lernen erfolgt durch den Intellekt. Unsere Söhne denken nicht mehr nur in Bildern, sie begeben sich in den weiten Bereich des abstrakten Denkens. Die Gefühle, die sich vom achten bis zum zwölften Lebensjahr verstärkten, sind nach wie vor sehr intensiv, aber der Teenager konzentriert sich nun vor allem auf seine neuerworbene Fähigkeit, sich, andere und die ganze Welt um sich herum zu analysieren und zu kritisieren. Wenn er sich in sich selbst zurückzieht, ist dies nicht so sehr ein »Rückzug«, sondern eher ein »Zurücktreten«, mit dem er denken, aufnehmen, herausfinden kann, was er von einer Sache hält, und untersuchen kann, was die Begebenheiten des Lebens für ihn persönlich zu bedeuten haben.

> Ich hasse meine Familie nicht, ich will einfach nur allein sein. Ich kann es nicht erklären. Meine Freunde verste-

hen es alle, aber meine Eltern nicht. Sie denken, daß ich mich umbringen oder in meinem Zimmer Haschisch rauchen will. Ich färbe mir gerne die Haare, höre gerne Rockmusik und trage einen Ohrring, aber ich nehme kein Rauschgift, trinke nicht und stehle nicht. Können Eltern sich einen besseren Sohn wünschen? Manchmal möchte ich mich am liebsten betrinken oder sonst etwas tun, nur um sie vor den Kopf zu stoßen. So will ich aber eigentlich gar nicht sein. Nur wenn sie so weitermachen, werden sie mich dazu bringen.

*Jamie, 14*

Als Eltern von Teenagern müssen wir eine Menge Vertrauen entwickeln, in uns, in unseren bisherigen Erziehungsstil und in unsere Söhne. Der Psychologe und Theoretiker Erik Erikson, dessen Beobachtungen des grundlegenden inneren Konflikts bei kleineren Jungen uns als Einleitung zum 10. Kapitel dienten, betitelte den Wachstumsprozeß des Jugendlichen »Identität gegen Identitätsverwirrung«.[2] Manchmal sind wir uns nicht ganz sicher, ob er bei der Verwirrung an die Söhne oder an deren Eltern dachte!

Heranwachsende Söhne probieren buchstäblich Persönlichkeiten aus, um herauszufinden, wie sie ihnen passen. An einem Tag sind sie selbstsicher und wissen, was sie wollen, am nächsten deprimiert, schüchtern und unkooperativ. Sie werden die Rolle des Starrkopfs, Tölpels, Dummkopfs, Schlaukopfs, Aufsteigers und Kriminellen ausprobieren. Manche Persönlichkeiten werden sofort wieder abgelegt werden, weil der Junge sieht, daß sie seiner seelischen Kraft überhaupt nicht entsprechen. Bestimmte Verhaltensweisen wird er eine Weile beibehalten, je nach der Reaktion, die seine Eltern und sonstigen Mitmenschen darauf zeigen. Im allgemeinen behält ein Teenager nicht eine störende

Verhaltensweise bei, nur um seine Eltern damit zu ärgern. Wenn seine Entwicklung und seine Beziehungen zu seiner Familie, den Lehrern und Freunden bisher eher voraussagbar und beständig gewesen sind, können Eltern verstehen, daß dieses störende »Kostüm«, das ihr Sohn anprobiert, Reaktionen hervorruft, die für seinen suchenden Geist interessant, aufregend oder herausfordernd sind. Er ist zu einem Studenten der menschlichen Natur geworden. Mit seinem verstärkten Gerechtigkeitssinn spürt er die Paradoxien und Widersprüche seiner Umgebung auf und versucht, sie zu entwirren.

»Ich liebe meinen Papa, aber er sagt Dinge, die nur ein Rassist von sich geben kann.« »Mama ist nett und freundlich, aber sie läßt sich ständig von allen ausnützen.« »Meine Schwester ist so kindisch, wenn meine Freunde mich besuchen, ich schäme mich für sie.« »Meine Eltern sagen, daß sie mich in allem unterstützen, aber sie lassen mich nicht herausfinden, wer ich bin.« Diese Auseinandersetzungen mit den Unstimmigkeiten des Lebens sind kein logischer, rationaler Prozeß. Die eine Woche besteht ein Sohn so vehement, als ginge es dabei um Leben oder Tod, darauf, daß es für sein Selbstwertgefühl unbedingt notwendig ist, um Mitternacht die *Rocky Horror Picture Show* anzuschauen; zwei Monate später ist der Film plötzlich langweilig. Wenn Eltern die Gegenfrage stellen, warum er sich denn so aufrege, er würde doch ohnehin schon nächste Woche anders denken, oder behaupten, daß er später schon verstehen würde, warum sie täten, was sie täten, provozieren sie damit nur Wut und Ablehnung. Der Aufschrei: »Du verstehst mich einfach nicht!« klingt dann schrill in den Ohren eines frustrierten Elternteils und trifft auch zu. Die einzigartige Identität eines Jungen bildet sich heraus, die Richtung, die sein Leben nehmen wird, beginnt sich abzuzeichnen, aber wir können ihn nicht darauf festnageln. Wie ein Chamäleon ändert er sich ständig, je nachdem, wie aufwühlend das Klima seines Innenlebens gerade ist oder wie groß die von außen kommenden Herausforderungen sind, denen er sich gewachsen zeigen will. Wir können uns bemühen, einzusehen, daß er das tut, was er von Natur aus tun muß, und wir können die Bedürfnisse verstehen, die seinem Verhalten zugrunde liegen.

## Bedürfnisse

Der Jugendliche ist hin- und hergerissen zwischen den Ansprüchen seiner Seele, seiner Innenwelt, und denen der Außenwelt. Die Teenagerjahre erfordern eine gesteigerte Aufmerksamkeit der Eltern, um dem heranwachsenden Jungen zu helfen, ein Gleichgewicht zwischen seinem inneren Drang, über die Rätsel des Lebens nachzudenken, und seinem äußeren Tatendrang zu finden.

*Der Jugendliche braucht körperliche Aktivitäten.*
Der Hormonsturm in den Teenagerjahren verursacht bei vielen Jungen eine große Rastlosigkeit. Ihre Körper werden ihnen fremd, und oft schämen sie sich ihretwegen. Sie scheinen nur aus Armen und Beinen zu bestehen. Einige Jungen lenken ihre ziellose Energie ganz von selbst auf die körperlichen Aktivitäten verschiedener Sportarten. Ihre Leistungen in diesen Bereichen geben ihnen eine Rechtfertigung, sich in die Welt hinauszubewegen. Beim Schlafen, Essen und Atmen scheinen sie nur an Football, Basketball und Leichtathletik zu denken. Bei anderen Jungen scheint die unersättliche Energie zu bewirken, daß sie sich in sich selbst zurückziehen; sie kapseln sich von dem sie umgebenden Leben ab und werden lethargisch und deprimiert.

Alle Jungen müssen sich in diesen Jahren körperlich betätigen. Eltern sind gefordert, ihrem Sohn zu helfen, die Betätigung zu finden, die ihm am meisten liegt, anstatt ihn zu einer Sportart zu zwingen, die gegen seine Natur geht. Der stille Junge, der von seiner überschäumenden Energie eher nach innen gezogen wird, würde vielleicht schon bei dem bloßen Gedanken an einen Mannschaftssport wie Football oder Basketball erschauern; Schwimmen oder Ringen sind jedoch genau die seinem Wesen entsprechenden Sportarten. Ob er sich auf Radfahren, Bergsteigen oder Gewichtheben verlegt, der Teenager muß seinen Körper betätigen, so daß sein Geist frei ist, die Fragen zu stellen und zu überdenken, auf die er den Rest seines Lebens Antworten suchen wird.

*Jungen brauchen Zeiten der Inaktivität und Ruhe.*
Die jähen Veränderungen im Körper eines Teenagers und sein sich entfaltender Intellekt führen dazu, daß er sich verwirrt und isoliert fühlt. Vielleicht hat der Junge das Gefühl, daß er anders ist als die anderen, daß keiner sonst sich über ungewollte Erektionen schämen muß oder über Füße, die ein Eigenleben zu haben scheinen. Die meisten Teenager neigen dazu, jeden wachen Moment mit Aktivitäten, Bewegung und Geräuschen vollzustopfen, um die schmerzhafte Einsamkeit zu vermeiden, die in diesen Wachstumsjahren immer wieder auftritt. Sie müssen sich jedoch die Zeit nehmen, allein zu sein, leise zu sein, die Stille zu erleben. Die regelmäßige Übung, Körper und Geist zur Ruhe kommen zu lassen, schafft Raum für Kreativität, Einfallsreichtum, innere Weisheit, kritisches Denken und Frieden, um sich zu entfalten.

Teenager werden immer ihre laute Musik brauchen, die die Eltern unweigerlich in den Wahnsinn treibt. Jede Generation hat ihre eigene Version. Aber die Lärmbelästigung des technologischen Zeitalters, verursacht vom ständigen Dröhnen eines Walkmans, Fernsehers, einer Musikbox oder Stereoanlage, schafft eine Generation von Menschen, deren Ohren und innere Sinne taub sind gegenüber den zahllosen Melodien ihres eigenen Atems, der Frösche in der Dämmerung, der Vögel im Morgengrauen, des Lachens eines geliebten Menschen oder der Stimme des Windes.

Ein Teenager kann besonders leicht durch Aktivitäten und Geräusche überreizt werden, weil er am Rande katastrophaler Emotionen und nervöser Energie lebt. Seine Energie bringt ihn dazu, alles zu tun, seine Emotionen veranlassen ihn, alles zu fühlen, von den höchsten Höhen bis zu den tiefsten Tiefen. Er benutzt Musik und das Fernsehen, um stille Orte mit Geräuschen zu ertränken, um leere Zeit zu füllen, aber sein Nervensystem braucht Regungslosigkeit und Ruhe, um nicht überlastet zu werden und auszubrennen.

Wenn wir unseren Sohn ermuntern, Zeit in Ruhe und Bewegungslosigkeit zu verbringen, werden wir auf Widerstand stoßen, wenn er schon ein rastloser Teenager ist, der sich niemals diese Gewohnheit zugelegt hat. Es ist nie zu spät, damit anzufangen, aber er wird es nur versuchen, wenn wir es auch tun. Wir machen uns selbst etwas vor und stoßen bei unserem Sohn auf Ablehnung, wenn wir darauf bestehen, daß er seine Musik ausmacht, um in seinem Zimmer eine Weile still seinen Gedanken nachzugehen, während wir vor dem Fernseher niedersinken, um uns in kulturelle Trance versetzen zu lassen. Eine Auszeit, die in Ruhe und Bewegungslosigkeit verbracht wird, ist am wirkungsvollsten, wenn sich die ganze Familie daran beteiligt. Wir meinen nicht, daß es jeder zur gleichen Zeit tun sollte, aber es fällt unseren Söhnen leichter, wenn sie unserem Beispiel folgen können. Wenn wir regelmäßig meditieren, still nachdenken, uns ausruhen, malen, fischen, den Geräuschen der Natur lauschen oder sonst etwas tun, bei dem Körper und Geist zur Ruhe kommen können, werden es unsere Söhne auch bereitwilliger selbst ausprobieren wollen. In der Ruhe lernt ein Junge, seiner Seele zu lauschen und das Zusammensein mit sich selbst zu genießen. Diese beiden Fähigkeiten gehören zu den größten Gaben, die ein Sohn erben kann.

*Teenager brauchen eine Gruppe, zu der sie gehören.*
Jungen zwischen 13 und 17 fühlen sich von Gruppen sowohl an- als auch abgestoßen. Peer-groups (die Gruppen der Altersgenossen) schaffen ein Identitätsgefühl, das ihnen ansonsten in diesen Jahren wenig greifbar zu sein scheint. Doch Jungen durchleben starke Ängste, ob sie wirklich dazugehören und ob sie in der Gruppe ihrer Wahl beliebt und akzeptiert sind. Sie machen sich Sorgen, welcher Gruppe sie sich anschließen sollen; das Leid, keine Gruppe zu finden, in der man sich wohl fühlt, kann die Jugendzeit für Jungen besonders schmerzhaft und für Eltern besonders schwierig machen.
Eine der wichtigen Aufgaben, vor denen Eltern in diesen Jahren des Ausprobierens stehen, ist es, einen Mittelpunkt zu bilden, wie es eine Mutter für ihr Kleinkind tut, wenn es beginnt, die Welt außerhalb ihres Schoßes zu erforschen. Wir müssen erkennen, wie frustrierend und quälend die Entscheidung, sich einer Gruppe anzuschließen, für unsere Söhne sein kann. Aufgrund unseres Mitgefühls suchen sie vielleicht eher unseren Rat oder finden eine vorübergehende Zuflucht vor dem Kampf. Die Gruppen, denen sie sich anschließen, repräsentieren die Werte, die sie haben, und definieren das, was sie unbedingt werden wollen. Die Auswahl der Mitgliedschaft in einer bestimmten Gruppe ist eine der ersten und wichtigsten Entscheidungen eines Jugendlichen. Er muß unbedingt wissen, daß wir hinter ihm stehen.

Dies ist vielleicht besonders schwierig, wenn unsere Söhne in Gruppen geraten, die wir für die falschen halten. Dick, dessen Sohn Brent 14 ist, beobachtete, wie sein Sohn darum kämpfte, in seiner neuen High-School dazuzugehören. Er stellte fest: »Unser Umzug kam Brent hart an. Er ist schüchtern und freundet sich nur langsam mit anderen an, und deshalb machte ich mir große Sorgen, als ich sah, wie er anfing, bei einer Gruppe von Jungen herumzuhängen, von denen ich wußte, daß sie viel Ärger machten. Fred, ein guter Freund, half mir dann. Er riet mir, Brent von meinen Sorgen zu erzählen. ›Er ist noch jung und braucht deine Führung. Vielleicht lehnt er deine Einmischung ab, aber wahrscheinlich ist er erleichtert über deine Hilfe.‹«

Dick sagt heute: »Brent war anfangs ziemlich wütend, aber als ich ihm alles klar dargelegt hatte, dankte er mir. Ich sagte ihm, wie es für mich gewesen war, neue Freunde zu finden, als meine Familie in eine andere Stadt umgezogen war. Ich fühlte mich damals ziemlich einsam, und deshalb wußte ich, wie es ihm jetzt in seiner neuen Schule ging. Ich sagte ihm, daß es wohl eine der wichtigsten Entscheidungen in seinem Leben sein würde, sich die richtigen Freunde zu suchen. Durch seine Freunde wird er auch anderen Leuten bekannt werden. Ich sagte ihm, daß man ihn, wenn seine Freunde Ärger machten, mit dem Ärger in Verbindung bringen würde, selbst wenn er gar nicht direkt daran beteiligt gewesen wäre, nur weil sie seine Freunde sind.« Mit der Unterstützung seines Vaters entschloß sich Brent, nicht mehr bei den »Unruhestiftern« herumzuhängen. Bis er neue Freunde fand, verbrachte Dick mehr Zeit mit Brent, und sie unternahmen Dinge, die ihnen beiden Spaß machten.

Das Thema Freunde wird zum Machtkampf zwischen Eltern und Söhnen. Wir fragen uns vielleicht, was wir tun sollen, wenn sich unser Sohn, egal, was wir sagen, dazu entschließt, sich einer Bande oder Gruppe von Jugendlichen anzuschließen, deren Werte entschieden von den unseren abweichen. In solch einem Fall müssen wir die Konsequenzen der Entscheidung unseres Sohnes abwägen. Wenn wir den Eindruck haben, daß sein Engagement mit diesen Freunden gefährlich sein könnte, müssen wir aufgrund seiner Weigerung, unseren Warnungen Gehör zu schenken, Zäune errichten, um ihn zu schützen, wobei wir uns überlegen müssen, wie diese Zäune beschaffen sein sollten. Angesichts der Möglichkeit, daß unser Sohn in einem Bandenkampf verletzt werden oder wegen eines Diebstahls verhaftet werden könnte, sagt uns unser Instinkt, daß wir ihn mit Mauern umgeben und ihm verbieten sollten, sich diesen »schlechten Einflüssen« jemals wieder auszusetzen. Für viele Familien beginnt an diesem Punkt der Machtkampf. Entschlossen, sich mit den Leuten zu treffen, mit denen er sich treffen will, fängt ein Jugendlicher vielleicht an zu lügen oder zu spät heimzukommen, oder das Zusammenleben mit ihm wird ganz allgemein schwierig. Pat, eine alleinstehende Mutter, erzählt uns, wie sie diese Situation bewältigt hat:

> Alex war gerade 15 geworden, als er Dillon traf. Ich konnte es nie verstehen, aber es kam sofort eine Bindung zwischen ihnen zustande; sie wären unzertrennlich gewesen, wenn ich es erlaubt hätte. Das Problem war nur, daß Dillons ganze Familie aus Unruhestiftern bestand. Dillon war schon mehrmals wegen Diebstahls verhaftet worden, sein älterer Bruder war wegen Vergewaltigung zu einer Haftstrafe verurteilt worden, seine Schwester befand sich wegen Drogen auf Bewährung. Mein Sohn hatte auch schon Probleme mit der Polizei gehabt; ich hatte das Gefühl, daß Dillon einfach keinen guten Einfluß auf ihn

hatte, und unterband deshalb den Kontakt. Alex sollte ihn nicht treffen, und Dillon war bei uns zu Hause nicht willkommen. Alex und ich waren alleine, seit sein Vater uns verlassen hatte, als Alex drei Jahre alt war, und wir haben zwischen uns beiden immer alles ziemlich gut geregelt. Diesmal war es jedoch anders. Alex sagte zwar nichts, aber ich wußte, daß ich ihm den Krieg erklärt hatte.

Die nächsten paar Monate sprach Alex kaum mehr mit mir, kam nachts zu allen möglichen Stunden nach Hause, machte keine Hausaufgaben und erledigte auch seine Arbeiten im Haushalt nicht mehr. Schließlich ging ich zu einem Psychologen, der sich mit Teenagern wirklich gut auskannte. Er schlug vor, daß ich versuchen sollte, die guten Dinge – die positive Absicht – hinter Alex' Beziehung zu Dillon zu sehen. Als ich Alex fragte, warum er darauf bestünde, Dillon zu treffen, sagte er: »Weil wir Freunde sind, Mama. Uns liegt etwas aneinander.« Der Psychologe half mir, zu verstehen, daß Alex mir damit eigentlich nicht eins auswischen wollte. Ich fing an, nach Wegen zu suchen, wie ich Dillon in Alex' Leben akzeptieren könnte. Der Psychologe schlug vor, daß ich Dillon erlaubte, zu uns nach Hause zu kommen, wenn Alex einwilligen würde, ihn abgesehen von der Schule sonst nirgends zu treffen. Ich setzte mich mit den beiden Jungen zusammen und sagte, daß Dillon bei uns willkommen sei, solange sie sich an die Hausregeln hielten: nicht zu rauchen, nicht zu trinken und Musik nur in Zimmerlautstärke zu hören, die Hausaufgaben gemacht zu haben und das Zimmer so zu verlassen, wie sie es vorgefunden hatten. Bisher funktioniert das ganz gut, und Alex und ich sprechen wieder miteinander.

*Pat, Mutter von Alex, 15*

*Jungen brauchen Verständnis.*
Allzuoft geraten wir Eltern mit unseren Söhnen im Teenageralter in Streitgespräche und Machtkämpfe, weil wir unfähig sind, hinter ihr merkwürdiges Äußeres zu schauen. Wir lassen die grünen Haare, den Nasenring oder die zerrissenen Jeans all das überlagern, was unsere Söhne uns zu sagen versuchen. »Meine Haare sind nicht grün, nur um meinen Vater zu ärgern«, sagt der 14jährige Abe. »Ich habe sie gefärbt, weil ich damit besser zu den Leuten passe, mit denen ich gerne zusammen bin. Er kann es einfach nicht verstehen.«

Vor kurzem ist jegliche Kommunikation zwischen Abe und seinem Vater bei einem Streit zusammengebrochen. Der Vater konnte nicht verstehen, was Abe zu sagen hatte, weil die grünen Haare ihn so störten. In der Therapie gelangten sie dann dazu, ihre Gefühle zu verstehen, und Abes Vater erklärte sich bereit, die Haarfarbe nicht mehr zu kritisieren. Die Kommunikation verbesserte sich wieder bis an den Punkt, an dem Abes Vater, ein Computerspezialist, ihn dazu einlud, ihn auf eine Geschäftsreise zu einer großen Computerfirma zu begleiten. Abe freute sich sehr darüber, denn er versteht sich auf Computer genausogut wie sein Vater. Da sein Vater darauf bestand, willigte Abe ein, sein Haar unter einer Mütze zu verbergen. Aber zur Überraschung seines Vaters färbte Abe es am Vorabend vor ihrer Reise braun. Er sagte: »Als Dad einmal nachgegeben hatte, dachte ich, meine Güte, was soll's – wenn es ihn so stört. Ich kann sie ja immer wieder grün färben. Ich wollte bei dieser Computergeschichte wirklich gerne dabei sein, und so entschloß ich mich, etwas besser in seine Welt zu passen und uns damit zu entlasten. Für den Notfall habe ich noch eine Tube neongrünes Haarfärbemittel.«

Für einen Sohn ist es wichtig, daß seine Eltern hinter die Hoffnungen blicken, die sie für ihn hegen, und sehen, wer er wirklich ist. Ihn dazu zu drängen, ein Leben zu leben, das wir leben wollten, zu dem wir aber nie die Chance hatten, kann für die Seele eines Jungen verheerend sein. Tom, ein 40jähriger Vater, erinnert sich daran, daß er als Teenager Bauer werden wollte wie sein Vater. »Er wollte nichts davon hören. Er befahl mir, aufs College zu gehen und Ingenieurwesen zu studieren. Ich tat, was er sagte; seit 20 Jahren bin ich nun Ingenieur. Aber mein Herz sehnt sich noch immer danach, Dinge wachsen zu lassen und Tiere zu halten. Dreimal dürfen Sie raten, was ich mir für mein Rentenalter erträume.«

## Das innere Leitsystem

Die Waldorf-Erzieherin Betty Staley stellt in ihrem einfühlsamen Buch über Teenager, *Between Form and Freedom*, fest, daß die Entwicklung eines Jugendlichen zwei Phasen durchläuft, »Verneinung« und »Bejahung«. In der ersten Phase lehnen Teenager alles ab – Staley vergleicht dieses Stadium mit dem »Nein-Sagen« des Dreijährigen.[3] In den späteren Jahren der Pubertät fangen Jungen an, die Außenwelt voll anzunehmen als Bestätigung, daß sie einen Platz darin haben, wie es die Vier- bis Fünfjährigen tun, die das Leben mit einem freudigen »Ja!« in sich aufnehmen.

In der frühen Pubertät, von 13 bis 15, wollen Teenager die Welt durch rosa Brillengläser sehen. Sie erwarten Schönheit und Perfektion, finden statt dessen jedoch Häßlichkeit, Ungerechtigkeit und menschliche Schwächen. Diese Realitäten des Lebens rufen bei den meisten Jungen Enttäuschung, Zweifel und Ernüchterung hervor. Gefühle von Wut, Verletztheit, Verzweiflung und Depression können sich in Zynismus verwandeln. Mit ihrem Zynismus können Teenager brutal genau die Ungerechtigkeiten beschreiben oder anklagen, die sie sehen.

**DON:** Mütter sind besonders verletzbar gegenüber verbalen und auch körperlichen Angriffen ihrer Söhne, die sich im Recht glauben, alles und jeden, der sich ihnen in den Weg stellt, vor allem Menschen in Autoritätspositionen abzulehnen, zu beschuldigen, zu kritisieren und herauszufordern. In meinen Beratungsgesprächen mit Müttern und Söhnen verbringe ich einen Großteil der Zeit damit, den Jungen zu erklären, warum sie ihren Müttern angst machen. Am Anfang glaubt mir kein einziger Teenager. Jeder sieht sich immer noch als den kleinen Jungen, den seine Mutter sich schnappen und den sie bestrafen kann. Sie sind sich nicht bewußt, daß ihre männliche Kraft einige Frauen ängstigt. Wenn sie von mir das Feedback bekommen, daß ihre Leidenschaft und Wut für ihre Mütter bedrohlich sein können, sind die meisten Jungen schockiert und versuchen, Auseinandersetzungen dieser Art zu vermeiden. Eine Mutter, die in solch schmerzhaften Kommunikationsformen mit ihrem Sohn gefangen ist, kann eine Eskalation vermeiden, indem sie ihm widerspiegelt, was sie ihn sagen hört (mehr davon im Abschnitt »Die positive Absicht«), und indem sie ihm sagt, wie seine Feststellungen oder Taten auf sie wirken.

Ich fragte Barry, wie das Treffen in seinem Politologieklub gewesen wäre. Er schnaubte nur und sagte, daß die Diskussionsleiter lauter Idioten wären. Ich sagte ihm, er solle nicht so von seinen Lehrern sprechen, woraufhin er richtig rot anlief und begann, mir einen lauten, etwa 20 Minuten dauernden Vortrag über die rassistischen und heuchlerischen Einstellungen von Erwachsenen einschließlich meiner Person zu halten. Seine Wut und Verbitterung erstaunten mich sehr. Ich stimmte ihm zu, daß einige Erwachsene tatsächlich rassistische und heuchlerische Standpunkte vertreten würden, sagte ihm aber auch, daß es mir weh täte, daß er alle Erwachsenen in einen Topf werfen würde. Er beruhigte sich, und schließlich konnten wir uns darüber unterhalten, daß das meiste von dem, was sein Vater und ich dachten, sich von den Haltungen unterschied, die ihn so erzürnten. Ich war erleichtert, als er sich beruhigte, denn ich hatte ihn noch nie zuvor in solch einem Zustand gesehen und wußte gar nicht, daß er so sein konnte.

*Jill, Mutter von Barry, 15*

Oft sind Eltern überrascht von der Kraft der Gefühle ihrer Söhne. Edward, Vater von Ed jr., 14, beschreibt seine und die Reaktion seiner Frau folgendermaßen: »Erst ist das Zimmer, in dem wir uns befinden, ganz ruhig; dann kommt unser Sohn herein, und bum! Es ist, als wäre eine Sturmflut über uns hereingebrochen. Wenn er wieder weg ist, sehen wir beide uns an und wundern uns, woher der Sturm gekommen ist.« Um den Kampf mit ihrem Sohn zu beenden, bleibt einer Mutter manchmal nur übrig, den Kampfplatz physisch zu räumen. Es ist an der Zeit, daß der Vater oder eine andere männliche Person sich der Auseinandersetzung mit dem Sohn stellt. Die Gegenwart des Vaters kann auf die Wut des Jungen beruhigend oder verstärkend wirken. In beiden Fällen kann der Vater seinem Sohn ein Vorbild dafür sein, wie maskuliner Furor am besten gelenkt werden kann.

Hier muß man unbedingt zwischen maskulinem Furor und Raserei unterscheiden. Shepherd Bliss, bekannter Konferenzleiter und Erzieher in der Männerbewegung, findet »Furor« ein gutes Wort. »Es hat einen mythologischen Beiklang«, sagt er, »wie die Furien in der griechischen Mythologie, die drei Rachegöttinnen. Das waren starke weibliche Energien. Aber es gibt auch einen starken maskulinen Furor. Zu oft wird diese Energie von

Frauen oder von der Kultur als zu bedrohlich erachtet und verwandelt sich in Raserei. Unterdrückter Furor wird zu Raserei, die Männer entweder durch Gewalt oder durch Passivität ausdrücken. Der Regisseur John Singleton hat das verstanden, als er den Hauptdarsteller in seinem Film *Boyz N the Hood* ›Furious‹ nannte. Wenn maskuliner Furor auf eine Weise ins Leben gerufen, sozialisiert oder kanalisiert wird, die für die Gemeinschaft positiv ist, wird er zu kreativer Energie. Früher war körperliche Arbeit ein Ventil – Bäumefällen, Heumachen, Wasserholen. Den modernen Vätern kommt die wichtige Aufgabe zu, ihre Söhne mit Gleichaltrigen, zum Beispiel innerhalb einer Pfadfindergruppe, zusammenzubringen. Sie können sie auch in die Strapazen des Bergsteigens und Bäumekletterns oder der Sportarten wie Langstreckenlaufen, Volleyball oder Fußball einführen.«[4]

Folgende moderne Initiationsgeschichte, die uns erzählt wurde, wollen wir Ihnen weitergeben als Beispiel dafür, wie Väter die maskulinen »Furien« ihrer Söhne in eine positive Richtung lenken können: Die Jungen waren 14, und ihre Familien machten sich Sorgen über den starken Drogen- und Alkoholmißbrauch und den allgemeinen Ärger, den es in der dortigen High-School gab. Eines Nachts nahmen die Väter ihre Söhne mit in die Berge zum Zelten. Um das Lagerfeuer herum erzählten die Väter Geschichten aus ihrer Jugend. In der besten Tradition der alten Geschichtenerzähler berichteten sie von ihren Abenteuern, ihren waghalsigen Spielen, ihren Streichen, ihren größten Erfolgen, ihren schlimmsten Niederlagen, ihren Enttäuschungen und ihren Träumen. Ein Vater bemerkte später: »Unsere Söhne kamen mit einem anderen Respekt vor dem nach Haus, was es heißt, ein Mann zu sein, und mit dem neuen Bewußtsein, daß ihre Väter auch einmal Jungen waren. Ich glaube, jetzt weiß mein Sohn, daß er es schaffen wird, ein Mann zu werden, und daß ich ihn auf jedem Schritt dieses Wegs begleiten werde.«

Wenn die Wut und die Leidenschaft eines Jungen bemerkt, auf verständnisvolle Weise reflektiert und durch eine akzeptierende männliche Gestalt in positive Aktion kanalisiert werden, gelingt es dem Jungen, sich selbst anzunehmen und seine Gefühle zu meistern, und er lernt, für sie Verantwortung zu übernehmen.

Unser Freund Alan Connie aus North Myrtle Beach, South Carolina, trainierte viele Jahre lang Langstreckenläuferinnen an der High-School; immer lungerten auch Jungen herum. Er sagt: »Manche von diesen Burschen sind gar nicht so übel, wie es den Anschein hat. Sie sehen zwar so aus und tun so als ob, aber in Wirklichkeit kommen sie nur auf dich zu und sagen auf die eine oder andere Weise: ›Buh!‹ Seitdem ich das herausgefunden habe, gebe ich ihnen Paroli, sage: ›Beruhige dich wieder, Mann!‹ und mache mit ihnen ein Späßchen über irgend etwas. Vor allem aber bin ich fest und gleichzeitig freundlich. Die männlichen Jugendlichen, mit denen ich zu tun habe, haben neben der Wut noch mit einer Menge anderer Gefühle zu kämpfen. Die meisten suchen nach einer Vaterfigur – jemand, mit dem sie sprechen können –, und alle suchen jemand, dem sie vertrauen können.«[5]

Zu Ende der Pubertät – zwischen 16 und 18 – nimmt ein Junge sein wachsendes Verständnis davon, wie Gefühle funktionieren, zu Hilfe, um mit der Welt in Kontakt zu treten. Seine Ernüchterung wandelt sich in die Akzeptanz der Realität; jetzt möchte er die Ungerechtigkeiten, die er sieht, nicht mehr nur kritisieren, er will auch dazu beitragen, sie zu verändern. In dieser Zeit beginnen Jugendliche auch mit der Suche nach der Wahrheit; jetzt erlangen spirituelle, politische und berufliche Themen Bedeutung. Die blinden Verliebtheiten der frühen Pubertät entwickeln sich zu persönlicheren, dauerhafteren Beziehungen. Eltern entdecken, daß ihre Söhne ihren Sinn für Humor und ihr Interesse an der Familie wiedergefunden haben, auch wenn sie noch immer lieber mit ihren Freunden zusammensein wollen. Wir können uns sicher sein, daß unsere heranwachsenden Söhne nun den Höhen und Tiefen des Lebens nicht mehr so hilflos ausgeliefert sind, und dadurch wird unser Zuhause friedlicher.

**JEANNE:** Ich erinnere mich, wieviel klüger meine Eltern mir erschienen, als ich 17 war; ich konnte mich tatsächlich an sie wenden, wenn ich Rat bei Dingen brauchte, die mich beschäftigten.

Gott sei Dank ändern sich die Zeiten, aber die meisten heranwachsenden Jungen nehmen die Leugnung ihrer tieferen Gefühle als Wunde mit sich in ihr Erwachsenenalter hinüber. Wir gestehen Männern wütende, sexuelle und aggressive Gefühle zu; sie sind Teil des männlichen Klischees geworden. Aber was passiert mit den anderen Gefühlen, die naturgemäß einen Teil des inneren Leitsystems eines Mannes ausmachen? Es ist äußerst wichtig, daß männliche Teenager ihre Verletztheit, Enttäuschung, Furcht, Traurigkeit, Verlustgefühle, Haß, Freude, Mitleid und Aufregung zulassen und ausdrücken dürfen.
Die meisten Jugendlichen, die heute den Schritt ins Erwachsenenalter machen, haben Teile von sich selbst verloren, der kulturellen Verehrung des Intellekts geopfert. Daher ist es nicht verwunderlich, daß die modernen Staatsoberhäupter sich nicht in der Lage sehen, mit den Problemen der Umweltverschmutzung, des zerstörten Regenwalds, der Ausrottung ganzer Tierarten, dem Hunger und der Armut umzugehen. Sie durften die Gefühle von Furcht, Traurigkeit, Verlust, aber auch Lebenslust oder Glückseligkeit nicht spüren. Gefühle von Wut und Eroberungsdrang führen zu Verwüstung, Gier und unkontrolliertem »Fortschritt«, wenn sie nicht mit anderen menschlichen Emo-

tionen aufgewogen werden. Im folgenden stellen wir das Gefühlskästchen des modernen Mannes dar, der nur noch mit seinen wütenden, aggressiven und sexuellen Gefühlen in Verbindung steht:

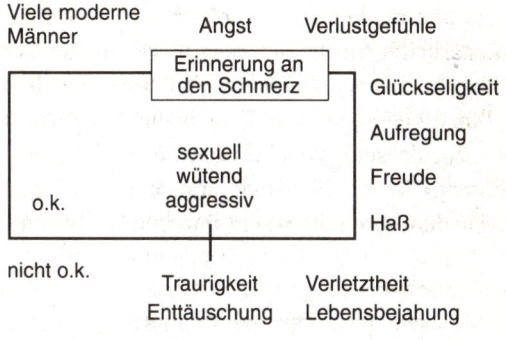

**Abbildung 16**

In den »Mister-Cool-Jahren« hat ein Junge intensive Gefühle, auch wenn er sie vielleicht nicht beim Namen nennen kann. Als unsere Söhne kleiner waren, konnten wir ihre Gefühle benennen, wodurch dann meist etwas in Bewegung kam. Ihre Spannung ließ nach, sie waren sich sicher, daß wir sie verstanden hatten. Der Jugendliche dagegen fühlt sich oft kontrolliert, wenn wir ein Gefühl von ihm benennen. Es ist sinnvoller, ihm die Möglichkeit zu geben, zu fühlen, ohne bewertet zu werden. Wenn sich eine Gelegenheit bietet, miteinander zu reden, kann es ihm helfen, sich der inneren Welt seiner Gefühle mehr zu öffnen, wenn wir ihn fragen, ob er sich traurig oder verletzt fühlt oder ob er vor etwas Angst hat.

**DON:** In meiner Arbeit mit Teenagern ist die Gefühlskurve (s. 6. Kapitel) oft ein Volltreffer. Sie verstehen sie sofort, vor allem die *Clear-thinking zone*, den Bereich, in dem klares Denken stattfindet. Auch für Familien ist sie oft eine große Hilfe, um Gefühle und klares Denken zu verstehen.

Im folgenden nun ein Gefühlskästchen für Ihren Sohn. Füllen Sie es aus und denken dann darüber nach, wie Ihre Familie zusammenarbeitet, um die Gefühle außerhalb des Kästchens an ihrem Platz zu halten. Wenn Sie sich selbst ergründen, was könnte Ihnen helfen, in Ihrer Familie eine größere Vielfalt an Gefühlen zuzulassen? Welche Schritte müßten Sie konkret unternehmen? Wenn Sie Hilfe brauchen, schlagen Sie im 6. Kapitel in den Abschnitten zum »inneren Leitsystem« nach.

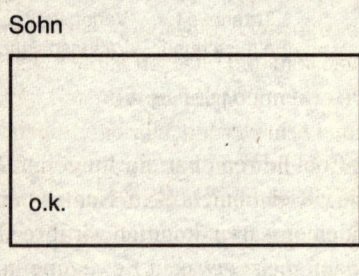

**Abbildung 17**

## Zäune

Zäune aufzustellen wird einerseits einfacher, andererseits schwieriger, wenn Söhne ins Teenageralter kommen. Ein Junge ist von sich heraus motiviert, an Aktivitäten teilzunehmen, er hat ein starkes Interesse an seiner Innen- und Außenwelt. Wie die Dinge um ihn herum ablaufen, ist für ihn persönlich sehr wichtig. Er kann sich intensiv auf eine Hausaufgabe oder eine sonstige Aufgabe konzentrieren, die ihn interessiert, ohne daß man ihn dazu drängen muß, sie zu Ende zu bringen. Ebenso leidenschaftlich weigert er sich jedoch standhaft, das zu tun, was man von ihm will, wenn er es für falsch, unfair oder sinnlos hält. Im Gegensatz zu seinem früheren Trotz, mit dem er gegen unsere Zäune anrannte, benutzt der Jugendliche jetzt seine neuentwickelten Kräfte des Argumentierens; es kann extrem schwierig sein, ihn zu widerlegen.

Eltern werden mit ihren Söhnen im Teenageralter ziemlich sicher Schwierigkeiten bekommen, wenn sie das, was ihre Söhne tun, zu persönlich nehmen. Gewöhnlich begehren die Jugendlichen gegen uns Eltern auf, weil wir die Autoritätspersonen sind, die ihnen am nächsten stehen. Teil unserer Aufgabe als Eltern ist es, da zu sein und unseren Söhnen den Spiegel vorzuhalten, damit sie erkennen, wer sie sind und was wir uns erhoffen, wie sie einmal sein werden: starke und liebevolle Männer. Deshalb spüren wir die Hauptlast ihrer Suche. Die meiste Zeit brechen sie jedoch nicht durch die Zäune, die wir so sorgfältig errichtet haben, um uns für etwas zu bestrafen oder sich an uns zu rächen für etwas, das wir getan oder auch nicht getan haben, sondern weil sie durch ihren natürlichen Wunsch, selbständig zu werden, motiviert sind. Der Teenager will ein eigenes Leben leben. Er will ein Mann werden. Er findet die Schwachstellen in unseren Zäunen, weil er sich selbst genauso auf die Probe stellt wie uns.

Wenn ein Sohn absichtlich oder unabsichtlich die »Hausordnung« verletzt, braucht er unser Feedback, wie seine Taten sich auf das Leben von anderen auswirken. Manchmal braucht er mehr Freiraum, manchmal weniger. Für einen Teenager können Zäune von Tag zu Tag anders aussehen. Sie müssen regelmäßig besprochen, neu bewertet und neu angepaßt werden.

Grundregeln, wie man Teenagern Grenzen und Beschränkungen auferlegen sollte:

1. *Errichten Sie nur Zäune, die Sie auch durchsetzen können.*
2. *Verwenden Sie mehr Zeit auf Gespräche.*
   Führen Sie regelmäßige Diskussionen mit Ihrem Sohn, aber lassen Sie sich nicht das Ruder aus der Hand nehmen. Solange er noch minderjährig ist, kann er auch noch nicht wählen.
3. *Seien Sie freundlich.*
   Festigkeit und Freundlichkeit sind keine Gegensätze, sie gehen Hand in Hand. Wenn man fest bleibt, wird dies von jedem leichter akzeptiert werden, wenn man dabei gleichzeitig auch freundlich ist.
4. *Seien Sie konsequent.*
   Tun Sie das, was Sie angekündigt haben. Damit sind Sie Ihrem Sohn ein wichtiges Vorbild. Lassen Sie die Dinge nicht einfach laufen. Wenn Sie nicht konsequent sind, vermitteln Sie Ihrem Sohn die Botschaft: »Du bist mir nicht so wichtig.«
5. *Wählen Sie Zäune wohlüberlegt.*
   Ein Holzzaun mit geringfügigeren Konsequenzen ist vielleicht angebracht, wenn Sie Ihren Sohn bitten, die Haustür abzuschließen, wenn er ausgeht. Vergißt er es, reicht meist eine Ermahnung aus. Sperrstunden können andererseits eine Mauer erfordern, weil Teenager dazu neigen, herumzustreunen und sich nicht an zeitliche Vereinbarungen zu halten.
6. *Gespräche über Zäune werden am besten unter vier Augen geführt.*
   Respektieren Sie die Gefühle und das Bedürfnis des Jugendlichen nach Vertraulichkeit in diesen Angelegenheiten. Ihn zu verspotten oder gar lächerlich zu machen ist hier gänzlich unangebracht. Über ihn und Ihre Zäune vor seinen Freunden

oder anderen Leuten zu sprechen, kann für ihn beschämend sein und Ihre Beziehung und die gute Arbeit, die Sie gemeinsam geleistet haben, beeinträchtigen. Sein Vertrauen in Sie ist eine geheiligte Gabe, die nur sehr schwer wiedergewonnen werden kann, wenn Sie dieses Vertrauen einmal mißbraucht haben.

7. *Es ist noch immer am besten, wenn Konsequenzen zum Fehlverhalten passen.*

   Jungen haben jetzt ein gut entwickeltes Zeit- und Raumgefühl und erkennen die Ursachen und Wirkungen ihres Verhaltens. Im Gegensatz zu früher können Konsequenzen jetzt auch erst in der Zukunft erfolgen und müssen das Verhalten nicht unbedingt direkt spiegeln. Aufgrund seines starken Gerechtigkeitsgefühls wird sich ein Junge jedoch über eine Konsequenz beschweren, die in keinem angemessenen Verhältnis zu seinem Fehlverhalten steht oder überhaupt nichts mit dem zu tun hat, was er getan oder nicht getan hat. Beispiel: Zwei Wochen Hausarrest können eine angemessene Konsequenz dafür sein, daß er abends zu spät nach Hause gekommen ist; wenn er nicht nach Hause kommt, wie er es versprochen hatte, sollte er eine Zeitlang abends gar nicht mehr das Haus verlassen dürfen. Zwei Wochen Hausarrest wegen schlechter Noten können jedoch einfach nur Ab- und Auflehnung provozieren und keineswegs das erwünschte Ergebnis, nämlich bessere Noten, befördern.

8. *Bevor Sie eine Konsequenz festlegen, sollten Sie sich sicher sein, was Sie damit erreichen wollen.*

   Um bei dem vorherigen Beispiel zu bleiben: Wollen wir bessere Noten, stärkeres Interesse und Engagement in der Schule oder mehr Verantwortung und Beteiligung beim eigentlichen Lernen? Wenn unser Ziel bessere Noten sind, müssen wir herausfinden, wie wir unserem Sohn helfen können, sich an Fakten zu erinnern, bessere, ordentlichere Aufsätze zu schreiben, Arbeiten rechtzeitig abzuliefern, sich in der Schule auf Fragen zu melden, an Lerntests teilzunehmen usw. Zwei Wochen Hausarrest sind wahrscheinlich nicht besonders geeignet, diese Ziele zu erreichen. Statt dessen sollten wir mit ihm sprechen, um herauszufinden, wo er das Problem sieht, wo seine Schwachstellen sind, ob er die Bedeutung von guten Noten für seine Zukunft überhaupt erkennt usw.

9. *Manchmal kommt letztendlich am meisten dabei heraus, wenn wir die Konsequenzen dort aufgeben, wo sie sowieso kaum durchzuhalten sind.*

So finden zum Beispiel in sehr vielen amerikanischen Familien Abend für Abend Kämpfe statt, wer seinen Kopf bezüglich der Schularbeiten und guter Noten durchsetzen kann. Allmählich wird der Streit um Noten und Hausaufgaben für den Sohn zu einem Kampf, mit dem er seinen Willen und seine Macht beweisen möchte. Bis er die Bedeutung von guten Noten, den Wert, studieren zu können, oder die Freude, etwas Neues zu lernen, selbst klar erkennt, wird kein Nörgeln, Schmeicheln oder Bestrafen ihn dazu bringen, sich zu ändern. Um die destruktive Spannung, die dieses Aufeinanderprallen gegensätzlicher Willen in Familien hervorruft, abzubauen, tun wir vielleicht gut daran, ihm zu sagen, für wie wichtig wir die Arbeit in der Schule halten. Man sollte Lernzeiten festlegen, ihm auf jede erdenkliche Art unsere Hilfe anbieten, dasein, wenn er um Hilfe bittet und ansonsten einfach nachgeben. Manchmal bringt allein dieses Nachgeben schon erstaunliche Ergebnisse.

Zur Vertiefung siehe auch 7. Kapitel über das Festlegen von Grenzen und Konsequenzen.

## Sexualität

Dies sind die Jahre der Pubertät, wenn eine Flut von Wachstumshormonen, vor allem Testosteron, den Körper eines Jungen wild in alle Richtungen wachsen läßt. Jungen wachsen zwar die ganze Zeit, aber nun wird die körperliche Veränderung und die veränderte Einstellung zur Sexualität deutlich sichtbar. Ein pubertierender Junge kann stolz, überrascht oder beschämt sein darüber, daß auf seiner Brust und im Genitalbereich Haare wachsen, seine Geschlechtsteile sich vergrößern und seine Stimme tiefer wird. Söhne sind empfindlich, was diese neuen körperlichen Entwicklungen betrifft, und wir sollten sie wegen dieser Veränderungen tunlichst nicht belächeln oder verspotten. Außerdem sollten wir auch unbedingt das Bedürfnis eines Jugendlichen nach ungestörter Privatsphäre respektieren. Seine Mama ist nicht mehr nur »Mama«, sie ist auch eine Frau, und er wird zu einem sexuellen, erwachsenen Mann. Papa ist nicht nur »Papa«, sondern ein anderer Mann, dessen Körper genauso reagiert wie der eigene. Die Welt eines Sohnes hat sich unwiderruflich verändert.

Für die moderne Familie ist Sexualität nicht so sehr ein Ereignis, sondern ein fortlaufender Prozeß. Heute bringt ein Junge das Thema meist selbst zur Sprache, bevor seine Eltern es zum ersten Mal aufgreifen. Oft denken die Eltern sogar viel zu spät daran. Es erleichtert die Kommunikation, wenn Fragen über den Körper, die Liebe, Berührung und Beziehungen mit einem Sohn von Anfang an ohne Einschränkung, als Teil des Familiengefüges besprochen wurden. Wenn dies der Fall ist, gibt es für den in die Pubertät kommenden Jungen eine Grundlage der Akzeptanz und des Verständnisses, von der aus sich seine Sexualität voll entfalten kann. Wann immer wir mit unseren Söhnen über ihre Sexualität zu sprechen beginnen, sollte dies mit Beziehung im Zusammenhang stehen – wie man andere behandeln sollte, wie großartig es ist, Leben und Leidenschaft zu spüren, und was der Unterschied zwischen Aggression und Selbstbewußtsein ist.

Die Pubertät kann für Eltern eine schwierige Zeit sein, weil die Veränderungen in unseren Söhnen und die Notwendigkeit, mit ihnen über Sexualität zu sprechen, in uns all die Ängste, Beschämungen und Schuldgefühle wachrufen, die wir als Teenager erfahren haben. Wir wollen unseren Söhnen helfen, die schmerzhaften Erfahrungen, die wir machen mußten, zu vermeiden, wissen jedoch oft nicht, wie wir das bewerkstelligen sollen.

> Ich weiß nie, was ich meinem Sohn über Sexualität erzählen soll. Als ich 13 war, kam mein Vater in mein Zimmer, gab mir ein Suspensorium und sagte mir, daß ein Mädchen schwanger werden würde, wenn ich meinen Penis in sie reinstecken würde, und daß ich das nicht tun sollte, bis ich verheiratet wäre. Damit war das Thema beendet. Ich will meinen eigenen Sohn nicht so behandeln, aber ich weiß nicht, was ich ihm sagen soll. Wir sind uns zwar immer nahe gewesen, aber sexuelle Gefühle waren etwas, worüber wir nie gesprochen haben.
>
> *John, Vater von Tim, 14*

Frühere Kulturen weihten die Jungen in diesem Alter ein. Das körperliche Erwachen fand in einer kontrollierten sozialen Umgebung statt, so daß der Junge direkt in den Fragen der Sexualität unterwiesen wurde. Man brachte ihm bei, wie er sich Männern und Frauen gegenüber verhalten sollte. »Heute«, so stellen Sol und Judith Gordon fest, deren klares und an Einsichten reiches Buch wir Eltern von Teenagern nur wärmstens empfehlen können, »findet Sexualerziehung zu einem großen Teil statt, ohne daß die Eltern etwas davon wissen oder es gutheißen würden, nämlich auf dem Pausenhof, im Umkleideraum, durch Graffiti, Pornographie, sexuelle Witze und Angebereien von angeblich sexuell aktiven Jugendlichen. Junge Leute beziehen einen Großteil ihrer Information zur Sexualität auch aus Kino und Fernsehen, wobei das meiste davon sensationslüstern und verzerrt ist.«[6] Die Gordons stellen des weiteren fest, daß sie zwar nicht direkt beweisen können, daß solche Filme die sexuelle Entwicklung beeinflussen, ihre klinischen Erfahrungen jedoch darauf hinweisen, daß »die Darstellung von exzessiver Gewalt einen Brutalisierungseffekt hat, vor allem auf Jungen, was sich in einem Mangel an Sensibilität den Gefühlen anderer gegenüber und einem starken Bedürfnis, andere zu dominieren, ausdrückt«.[7]

Es ist an der Zeit, daß Väter oder andere erwachsene Männer, denen ein Junge Vertrauen entgegenbringt, ihren Söhnen etwas über die maskulinen Triebe und die männliche Sexualität erzählen. Ein Bekannter, nennen wir ihn einmal Stephano, der damals 50 Jahre alt war, berichtete uns von seinem ersten Männertreffen, das zusammen mit dem Dichter Robert Bly in den wundervollen Wäldern Kaliforniens stattfand. »Robert Bly trat in den Mittelpunkt des Kreises und sagte: ›Jetzt werde ich euch erzählen, wie man eine Frau sexuell befriedigt.‹ Ich dachte: ›Wow, jetzt bin ich schon so alt, und endlich erzählt mir ein älterer Mann etwas über Sex.‹ Es war phantastisch!«

Heute laufen Teenager, die ihre sexuelle Aufklärung sozusagen »auf der Straße« erhalten, Gefahr, sich mit Aids oder anderen Geschlechtskrankheiten anzustecken; es kann zu unerwünschten Schwangerschaften oder emotionalen Traumen kommen, die durch Schuldgefühle, den Druck, sexuell aktiv zu werden oder durch unbefriedigende sexuelle Begegnungen verursacht werden. Eltern müssen ihre Söhne über Empfängnisverhütung und »Safer Sex« informieren, das heißt, wie man

sich mit Kondomen vor Aids schützen kann. Wir müssen verfügbar sein für Fragen und bereit sein, diese direkt, genau und aufrichtig zu beantworten. Bei Fragen, die wir nicht richtig beantworten können, müssen wir unsere Unwissenheit eingestehen und unseren Söhnen dabei behilflich sein, an die Information zu gelangen, die sie brauchen, um sich an einen neuen Körper und an das wachsende Interesse für sexuelle Themen zu gewöhnen. Unsere Offenheit kann ihnen helfen, zu sexuell verantwortlichen und zugleich gebenden und empfangenden Menschen zu werden.
Die sexuelle Entwicklung setzt zu verschiedenen Zeiten ein und verläuft in unterschiedlicher Geschwindigkeit, aber im allgemeinen beginnt die Pubertät bei Jungen heute früher als zu den Zeiten ihrer Eltern. Um die Sexualität unserer Söhne zu verstehen, müssen wir uns zuerst darüber im klaren sein, daß die heutigen Generationen früher reif werden und die Ehe länger hinausschieben als je zuvor. Noch vor 70 Jahren wurden Männer und Frauen schon im Alter von 13 Jahren verheiratet und gründeten eine Familie.[8]

*Was zwischen dem 13. und dem 15. Lebensjahr zu erwarten ist*
Zwölfjährige fangen an, im Klassenzimmer ihre Füller fallen zu lassen, damit sie unter die Röcke der Mädchen gucken können. Vielleicht wissen sie nicht, wonach sie suchen oder was sie zu finden erwarten, aber der geheimnisvolle Drang, dies zu tun, ist sehr stark. Mit 13 oder 14 wird sich ein Junge bewußt, warum er unter den Rock eines Mädchens gucken will, warum die Bilder in Zeitschriften von verführerischen Frauen ihn anziehen und warum die Tanzszenen von MTV ihn fesseln. »Schon von seiner frühesten Jugend an haben Mark und ich am Sonntag die Comics in der Zeitung gelesen«, sagt George, dessen Sohn 14 ist. »Seit neuestem fällt mir auf, daß er sich, wenn die Zeitung

da ist, zuallererst auf die Werbung für Unterwäsche stürzt. Er nimmt sie heimlich aus der Zeitung und verzieht sich damit auf sein Zimmer. Als ich in seinem Alter war, habe ich das gleiche mit dem Sears-Katalog gemacht.«

Die meisten Jungen haben zwischen zwölf und dreizehn ihre erste Ejakulation, meist hervorgerufen durch Masturbation oder nächtliche Träume sexuell erregenden Inhalts. Jungen haben unterschiedlich häufig »feuchte Träume« oder nächtliche Samenergüsse, die dann mit zunehmendem Alter auch wieder nachlassen. Man sollte den Jungen unbedingt wissen lassen, daß solche Träume normal sind und fast alle Jungen sie haben, daß also körperlich alles in Ordnung ist; man sollte ihm auch sagen, was er am Morgen mit der schmutzigen Bettwäsche machen kann, und ihm versichern, daß Masturbation durchaus normal ist.

Diese Jahre erwachender Sexualität sind aufregend und manchmal auch seltsam und unangenehm. Ein Junge lernt, in einem Körper zu leben, über den er die meiste Zeit keine Kontrolle zu haben scheint. Nach einer Weile wird er sich nicht mehr über Erektionen wundern, die in Verbindung mit erotischen Phantasien, direkter Stimulation oder »anstößigen Bildern« zustande kommen. Manchmal ist es jedoch kaum erträglich, wenn sich eine Erektion zum Beispiel dann bemerkbar macht, wenn man vor die Klasse treten soll, um ein Gedicht aufzusagen. Ein verständnisvolles Wort des Vaters oder sonst eines mitfühlenden männlichen Erwachsenen kann einem Jungen helfen, solche Erlebnisse mit einem intakten Selbstbewußtsein und Sinn für Humor zu überstehen.

### *Was mit 15 und 16 zu erwarten ist*

In diesem Alter haben viele Teenager regelmäßig sexuelle Kontakte. Denken Sie daran, daß Jungen sich in ihrer eigenen, natür-

lichen Geschwindigkeit entwickeln, so daß Sie sich keine Sorgen zu machen brauchen, wenn Ihr Sohn in diesem Alter mehr Interesse an Computern als an Mädchen hat. Oft entscheiden die Umgebung eines Jungen und die Gepflogenheiten in seiner Familie, wie er seine Sexualität auslebt – ob er seine sexuellen Gefühle unterdrückt, seine Aktivitäten einzig auf Phantasien und Masturbation beschränkt, ein aktives Traumleben führt, sich mit Petting oder Vorspiel begnügt oder richtigen Geschlechtsverkehr hat.
Im Alter zwischen 15 und 16 haben die Geschlechtsteile der meisten Jungen ihre volle Größe erreicht. Der Junge wird auch in etwa voll ausgewachsen sein; auf seinem Gesicht, im Genitalbereich, auf der Brust, den Armen und Beinen wachsen Haare. Es kommt nun immer öfter in Verbindung mit sexuellen Stimuli zu Erektionen – beim Tanzen, bei Berührungen oder nur beim Zusammensein mit jemandem, den man attraktiv findet. »Unanständige Zeitschriften« und schrille Anzeigen, auf denen Frauen für irgend etwas werben, sind jetzt nicht mehr so interessant. Jetzt sind eigene Phantasien oder im tatsächlichen Leben stattfindende Beziehungen erregender.

*Zwischen 16 und 17 sind sexuelle Aktivitäten zu etwas ganz Alltäglichem geworden.*
Ein Junge wird erregt durch den Kontakt mit dem anderen Geschlecht, durch erotische Bilder und Geschichten und das rhythmische Pulsieren der Musik. »Feuchte Träume« lassen nach, und manche Jungen nehmen mit Mädchen sexuelle Beziehungen auf. Der Freundeskreis ist äußerst wichtig, wenn ein Junge voll in Anspruch genommen ist von seinem Wunsch, sich von der elterlichen Führung unabhängig zu machen, seine Talente und Fähigkeiten zu bezeugen und Mädchen nahe zu sein. Wie ein Junge auf seinen Sexualtrieb reagiert, variiert von einsamen Phantasien mit wenig bis überhaupt keinem Kontakt

zu Mädchen über Händchen halten und Petting bis hin zum tatsächlichen Geschlechtsverkehr.

Eines Morgens entdeckte ich, daß der Motor unseres VWs heiß war. Dann kam unser 16 Jahre alter Sohn Matt zum Frühstück, und er sah aus, als hätte er die ganze Nacht nicht geschlafen. Er behauptete, von dem Auto nichts zu wissen. Ich dachte mir schon, daß da etwas faul war. Am Samstag lud ich ihn in eines unserer Lieblingsrestaurants ein. Ich stellte ihn ohne Umschweife zur Rede: »Wo warst du gestern früh?« Ich wußte, daß er eine gute Geschichte auf Lager haben würde. Er fährt immer mit unserem anderen Wagen, weil er mit der VW-Schaltung nicht zurechtkommt, und unser Käfer wird nur selten benutzt. Matt druckste erst ein bißchen herum, und schließlich spuckte er es aus. Er war um drei Uhr früh im ersten Gang die zehn Meilen bis zum Haus seiner Freundin gefahren; dort kletterte er in ihr Schlafzimmerfenster im zweiten Stock, verlustierte sich mit ihr und begab sich dann wieder in den Käfer zurück, fand aber den Rückwärtsgang nicht. Er schob den Wagen auf die Straße, fuhr wieder im ersten Gang zurück nach Hause und kletterte um fünf Uhr früh durch sein Schlafzimmerfenster. Weil seine Geschichte so lächerlich war, mußte sie wohl stimmen. Er hatte den Käfer benutzt, weil der am Fuß des Hügels, etwas vom Haus entfernt, geparkt war. Ich konnte dazu nur sagen: »Sohn, du bist einer der entschlossensten und einfallsreichsten Menschen, die ich kenne, aber tu es bitte nie wieder. Ich hätte dich für einen Räuber halten und auf dich schießen können, und das gleiche hätte dir auch bei dem Vater deiner Freundin passieren können!«

*Frederick, Vater von Matt, 16*

Wenn unsere Söhne 13 bis 16 Jahre alt sind, muß eine Unterweisung der Eltern, vor allem der Väter, auch Faktenwissen über Schwangerschaft, Empfängnisverhütung, Geschlechtskrankheiten und Aids beinhalten, vor allem, wenn wir zum ersten Mal mit ihm über sexuelle Angelegenheiten sprechen. Leider nehmen Eltern oft fälschlicherweise an, daß die Kinder bis zur Pubertät schon alles gelernt haben, was sie über Sex wissen sollten. Ein Großteil der Informationen ist jedoch bestenfalls vage, und vieles ist einfach falsch. Die wichtigste Lektion, die Eltern ihren Söhnen beibringen können, besteht darin, sie zu lehren, den Gefühlen anderer gegenüber sensibel zu sein, das Wort »Nein« zu respektieren und den Satz zu berücksichtigen, den eine Kollegin der Sexualerzieher Sol und Judith Gordon ihrem Sohn gegenüber einmal äußerte: »Benutze deinen Penis nie wissentlich als Waffe, um jemanden zu verletzen!«[9]

Eltern müssen ihre Söhne auch wissen lassen, was sie von ihren sexuellen Aktivitäten halten. Den meisten von uns wäre es wohl lieber, unsere Söhne würden sich mit dem Geschlechtsverkehr Zeit lassen, bis sie erwachsen sind, und dies sollte man ihnen auch sagen. Über manches haben Eltern jedoch einfach keine Kontrolle, so sehr sie sich dies auch wünschten. Wir können und müssen einem Sohn gründlich die Risiken zu früher sexueller Aktivitäten klarmachen; wir können ihm auch sagen, daß wir hoffen, daß er mit dem Geschlechtsverkehr wartet, bis er älter ist, aber wir werden nicht in seiner Nähe sein, wenn er in einem geparkten Auto, dem leeren Haus oder auf der Party die letzte Entscheidung trifft. Wenn er sich tatsächlich tiefer auf eine sexuelle Beziehung einläßt, als wir es gehofft hatten, und unsere Hilfe braucht, müssen wir ihn auch wissen lassen, daß wir ihn weiterhin lieben, egal was passiert ist.

Aus manchen Untersuchungen geht hervor, daß Männer den Höhepunkt ihrer Potenz in ihren späten Teenagerjahren bis

Anfang 20 erreichen.[10] Ob dies richtig ist oder nicht, ist umstritten. Die Gedanken eines jungen Mannes kreisen jedoch immer wieder um die Sexualität, die im technologischen Zeitalter zu einem besonders komplexen Thema geworden ist. Als die Jugendzeit kürzer war und man früher heiratete, wurde der Sexualtrieb problemlos in den akzeptierten Raum der Ehe kanalisiert. Heute ist Sex im allgemeinen Teil vorehelicher Beziehungen geworden, nachdem die Ehe oft aufgeschoben wird, bis man auf die 30 zugeht. Die zunehmende Praxis, ohne Trauschein zusammenzuleben, ist eine Alternative, die unseren Großeltern noch mehr graue Haare hätte wachsen lassen. Diese Probleme lassen sich nicht ohne weiteres lösen und machen es erforderlich, daß Eltern nach wie vor bereit sind, mit ihren heranwachsenden Söhnen offene Gespräche zu führen. Wir müssen uns immer wieder daran erinnern, wie wir in unserer Jugend dachten und fühlten, als wir uns mit der Leidenschaft und Verwirrung der Teenagerjahre auseinandersetzen mußten.

Joe, 16, sagt es deutlich: »Ich dachte, ich würde mich im Leben bestens auskennen und wüßte genau, was ich in den meisten Situationen tun würde. Ich hatte mein ganzes Leben durchgeplant. Dann lieh ich mir einmal für eine Verabredung das Auto meines Freundes aus. Es hat eine umklappbare Rückbank und ist sehr geräumig. Ich mochte das Mädchen, mit dem ich mich verabredet hatte, sehr gern, und sie schien mich auch zu mögen. Wir landeten im zehnten Stockwerk einer Parkgarage und nutzten den Raum hinter den Vordersitzen als Schlafzimmer. Das Auto hat getönte Scheiben, so daß man nicht hineinsehen kann. Eigentlich hätte ich das, was dann passierte, erst viel später tun wollen. Jetzt bin ich wirklich verwirrt, aber ich weiß, daß ich die Dinge nie mehr so sehen werde wie früher. Es macht einfach zuviel Spaß. Ich will damit nicht sagen, daß ich jetzt zum Wüstling werde und lauter verrückte Sachen mache – ich habe einfach nur gemerkt, daß ich zu viele Entscheidungen über bestimmte Dinge im Leben getroffen hatte, bevor ich sie richtig erlebt hatte. Nun muß ich einfach umdenken, aber ich lasse mir Zeit und werde nicht voreilig irgendwelche Schlüsse ziehen.«

## Die positive Absicht

Ein Junge in den »Mister-Cool-Jahren« muß unbedingt ein Gefühl für seine Individualität und Identität entwickeln. Er schwankt ständig zwischen dem starken Gefühl des »Ich *bin*« und dem unsicheren »Wer zum Teufel *bin* ich eigentlich?«. Wie er dieses Dilemma löst, wirkt sich entscheidend auf die Richtung aus, die er in seinem Leben sowohl bezüglich seiner Arbeit als auch seiner persönlichen Beziehungen einschlagen wird. Wer er ist, lenkt sein Leben viel mehr, als seine ganzen Fähigkeiten und Fertigkeiten es tun. Die persönliche Identität eines Menschen liegt in seiner Seele verborgen.

Ein Junge auf der Suche nach seiner Seele ist eine große Herausforderung für seine Mitmenschen. Man kann sich nicht auf ihn verlassen, weil seine Einstellung und seine Grundsätze sich von einem Tag auf den anderen ändern. Dies kann Eltern das Leben schwermachen, und wir müssen unseren Sohn unbedingt wissen lassen, wie sein Verhalten sich auf uns auswirkt. Das Entscheidende an dieser Rückmeldung ist, daß man sie ihm nicht auf eine bewertende, sondern auf verständnisvolle Weise zu verstehen gibt. Wir müssen nicht unbedingt mit ihm einer Meinung sein; unsere gegensätzliche Meinung kann ihm helfen, seine Position zu klären, wenn wir sie ihm offen darlegen. Wenn wir andererseits seine Anschauungen als falsch oder unreif bewerten oder kritisieren, wird ihn dies daran hindern, zu Klarheit zu gelangen, und die Machtkämpfe, die in diesen Jahren des

Suchens unausweichlich sind, werden dadurch noch heftiger. Oft übernimmt ein Sohn letztlich die Werte und Einstellungen seiner Eltern, wenn man ihm erlaubt, eigene Ideen und Meinungen über die Fragen des Lebens zu erforschen und zu haben. Der Inhalt der Auseinandersetzungen verändert sich, aber die Art und Weise, wie wir miteinander kommunizieren, hält die Eltern-Sohn-Beziehung inmitten des Chaos der Auseinandersetzungen zusammen.

Im folgenden haben wir ein paar Beispiele für Aussagen von Teenagern und die mögliche positive Absicht dahinter aufgeführt. Wir hoffen, daß sie so ähnlich sind wie die, die Sie von Ihrem Sohn hören. Sie sollten ein Ansatzpunkt sein, von dem aus Sie mit ihm in eine Kommunikation eintreten könnten (vielleicht lesen Sie noch einmal im 8. Kapitel nach, wie man nach der positiven Absicht suchen und sie benutzen kann), aber wir können nicht garantieren, daß Ihnen diese Sätze helfen, Ihren Sohn zu verstehen. Seine Gefühle, Aussagen und Reaktionen sind meistens nicht logisch – Logik ist momentan einfach nicht seine starke Seite. Viel Glück!

*Aussage:* Ich werde meine Haare blau färben, egal, was du davon hältst!
*Positive Absicht:* *Ich will etwas Besonderes sein und zu meinem Freundeskreis gehören.*

*Aussage:* Ich hasse dich!
*Positive Absicht:* *Ich bin verletzt. Oder: Ich bin böse auf dich.*

*Aussage:* Papa ist ein Idiot. Er hört mir nie zu. Er hält mir immer Vorträge. Ich halte es nicht mehr aus!
*Positive Absicht:* *Ich brauche Papas Unterstützung.*

>   *Aussage:* Es geht dich nichts an, wer denn nun eigentlich meine Freundin ist.
> *Positive Absicht:* *Ich brauche meine Privatsphäre. Ich will mehr Kontrolle über mein Leben.*
>
>   *Aussage:* Ich kann es nicht fassen, wie du so denkst. Du widersprichst dir die ganze Zeit. (An die Mutter gewandt)
> *Positive Absicht:* *Ich bin jetzt in der Lage, klarer zu denken und zu sehen.*

Wir laden Sie ein, in die folgenden freien Stellen Verhaltensweisen oder Aussagen einzutragen, die für Ihren Sohn typisch sind, gefolgt von der positiven Absicht, die ihnen am wahrscheinlichsten zugrunde liegt.

*Aussage:* _____

*Positive Absicht:* _____

*Aussage:* _____

*Positive Absicht:* _____

*Aussage:* _____

*Positive Absicht:* _____

*Aussage:* _____

*Positive Absicht:* _____

*Aussage:* _____

*Positive Absicht:* _____

*Aussage:* _____

*Positive Absicht:* _____

*Aussage:* _____

*Positive Absicht:* _____

## Aktivitäten

Alle Eltern brauchen Unterstützung, unabhängig vom Alter ihrer Söhne. Wenn wir uns in Elterngruppen oder mit vertrauten Freunden und Nachbarn austauschen, kann dies selbst bei der anstrengendsten Familienkrise Entlastung, Erheiterung und eine neue Perspektive bringen. Wir finden den Gedanken hilfreich, daß die Teenagerjahre für viele Jungen voller Aufregung sind, voller Herausforderungen, die bewältigt werden wollen, voller enger Freundschaften, neuerworbener Fertigkeiten und glücklicher Abenteuer. Aber selbst eine glückliche Jugend hat ihre Höhen und Tiefen, und deshalb wollen wir hier Vorschläge weiterreichen, die Eltern helfen sollen, mit diesen Jahren zurechtzukommen. Schlagen Sie auch noch einmal in den entsprechenden Abschnitten des 9. und 10. Kapitels bei den Vorschlägen nach, die auch für die Teenagerjahre noch geeignet sind.

*Sorgen Sie für ein Gefühl von Beistand und Sicherheit.*
Wenn Sie verfügbar, für Fragen und ehrliches Hinterfragen von Gefühlen offen sowie als Familie eng untereinander verbunden sind, gibt dies dem Teenager einen sicheren Hafen, und er weiß, daß er angenommen wird. Wenn ein Junge weiß, daß er um Hilfe bitten kann, ohne dafür bewertet oder lächerlich gemacht zu werden, wird er sich seinen Eltern viel wahrscheinlicher anvertrauen können und mit seiner Familie in diesen Jahren, in denen er so unter Druck steht, verbunden bleiben. Wir kennen einen Teenager, der mit seinem Vater eine Vereinbarung getroffen hatte, daß er ihn von überallher anrufen und ihn bitten konnte, ihn nach Hause zu bringen, ohne daß weitere Fragen gestellt würden. Teenager sollten ihren Eltern nicht alles erzählen müssen; sie haben ein Recht auf ihr Eigenleben, und eine solche Vereinbarung hat vielleicht schon mehrere Leben gerettet.

*Wenn möglich, sollten Sie es so einrichten, daß Sie zu Hause sind, wenn er von der Schule heimkommt.*
Vielleicht ist es finanziell schwierig oder gar unmöglich, aber ein Teenager braucht möglicherweise genauso dringend einen Elternteil zu Hause wie ein jüngeres Kind. Wir kennen eine Mutter, die sagt: »Ich ging wieder arbeiten, als mein Sohn zehn Jahre alt war. Mit 14 brauchte er mich zu Hause, wenn er von der Schule heimkam. Ich dachte nie, daß wir all die Rechnungen mit nur einem Gehalt bezahlen könnten, aber ich bin froh, daß ich mich entschlossen habe, zu Hause zu bleiben, solange er ein Teenager ist. Unser Zuhause ist viel friedlicher und Seth wesentlich glücklicher.«

*Nehmen Sie Anteil an den gesellschaftlichen und
schulischen Aktivitäten Ihres Sohnes.*
Oft ist Aufsicht und elterliche Unterstützung hinter den Kulissen
sinnvoll. So können Sie großartig mit der neuesten Mode und
Haartracht, Sprache und Musik der Teenagerkultur Ihres Sohnes in Verbindung bleiben. Seine Welt sieht tatsächlich wie eine
andere Kultur aus, und Sie beschleicht vielleicht das Gefühl, auf
einem anderen Planeten gelandet zu sein, wenn Sie nicht über
die neuesten Entwicklungen auf dem laufenden sind.

*Setzen Sie sich in Ihrer Gemeinde, Ihrem Landkreis
oder Ihrem Land für die Belange Jugendlicher ein.*
Finden Sie Mittel und Wege, ihnen konstruktive Betätigungsfelder zu schaffen, zum Beispiel Jugendzentren mit Live-Musik, die
keinen Alkohol servieren, aber Aktivitäten und Getränke bieten,
die dem Geschmack der Jugendlichen entsprechen. Sie können
sich für Jobs einsetzen, in denen Jugendliche etwas lernen können und ihr Selbstwertgefühl gestärkt wird. Suchen Sie nach
Möglichkeiten, durch die Teenager Verständnis für Leute entwickeln, denen es weniger gutgeht als ihnen, und sie diesen Leuten auch helfen können, etwa durch freiwillige Arbeit in Krankenhäusern, Suppenküchen, Kindergärten und Vorschulen, im
Strafvollzug für Jugendliche oder in Gesundheitszentren.

*Setzen Sie sich finanziell und/oder als Trainer für einen
Mannschaftssport ein.*

*Gründen oder ermöglichen Sie Diskussionsgruppen*
für Teenager zu Themen wie Sexualität, Drogen, Spiritualität,
Klärung von Werten, wie man es heutzutage zu etwas bringen
kann oder welches Thema auch immer Teenagern sonst am Herzen liegt.

*Achten Sie auf Anzeichen einer Selbstmordgefährdung.*
Teenager sind die Gruppe mit dem höchsten Selbstmordrisiko. Es folgt eine Liste von Warnzeichen, herausgegeben von *Teens in Action*, einer amerikanischen Kampagne zur Verringerung der Selbstmordrate bei Teenagern.

- Appetitmangel
- Verändertes Schlafmuster
- Zurückziehen von Freunden und sozialen Aktivitäten
- Wutausbrüche, Ängstlichkeit, Empfindlichkeit
- Erhebliche Veränderungen in der Persönlichkeit
- Häufige körperliche Beschwerden oder Müdigkeit
- Selbstzerstörerisches Verhalten
- Beschäftigung mit dem Tod
- Zwanghafte Angst vor Atomkrieg
- Irrationales, seltsames Verhalten
- Überwältigende Schuld- oder Schamgefühle
- Gefühle der Hoffnungslosigkeit, Trauer, Verzweiflung
- Weggeben von persönlichen Sachen

*Theatergruppen bieten Teenagern die Möglichkeit,*
verschiedene Rollen und Emotionen in einem strukturierten und anerkannten Rahmen auszuprobieren. Denken Sie daran, daß ein Junge dadurch erforschen kann, wer er eventuell werden möchte. Durch Theaterspielen kann er Wut, Mitleid und Lebenssituationen ausprobieren, die ganz anders sind als seine eigene. Vielleicht gibt es einem Sohn genau das, was er braucht, um schwere Lebensdilemmata zu lösen, wenn Sie ihn dabei unterstützen, bei einer von der Schule oder der Gemeinde organisierten Theatergruppe mitzumachen. Wenn er nicht von selbst Interesse dafür aufbringt, können Theaterbesuche oder das gemeinsame Lesen von bekannten Theaterstücken ein ver-

gleichbares emotionales Ventil sein, damit er aus seiner eigenen begrenzten Erfahrung heraustreten kann.

*Die Künste werden wichtig, um das innere Wesen eines Teenagers anzusprechen.*
Schönheit und Ordnung wirken oft beruhigend auf die emotionalen Turbulenzen der Teenagerjahre; Malen, Bildhauern, Töpfern oder Zeichnen können als starke Ausdrucksmedien dienen. Organisierte Sportarten dominieren das Leben der meisten Jungen in diesem Alter, was für einen Jungen, der nicht so sportlich ist, sehr qualvoll sein kann. So ein Junge wendet sich vielleicht ganz von selbst den Künsten als Ventil für seine Frustrationen und Talente zu. Eltern können ihren Sohn unterstützen, indem sie ihn ermuntern, sich Betätigungsfelder zu suchen, in denen er kreativ sein kann: Bühnenbild und Requisiten, Wandmalereien in sozialen Einrichtungen, die eine Auffrischung gebrauchen könnten, Fahnen für Umzüge, Dekorationen für Schulbälle oder Kinderparties und vieles mehr. Für einen unternehmungslustigen jungen Künstler mit guten Ideen können sich künstlerische Talente sogar finanziell lohnen.

Wichtig für Eltern: Vermeiden Sie jegliche Bemerkung, die dem Jungen vermittelt, daß er etwas anderes tun sollte, daß er ein Versager ist, weil er nicht Captain der Footballmannschaft ist, oder daß er seine Zeit verschwendet. Jegliches Unterfangen, das dem Teenager ermöglicht, auf sein inneres Selbst zu lauschen und es in der ihm eigenen Weise der Welt mitzuteilen, ist die Zeit wert, die es in Anspruch nimmt.

> Ich haßte Sport, obwohl ich ein guter Sportler war und meine Schule mich jedes Jahr dazu überredete, Sportleistungskurse zu belegen. Für Kunst konnte ich mich schon immer begeistern, aber meine Eltern ließen mich Kunst

nie als Schwerpunkt nehmen. Der Ärger fing in der Junior High-School an, als ich beschloß, auf andere Weise kreativ zu sein. Ich stellte alles mögliche an, um Aufmerksamkeit zu erregen. Ich liebte es, mich zu schminken und zu schauspielern, und deshalb verkleidete ich mich auf abenteuerliche Weise, etwa als Außerirdischer, und marschierte dann ins Klassenzimmer, als wäre nichts geschehen. Einmal kaufte ich ein altes Schrottauto für 50 Mäuse und bemalte es mit verrückten Farben und komischen Gesichtern von Leuten, die kurz davor waren, sich zu übergeben, mit den Händen vor dem Mund. Bevor die Schule anfing, parkte ich es dort, wo man es von den meisten Fenstern aus sehen konnte, und es lenkte die Leute den ganzen Tag lang ab. Während dieser Streiche hatte ich die Schule vollständig in der Hand. Nur dabei fühlte ich mich wirklich gut. Jetzt mache ich Graphiken, und zwar Tag und Nacht, und ich würde noch mehr machen, wenn ich es nur könnte. Ich habe all diese Jahre in der Schule damit vergeudet, das zu tun, was andere mir sagten, nur weil ich dabei gut war, nicht, weil ich es wirklich gerne tat.

*Chuck, 19 Jahre alter Graphikkünstler*

## Hilfe! – Wo sie zu finden ist

Wenn Sie erst hier anfangen zu lesen, da Ihr Sohn im Teenageralter ist, empfehlen wir Ihnen, auch im 9. und 10. Kapitel unter dem Abschnitt »Hilfe« nachzulesen. Einige der dort aufgeführten Bücher wenden sich an Eltern kleinerer Kinder, aber viele sind ganz allgemein für Männer und Frauen geschrieben und für Eltern von Kindern jeglichen Alters. Wie bei den anderen »Hilfe«-Abschnitten in diesem Buch richtet sich die Reihenfolge der Bücher nach unserer subjektiven Einschätzung ihrer Nützlichkeit, wobei wir mit dem nützlichsten Buch angefangen haben. Viel Glück!

## Zum Thema »Entwicklungsaufgaben«

*Between Form and Freedom.* Von Betty Staley, Stroud, U.K.: Hawthorn Press, 1988. Ein praktischer Leitfaden für die Teenagerjahre mit wertvollen und einfühlsamen Einsichten in die Herzen und Köpfe von Teenagern. Sehr empfehlenswert! Zu bestellen bei: St. George Book Service, P.O. Box 225, Spring Valley, NY 10977.

*Total verwirrt. Teenager in der Krise.* Von David Elkind, Hamburg: Kabel, 1990. Der Titel spricht für sich.

*After All We've Done for Them.* Von L. Fine. Englewood Cliffs, NJ.: Prentice Hall, 1977. Ein praktischer und lesenswerter Ratgeber für das Leben mit Teenagern.

*Jugend und Krise.* Von Erik H. Erikson. Stuttgart: Klett-Verlag, 1974. Beschreibt die Entwicklungsphasen im Teenageralter sehr genau.

## Zum Thema »Bedürfnisse«

### Bücher:

*Between Form and Freedom* (s.o.)

*Theorie und Praxis der antiautoritären Erziehung. Das Beispiel Summerhill.* Von A. S. Neill. Reinbek: Rowohlt, 1969. »Der Klassiker über die Motivation Ihres Kindes durch Freiheit, Verantwortung und Kreativität.«

### *Organisationen*

Bei den folgenden Organisationen finden Eltern und Teenager Unterstützung, Information und Gelegenheit, sich einzubringen:

Pfadfinder
CVJM
Örtliche kirchliche Jugendgruppen
Städtische Freizeitangebote für Jugendliche
Selbsthilfegruppen für Teenager
Pro Familia
Kirchlich geförderte Beratungsstellen
Verein zur Suizidprävention
Staatliche Freizeitprogramme für Teenager
Pflegefamilienverband
Stieffamilienverband

## Zum Thema »Inneres Leitsystem«

*Values Clarification.* Von Sidney Simon, Leland Howe und Howard Kirschenbaum. New York: Dodd, Mead, 1985. Enthält Fragen und Situationen, in denen sowohl nach moralischen Gesichtspunkten als auch nach Wertevorstellungen ein Urteil abgegeben werden soll. Ein hervorragender Ausgangspunkt, von dem aus Eltern mit ihren Teenagern die wichtigen Fragen und Probleme des Lebens erforschen können.

*Between Form and Freedom* (s.o.)

*Inner Work.* Von Robert Johnson. San Francisco: Harper & Row, 1986. Wie sich Träume und Phantasiereisen für das persönliche Wachstum einsetzen lassen.

## Zum Thema »Zäune«

*How to Survive Your Child's Rebellious Teens.* Von M. Brenton. New York: Bantam Books, 1979. Schwerpunktmäßige Betrachtung der Möglichkeiten von Eltern und ihren Teenagern.

*Kinder fordern uns heraus.* Siehe S. 262.

*When Your Child Drives You Crazy.* Von Eda LeShan. New York: St. Martin's Press, 1985. Ein vernünftiger und einfühlsamer Leitfaden für Eltern. Kleines Kapitel speziell zu Teenagern.

*Predictive Parenting: What to Say When You Talk to Your Kids.* Von Shad Helmstetter. New York: Simon & Schuster, 1989. Ein praktischer Ratgeber zur Verbesserung der Familienkommunikation.

*Raising Self-Reliant Children in a Self-Indulgent World.* Von H. Steven Glenn. New York: St. Martin's Press, 1988. Eines der besten momentan erhältlichen Bücher zum Thema, wie man Kindern Verantwortungsgefühl und eigene Motivation beibringen kann.

## Zum Thema »Sexualität«

*Raising a Child Conservatively in a Sexually Permissive World.* Von Sol Gordon und Judith Gordon. New York: Simon & Schuster, 1983. Ehrlich und ohne Umschweife sagen uns die Gordons, was zu tun ist.

## Zum Thema »Positive Absicht«

*Nun hör doch mal zu! Elternsprache – Kindersprache.* Siehe S. 264.

*Love is Letting Go of Fear.* Von Gerald Jampolsky. New York: Bantam Books, 1980. Hilft dem Leser, die positive Motivation hinter dem Verhalten zu erkennen.

# 12

# Die Jahre als junger Erwachsener: Achtzehn bis neunundzwanzig

Ich wurde gebeten, dieser Abschlußklasse ein paar gute Ratschläge zu geben, wie sie in die Welt hinausgehen soll. Hier mein Ratschlag: »Geht lieber nicht!«

*Aus einer Abschlußrede an Universitätsabgänger*

In den alten Initiationskulturen hatte sich ein junger Mann zwischen 18 und 29 auf eine produktive Rolle innerhalb seines Stammes festgelegt; er wußte, was er dem Stamm, den Frauen, Kindern und seinen Nachbarn schuldig war; er besaß ein klares Gefühl für sein Selbst. Sein Leben war begründet auf den regelmäßigen Zyklen und der Stabilität einer bekannten und konsistenten Welt. In diesem Alter war er definitiv ein Mann.

Für einen jungen Mann, der heute mit seiner Ausbildung fertig ist, ist das Leben anders. Er fängt seine Reise in die Männlichkeit gerade erst an. Seine Ausbildung gab ihm Gelegenheit, Ideen zu erforschen, aber er hat kaum die emotionalen, spirituellen und praktischen Aspekte seines Lebens ausgelebt. Er ist nur selten in der Lage, seinen Lebensunterhalt zu verdienen. Wenn seine Eltern in seiner Kindheit seine Gefühle akzeptierten, feste Zäune errichteten und seine Seele verstanden, hat er ein starkes Fundament, von dem aus er seine Reise in die Männlichkeit antreten kann. Aber selbst die beste Kindheit schützt ihn nicht vor selbst zugefügten Leiden. Er wird all den Verlockungen des Vergnügens, des Geldes und des glitzernden Tinnefs ausgesetzt sein, die unsere Kultur ihm verspricht. All sein Bücherwissen ist kein Ersatz für kluge Führung und gelebte Weisheit.

Ein gesunder, moderner Mann muß seine Identität inmitten rascher Veränderungen und ungewisser Geschlechtsrollen formen. Weniger beengende Rollen für Männer und Frauen schaffen Möglichkeiten für Wachstum und Arbeit, die früher nicht vorhanden waren; aber die Vorstellung davon, was ein Mann werden soll, war vor nur zehn Jahren eine völlig andere, und sie scheint sich von Tag zu Tag zu wandeln. Heute wird ein Mann zu einem Mann, wenn er geradewegs an seine persönlichen Grenzen stößt, während er sich den Herausforderungen des Lebens stellt. Wie er auf diese unvermeidbaren Ereignisse reagiert, daraus formt sich die Identität eines gesunden Mannes.

> Ich wurde erst nach meiner Scheidung zum Mann. Ständig hatte ich nur gearbeitet und meine Familie ignoriert, und dafür mußte ich schließlich bezahlen. Ich fand unter Schmerzen heraus, daß ich nicht alles haben kann. Ich kann immer nur mit einem Teil davon zu Rande kommen. Nun muß ich mich an einen »Besuchsplan« halten, wenn ich meine Kinder sehen will. Ich gebe es nur ungern zu, aber die Scheidung brachte mich dazu, das zu erkennen, was mir wirklich wichtig ist. Momentan ist es die Beziehung zu meinen Kindern und meine Gesundheit. Ich hoffe, daß ich mich später in meinem Leben mehr Dingen öffnen kann, aber momentan lecke ich meine Wunden und baue mein Leben wieder auf um das, was mir am wichtigsten ist.
>
> *Harry, 40, geschiedener Vater*

Zwischen 18 und 29 treten junge Männer in die weitere Welt außerhalb der Familie, in der sie aufgewachsen sind. Manche machen diesen Schritt langsam, andere schnell. Unabhängig von der Geschwindigkeit bereitet das moderne Leben alles für die Initiation eines männlichen Erwachsenen vor: er fängt einen Beruf an, er heiratet, wird Vater, ihm wird gekündigt, er hat keine Ersparnisse, erlebt eine Scheidung oder den Zusammenbruch einer wichtigen Beziehung, wird von seinem besten Freund betrogen, wird körperlich schwer verletzt, hat seinen Tod vor Augen, betrauert den Tod eines geliebten Menschen, wird ernsthaft krank, erliegt einer Sucht (übermäßigem Essen, Drogen, Alkoholismus, übermäßigem Geldausgeben), mißhandelt ein Kind oder seine Ehefrau, wird befördert usw. usf.

»Etwa um seinen 35. Geburtstag herum«, sagt der Dichter Robert Bly, »bricht die Art, wie ein Mann mit der Welt umgeht, zusammen. Sie funktioniert einfach nicht mehr. Es ist an der Zeit, zu trauern, zu kämpfen und mit dem Wesen des Männlichen in Verbindung zu treten. Er verliert die Hoffnung, daß er die Dinge tun kann, die er tun will, ohne sich mehr auf sich selbst einzulassen. Er hat eine falsche Hoffnung gehegt. Jetzt kann seine Hoffnung realistischer werden.«[1] Wenn ein Mann seine Beschränkungen erlebt, werden die Träume seiner Kindheit, das zu werden und zu tun, was er damals wollte, zerstört. Jetzt bildet sich eine realistischere Weltsicht heraus. Sein Größenwahn reift zu Demut; der Eindruck, den er in der Welt hinterläßt, ist jetzt stärker und gesünder.

Manche Männer machen diese Wendung aus freien Stücken, andere werden durch Drogen, Alkohol oder den Mißbrauch von Essen oder Geld zum Abstieg in ihre »tieferen« Gefühle und »klareren« Einsichten gezwungen. Bei den Anonymen Alkoholikern besteht der erste Schritt darin, zu akzeptieren, daß man über den Alkohol keine Macht hat. Wenn ein Mann erkennt, wo er wirklich machtlos ist, kann er auch erkennen, wo seine lebenspendenden Kräfte liegen.

Eltern tut es weh, wenn sie zusehen müssen, wie Ihr Sohn mit den dunklen Gefühlen der Angst, des Versagens, des Verlustes und der Trauer kämpft. Am liebsten würden wir zu ihm eilen, ihm auf die Beine helfen, den Staub aus seinen Kleidern klopfen und ihn wieder unter unsere Fittiche nehmen. Wenn wir dies tun, versagen wir ihm die Erfahrung, in die Feuer der Dunkelheit zu treten und auf der anderen Seite wieder herauszukommen, und zwar lebendig, heil und sehr viel klüger. Wie Theseus, der, um König zu werden, erst die grausamen Dorfbewohner schlagen mußte, die sich entlang der Straße nach Athen versteckt hatten, oder Orpheus, der in die Unterwelt hinabstieg, um seine Seele zurückzugewinnen, muß ein junger Mann die Schritte zum Mannsein selbst unternehmen. Die Berater und Mentoren, die ihn leiten, müssen in der Lage sein, mit ihm durch seine Verzweiflung zu gehen, ohne seine Schmerzen zu übernehmen und seinen Siegen zu applaudieren, ohne dafür verantwortlich sein zu wollen. Der Kabarettist und Philosoph Rob Becker spürt die Quelle des geringen Selbstwertgefühls des heutigen Mannes auf, wenn er in seiner Ein-Mann-Show »Zur Verteidigung des Höhlenmenschen« sagt: »Ich will mich als Mann so gut fühlen wie früher als kleiner Junge.«[2] Dieses gute Gefühl erwirbt sich ein Mann erst, wenn er in einem langen Prozeß seinen Verhaltenskodex definiert: wo er seinen Platz im Gefüge der Welt sieht, was er im Leben für wertvoll hält und was er unternimmt, um den Anforderungen zu genügen, die er an sich stellt.

Als sein Sohn an der Schwelle zur Männlichkeit stand, mußte ein Vater namens Spencer etwas viel Schmerzlicheres erleben – die schlechte Behandlung, die er von seinem eigenen Vater erfahren hatte. »Mein Sohn Nate ist der faulste Bursche, der mir je untergekommen ist, und vielleicht ist er deswegen so, weil ich ihn nie dazu gezwungen habe, wirklich etwas zu tun. Wenn er nicht das tat, um was ich ihn gebeten hatte, gab ich nach. Ich versprach ihm ein Auto, wenn er seinen Highschoolabschluß hinter sich bringen würde, und als dies geschehen war, gab ich ihm einen neuen Wagen, eine Kreditkarte und 1000 Dollar. Ich schäme mich dafür, aber ich dachte, dies würde ihm helfen, endlich sein Leben in die Hand zu nehmen. Wie dumm von mir! Er nahm das Auto, fuhr einen Monat weg, ging bis an sein Kreditlimit, gab die 1000 Dollar aus, erhielt drei Strafzettel für zu schnelles Fahren und will jetzt wieder zu Hause wohnen. Nun, ich ließ ihn bleiben. Er lebt mit 21 noch immer das Leben eines Teenagers. Ich bin es leid, aber ich weiß nicht, was ich tun soll. Ich kann ihn nicht loslassen. Deshalb bin ich in einer Vätergruppe. Ich brauche Hilfe.«

Dieser Vater merkte, daß er versuchte, seinen Sohn vor dem schmerzlichen Leben zu bewahren, das er selbst mit einem Vater gelebt hatte, der nie für ihn dagewesen war. Als Spencer seinen eigenen Schmerz spürte, fand er die Stärke, seinem Sohn Grenzen zu setzen. Er machte Nate das Geschenk, seine Prioritäten selbst zu setzen, seine Prüfungen selbst zu überstehen und seine eigenen Siege zu erringen. Eigentlich gibt es keinen anderen Weg in die Männlichkeit.

## Loslassen

In diesen Jahren besteht die Hauptaufgabe der Eltern im Loslassen. Nach den Jahren, die viele Söhne in einer verlängerten Adoleszenz verbringen – auf dem College, auf Reisen, beim Durchprobieren verschiedener Jobs –, kann dies sehr schwierig sein. Es ist durchaus üblich, daß ein moderner Sohn zeitweise wieder nach Hause zurückkehrt, nachdem er schon eine Weile allein gewohnt hat. Eltern fragen sich oft, in welchem Ausmaß oder ob sie überhaupt helfen sollen. Können wir unsere Meinung sagen und ihm einen Rat anbieten? Wie können wir ihn leiden lassen, wenn wir das Geld haben, seinem Leiden ein Ende zu setzen? Eltern, die ihre ganz natürlichen Ängste davor und ihre Trauer darüber, daß ihr Sohn erwachsen wird, erkennen, können einen flügge gewordenen Sohn, der nur langsam das »Nest« verläßt, besser unterstützen.

> Als ich von zu Hause auszog, um aufs College zu gehen, hatte ich große Träume für meine Zukunft, aber meine beruflichen Pläne scheiterten nach meinem Collegeabschluß. Ich wurde sehr deprimiert und zog für neun Monate wieder nach Hause. Ich verrichtete Aushilfsjobs, nur um ein bißchen Geld zu sparen, und machte eine Therapie. Es war komisch, wieder zu Hause zu sein, aber ich brauchte es. Ich glaube, für meine Eltern war es eine ziemlich ambivalente Erfahrung. Sie waren es gewohnt, allein zu sein. Ich genoß es sogar, wieder zu Hause zu sein. Jetzt beobachte ich meinen zweijährigen Sohn, wie er sich von seiner Mutter forttraut, merkt, wie weit weg er ist, dabei etwas Angst bekommt und wieder zu ihr zurückrennt, um sich von ihr trösten zu lassen. Ich denke, bei mir war das damals das gleiche.
>
> *John, 31*

John ist kein Einzelfall. Emotionale Probleme sind nicht der einzige Grund, warum ein junger Mann heutzutage nach Hause zurückkehrt oder länger zu Hause bleibt. Die heutige Wirtschaft stellt den jungen Menschen, der gerade seine Ausbildung abgeschlossen hat, vor enorme Herausforderungen. Hohe Mieten und niedrige Anfangsgehälter machen es den jungen Leuten schwer, sich erfolgreich in die Welt der Erwachsenen zu begeben. Ein junger Mann zwischen 18 und 29 steht vor der Aufgabe, sich von der Unterstützung der Eltern zu lösen und sich unter seinen Altersgenossen einen Platz in der Welt zu erobern.

## Der Ruf der Altersgenossen

Keine Initiationskultur hat sich allein auf Mutter und Vater verlassen, um aus einem Jungen einen Mann zu machen. Bei dieser Aufgabe waren immer schon die Männer und Frauen aus dem weiteren Umfeld gefordert. Die heutigen Eltern eines jungen Mannes müssen ihn zu anderen Menschen, Behörden, Schulen und Beratungsstellen bringen, die ihm zuverlässig dabei helfen, sein Erwachsenenleben zu gestalten. Im besten Fall spielen die Eltern eine zunehmend unwichtige Rolle und werden allmählich zu liebevollen Freunden und Helfern. Der Spiegel eines jungen Mannes, der ihm sagt, wer er ist, besteht nun aus Arbeitskollegen, Klubmitgliedern, Mitgliedern von Männergruppen oder Selbsterfahrungsgruppen, Therapeuten, Lehrern und vor allem seinem Freundeskreis, in dem er nach Männerfreundschaften sucht. Ältere Mentoren, deren gelebte Weisheit einen starken Einfluß hat, können helfen, den jungen Mann auf seinem Weg in die Tiefen seiner innersten Motive und Gefühle zu leiten. Die Qualität dieser Beziehungen ist entscheidend für die Gesundheit eines Mannes als junger Erwachsener.

## Die Zukunft

Ein neues Bild reifer Männlichkeit ist im Entstehen. Einige Vorkämpfer der Männerbewegung fangen wieder an, die Trommeln zu schlagen, einige wenden sich indianischen Traditionen zu, andere suchen nach dem Pfad des Kriegers, und viele arbeiten im stillen und allein innerhalb ihrer Familien an sich. Bisher gibt es noch keine klare Vorstellung, aber es werden allmählich die richtigen Fragen gestellt, unter anderem eine sehr zentrale Frage: »Was ist ein gesunder Mann?«

Wir stellen fest, daß Gesundheit auf einer lebensbejahenden Einstellung basiert, die zur Tat führt. Diese Definition ist nicht so neu. Seit Jahrhunderten setzen sich Männer für das Wohl der Allgemeinheit ein. Schlimm ist nur, daß wir das Männliche abgewertet haben, weil wir die positive Absicht hinter der Tat mißverstanden bzw. übersehen haben.

Rob Becker spricht über die fürsorgliche, lebensspendende Seele des modernen Vaters. »Als meine Frau Erin und ich Freunde besuchten, die ihr erstes Baby erwarteten, setzte sich Erin sofort zu der Frau, und sie begannen, sich über Schwangerschaft, Geburt und Babys auszutauschen. Ich suchte im Hinterhof nach Ross. Seine Augen hatten einen etwas wirren Ausdruck, und in der Hand hielt er eine elektrische Säge. ›Ich baue eine Burg‹, sagte er stolz. Ich sagte: ›Hey, das Baby ist noch gar nicht da, und du baust ihm schon was zum Spielen?‹ Er hielt inne, blickte mir fest in die Augen und grummelte dann: ›Willst du nun dieses Brett halten und mir helfen oder nicht?‹«[3]

Die Fürsorge eines Vaters hat ihren Ursprung im Tatendrang. Überall tauchen Männer und Jungen aus dem Wirrwarr um die Geschlechter in unserer jüngsten Vergangenheit auf, um eine tiefe, männliche Kraft neu zu definieren, deren lebensbejahender Drang aus den Wurzeln neugieriger, kreativer, sensibler kleiner Jungen gesunde Männer wachsen läßt.

## Weiterführende Literatur

*Eisenhans.* Von Robert Bly. München: Kindler, 1991. Ein mythisch-poetisches Werk über Männer, verfaßt vom führenden Vertreter der Männerbewegung.

*Der verunsicherte Mann.* Von Herb Goldberg. Reinbek: Rowohlt, 1991. Eine praktische, persönliche neue Betrachtung der Veränderungen, die bei Männern vonstatten gehen.

*The Inner Male.* Von Herb Goldberg. New York: New American Library, 1987. (*Der blockierte Mann.* München: Droemer Knaur, 1992.) Eine praktische Betrachtung der unmöglichen Bindungen des modernen Mannes. Hier finden sich Auswege aus den schmerzhaften männlichen Klischees.

*Männer lassen Federn!* Unbelehrbar oder im Aufbruch? Hg. von Mathias Jung. Reinbek: Rowohlt, 1990.

*Finding Our Fathers.* Von Samuel Osherson. New York: Fawcett Columbine, 1986. (*Die ersehnte Begegnung: Männer entdecken ihre Väter.* Köln: EHP, 1990.) »Wie die Beziehung eines Mannes zu seinem Vater sein Leben färbt.«

*König, Krieger, Magier, Liebhaber.* Die Stärken des Mannes. Von Robert Moore und Douglas Gillette. München: Kösel, 1992.

*Götter in jedem Mann.* Von Jean Shinoda Bolen. Basel: Sphinx, 1991. Einsichten über die heutigen Männer, gewonnen aus der Betrachtung der alten Götter-Mythen.

*Familienreport. Eine Lebensform im Umbruch.* Von Robert Hettlage. München: Beck, 1993.

*The Peter Pan Syndrome.* Von Dan Kiley, Ph. D. New York: Avon Books, 1983. (*Das Peter-Pan-Syndrom.* Hamburg: Kabel, 1987.) Eine Untersuchung des psychologischen Hintergrundes des charmanten Jungen, der nie erwachsen werden will.

*Männer fühlen anders.* Von Ulrike Dambmann. München: Goldmann, 1993. »Eine Betrachtung der Taktik von Geist und Körper.«

*Muttersöhne.* Von Volker Elis Pilgrim. Reinbek: Rowohlt, 1991.

# Anmerkungen

## Kapitel 1

1 *A Mother's Journal*. Philadelphia, PA: Running Press, 1985, letzte Seite.
2 Louise J. Kaplan, *Die Zweite Geburt*. München: Piper, 1986, S. 11. *(Oneness and Separateness: From Infant to Individual*. New York: Simon & Schuster, 1978.)

## Kapitel 2

1 George Gilder, *Men and Marriage*. Gretna LA Pelican, 1986, S. 25.
2 Michael Hutchison, *The Anatomy of Sex and Power*. New York: William Morrow and Co., 1990, S. 170.
3 Roger Gorski, Interview von Douglas Stein, *Omni*, Okt. 1990, S. 72.
4 Susan Davis, »Ruled by Hormones?«, *San Francisco Chronicle Examiner*, Sonntag, 28. Okt. 1990, sec. D.
5 Ibid.
6 Gilder, *Men and Marriage*, S. 25.
7 Hutchison, *Sex and Power*, S. 202.
8 Carl Sherman, »Raging Hormones«, *San Francisco Chronicle Examiner*, This World, Sonntag, 19. Nov. 1989, S. 9.
9 Daniel Goleman, »It's Hormones That Make Men Rage«, *San Francisco Chronicle*, 19. Juli 1990, sec. B.
10 Max Gates, »Coming of Age a Health Hazard to U.S. Males«, *San Francisco Chronicle Examiner*, Sonntag, 6. Aug. 1989, sec. A-3.
11 Hutchison, *Sex and Power*, S. 200.
12 Deborah Tannen, *You Just Don't Understand*. New York: William Morrow and Co., 1990, S. 38.
13 Hutchison, *Sex and Power*, S. 207–9.

14 Jean Shinoda Bolen, *Götter in jedem Mann*. Basel: Sphinx, 1991, S. 301.
(*Gods In Everyman*. San Francisco: Harper & Row, 1989.)
15 Edmond G. Addeo und Jovita Reichling Addeo, *Why Our Children Drink*. Eaglewood Cliffs, NJ: Prentice Hall, 1975, S. 72–95.
16 Robert Bly (Herausgeber und Übersetzer), *The Kabir Book*. Boston: Beacon Press, 1971, S. 9.
17 James Hillman, *Re-Visioning Psychology*. New York: Harper & Row, 1975, S. 16.
18 Sherman, »Raging Hormones«, S. 9.

## Kapitel 3

1 Gilder, *Men and Marriage*, S. 10.
2 Thomas Bulfinch, *The Age of Fable*. New York: New American Library, 1962, S. 189.
3 Gilder, *Men and Marriage*, S. 29.
4 Steve Chapple und David Talbot, *Burning Desires: Sex in America*. New York: Doubleday, 1989, S. 199.
5 Bolen, *Götter in jedem Mann*, S. 17 f.
6 Gilder, *Men and Marriage*, S. 26.
7 Riane Eisler, *The Chalice and the Blade*. San Francisco: Harper & Row, 1987, S. 10.
8 Gilder, *Men and Marriage*, S. 32.
9 Ibid., S. 33–34.
10 Eisler, *The Chalice and the Blade*, S. 32.
11 Gilder, *Men and Marriage*, S. 31.
12 Shepherd Bliss, Interview von Kenneth Guentert, *Special Delivery Newsletter of Informed Homebirth/Informed Birth & Parenting*, Frühling 1988.
13 Ronald Kotulak, »Survey Links Youth Problems to One-parent Families«, *San Francisco Chronicle*, Sonntag, 9. Dez. 1990, sec. A-5.
14 Gilder, *Men and Marriage*, S. 86–97.
15 Russell Watson und Gregg Easterbrook, »A New Kind of Warfare«, *Newsweek*, 28. Jan. 1991, S. 15.

16 »Former POW Doesn't Want to Kill Again«, *San Francisco Chronicle*, 10. Juni 1991, sec. A-10.
17 John Bradshaw, *Bradshaw On THE FAMILY*. Deerfield Beach, FL: Health Communications, 1988, S. 56.

## Kapitel 4

1 A.R. Ammons, *The Wide Land, Collected Poems 1951–1971*. New York: W.W. Norton & Co., 1972, S. 48.
2 Karen Rivers, »Human Values, Television, and Our Children«, in *Models of Love, The Parent-Child Journey*, Joyce Vissell and Barry Vissell, M.D. Aptos, CA: Ramira Publishing, 1986, S. 210–16.
3 Ibid., S. 214.
4 Frances Moore Lappé, *What to Do After You Turn Off the TV*. New York: Ballantine Books, 1985, S. 7.
5 Ibid., S. 10.
6 Ibid., S. 9–10.
7 Joan Anderson Wilkins, *Breaking the TV Habit*. New York: Charles Scribner's Sons, 1982, S. 10.
8 Ibid., S. 32.
9 Ibid., S. 13.
10 Lappé, *What to Do After You Turn Off the TV*, S. 10.
11 Ibid., S. 13.
12 Ibid., S. 4.
13 Rivers, »Television«, *Models of Love*, S. 212.
14 Ibid.
15 Carin Rubinstein, »Guilty or Not Guilty«, *Working Mother*, Mai 1991, S. 55.
16 Kaplan, *Oneness and Separateness*, S. 25. (Zitat in der dt. Ausgabe *Die Zweite Geburt* nicht auffindbar, daher aus der amerik. Ausgabe übersetzt; Anm. d. Ü.)
17 Sylvia Rubin, »How Parents Change Their Lives to Spend Time at Home«, *San Francisco Chronicle*, 25. Juli 1989, sec. B.
18 Ibid.
19 Chapple, *Burning Desires*, S. 199.

20 Sam Keen in einem Vortrag und in einem persönlichen Gespräch mit Don Elium auf der Konferenz »Tough Guys, Wounded Hearts« am 28. Juni 1991 in San Francisco.

## Kapitel 5

1 »Sunbeams«, *The Sun Magazine*, Nummer 148, März 1988, S. 40.
2 Robert Bly, *Eisenhans*. München: Kindler, 1991, S. 27.
 (*Iron John*. Reading, MA: Addison-Wesley Publishing Co., 1990.)
3 Gilder, *Men and Marriage*, S. 5.
4 Jean Baker Miller, M.D. *Toward a New Psychology of Women*. Boston: Beacon Press, 1976, S. 83–97.
5 Adrienne Rich, *Um die Freiheit schreiben*. Frankfurt: Suhrkamp, 1989. (*Of Woman Born*. New York: W.W. Norton & Co., 1976.)
6 Kaplan, *Die Zweite Geburt*, S. 12.
7 Ibid.
8 Megan Rosenfeld, »Boys Will Be Boys«, *Working Mother*, März 1991, S. 52.
9 Ibid.
10 Marilyn Elias, »Parents Loving Feeling Isn't Lost On Children«, *USA Today*, Lifeline, 19. April 1991.
11 Kaplan, *Die Zweite Geburt*, S. 12.
12 Ibid., S. 202.
13 Ibid., S. 19.
14 John Lee, *The Flying Boy: Healing the Wounded Man*. Deerfield Beach, FL: Health Communications, 1987, S. XI.
15 Ibid., S. 41.
16 Gregory Lewis, »Of a Singleton Mind«, *San Francisco Examiner*, 8. Juli 1991, sec. B.
17 Loren E. Pedersen, *Dark Hearts: The Unconscious Forces That Shape Men's Lives*. Boston: Shambhala, 1991, S. 122.
18 Samuel Osherson, *Die ersehnte Begegnung: Männer entdecken ihre Väter*. Köln: EHP, 1990, S. 16.
 (*Finding Our Fathers*. New York: Fawcett Columbine, 1986.)
19 Ibid., S. 7.

20 Pedersen, *Dark Hearts*, S. 154.
21 Bly, *Eisenhans*, S. 136–44.
22 Gilder, *Men and Marriage*, S. 30.

## Kapitel 6

1 Daniel Udo De Haes, *The Young Child: Creative Living with Two- to Four-year-olds*, trans. Simon and Paulamaria Blaxland de Lange. Edinburgh: Floris Books, 1986, S. 15.
2 Ann Sheridan, M.A., Gespräch mit Don Elium, Pleasant Hill, CA, 23. April 1991.
3 Ken Wilber, *Wege zum Selbst*. München: Goldmann, 1991, S. 132 f. (*No Boundary*. Bolder, CO: Shambhala, 1979.)
4 Ibid., S. 133.
5 Ibid., S. 132.
6 Don Mathews, M.A., Interview mit Don Elium, Pleasant Hill, CA, 19. Mai 1989.
7 Joe Wizan, producer, *Jeremiah Johnson*. Warner Brothers & Stanford Productions, 1972.
8 Ruth Beebe Hill, *Hanta Yo*. New York: Doubleday & Co., 1979, S. 34–35.

## Kapitel 7

1 Rahima Baldwin, *You Are Your Child's First Teacher*. Berkeley, CA: Celestial Arts, 1989, S. 21.
2 Kathleen Stassen Berger, *The Developing Person Through Childhood and Adolescence*. New York: Worth Publishers, 1986, S. 328–30.
3 Baldwin, *First Teacher*, S. 10.

## Kapitel 8

1 Joseph Campbell mit Bill Moyers, *The Power of Myth*. Apostrophe S Productions with Public Affairs Television and Alvin H. Perlmutten, 1988.

2 »Positive Absicht« (*Positive Intent*) wurde als Begriff von Vernon Woolf, Ph.D., in seinem Seminar »Unfolding Potentials« benutzt, das vom 17. bis 19. August in San Rafael, Kalifornien, stattfand.
3 Edith Schutz, Ph.D., M.F.C.C., Interview mit Don Elium, Pleasant Hill, CA, 27. Mai 1989.

## Kapitel 9

1 *A Mother's Journal*. Philadelphia, PA: Running Press, 1985, erste Seite.
2 Berger, *The Developing Person*, S. 221–22.
3 Ibid., S. 222–23.
4 Ibid., S. 322–23.
5 Jean Liedloff, *Auf der Suche nach dem verlorenen Glück*. München: Beck, 1989, S. 29. (Der 2. Teil des Zitats ist dort nicht auffindbar, daher von mir übersetzt; Anm. d. Ü.)
(*The Continuum Concept: Allowing Human Nature to Work Successfully*. Reading, MA: Addison-Wesley Publishing Co., 1985.)
6 Ibid., S. 144.
7 Laura Kennedy, M.A., Gespräch mit Jeanne Elium, Berkeley, CA, 14. Mai 1991.
8 Robert A. Johnson, *Inner Work*. San Francisco: Harper & Row, 1986, S. 10–11. (*Ich schreibe mir die Seele frei*. Freiburg: Herrmann Bauer, 1990.)
9 Eugene Schwartz, »Education Towards Freedom: Teaching Self-Discipline and Decision-Making«, *The Peridot*, Herbst/Winter 1990, Vol. 3, No. 2.
10 Sol Gordon und Judith Gordon, *Raising a Child Conservatively in a Sexually Permissive World*. Rev. ed. New York: Simon & Schuster, 1989, S. 72.
11 Ibid., S. 46.
12 Ibid., S. 34.
13 Eda LeShan, *When Your Child Drives You Crazy*. New York: St. Martin's Press, 1985, S. 348.
14 Ibid., S. 4.

## Kapitel 10

1 Erik H. Erikson, *Jugend und Krise*. Stuttgart: Klett-Verlag, 1974, S. 126.
  (*Identity, Youth and Crisis*. New York: W.W. Norton & Co., 1968.)
2 Berger, *The Developing Person*, S. 426–27.
3 Baldwin, *First Teacher*, S. 10.
4 Berger, *The Developing Person*, S. 426–27.
5 Gordon und Gordon, *Raising a Child Conservatively*, S. 215–16.
6 Ibid., S. 87.
7 Ibid., S. 224.

## Kapitel 11

1 *A Mother's Journal*. Philadelphia, PA: Running Press, 1985, S. 91.
2 Erikson, *Jugend und Krise*, S. 134–38.
3 Betty Staley, *Between Form and Freedom: A Practical Guide to the Teenage Years*. Stroud, U.K.: Hawthorn Press, 1988, S. 7.
4 Shepherd Bliss, M.D., Gruppenleiter und Erzieher, in einem Telephongespräch mit Jeanne Elium, Berkeley, CA, 20. Nov. 1991.
5 Alan Connie, Erzieher/Trainer, Gespräch mit Don Elium, Walnut Creek, CA, 25. Juni 1990.
6 Gordon und Gordon, *Raising a Child Conservatively*, S. 90.
7 Ibid., S. 91.
8 Preston Elium, Gespräch mit Don Elium, Salisbury, NC, 13. Feb. 1991.
9 Gordon und Gordon, *Raising a Child Conservatively*, S. 115.
10 Ibid., S. 29.

## Kapitel 12

1 Robert Bly in einer öffentlichen Lesung im Scottish Rite Temple, San Francisco, 9. März 1990.
2 Rob Becker in seiner Ein-Mann-Show »Defending the Caveman«, San Francisco, At The Improv, 14. Sept. 1991.
3 Ibid.

# Knaur®

# Aus der Beziehungskiste

(3994)

(4034)

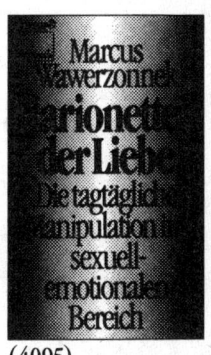
(4095)

(7790)

(7791)

(7858)

# LEBENSHILFE
# PSYCHOLOGIE

(84003)

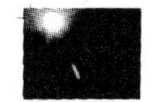

(84005)

(84029)

(84020)

(84013)

(84017)

# Eltern und Kinder

Marion Rollin
**Typisch Einzelkind**
Das Ende eines Vorurteils

LEBENSHILFE PSYCHOLOGIE

(84004)

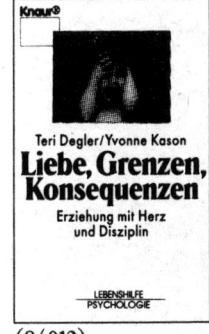

Teri Degler / Yvonne Kason
**Liebe, Grenzen, Konsequenzen**
Erziehung mit Herz und Disziplin

LEBENSHILFE PSYCHOLOGIE

(84012)

Hubertus von Schoenebeck
**Unterstützen statt erziehen**
Die neue Eltern-Kind-Beziehung

LEBENSHILFE PSYCHOLOGIE

(84019)

Arlie Hochschild / Anne Machung
**Der 48-Stunden-Tag**
Weg aus dem Dilemma berufstätiger Eltern

LEBENSHILFE PSYCHOLOGIE

(84015)

# Wege aus der Sackgasse

(7859)

**Gail Sheehy**
*In der Mitte des Lebens*
Die Bewältigung vorhersehbarer Krisen

(3964)

(7884)

**Susanna Kubelka**
Endlich über vierzig
Der reifen Frau gehört die Welt

(3826)

**George Weinberg / Dianne Rowe**
**Das Projektions-Prinzip**

Wie man sich das richtige Bild vom anderen macht

(7889)

**Stephanie Covington / Liana Beckett**
**Immer wieder glaubst du, es ist Liebe**
Wege aus der Beziehungssucht

(82013)